Georg Renöckl

Paris abseits der Pfade

GEORG RENÖCKL

Paris

ABSEITS DER PFADE

Eine etwas andere Reise durch
die Stadt an der Seine

braumüller

Bibliografische Information der Deutschen Nationalbibliothek
Die Deutsche Nationalbibliothek verzeichnet diese Publikation in der Deutschen Nationalbibliografie – detaillierte bibliografische Daten sind im Internet über http://dnb.d-nb.de abrufbar.

1. Auflage 2019

Servitengasse 5, A-1090 Wien
www.braumueller.at

Coverfoto & Fotos: Georg Renöckl
Karten Seite: 12, 34, 50, 78, 104, 134, 160, 188, 216, 246, 270, 292, 314, 338, 362, openstreetmap.org | © OpenStreetMap-Mitwirkende (CC BY-SA 2.0)

Druck: EuroPB, Dělostřelecká 344, CZ 261 01 Příbram
ISBN 978-3-99100-296-3

Meinen Freunden Günther Aigner und
Père Maurice Meilheurat gewidmet,
mit denen diese Reise begann.

Irren ist menschlich.
Flanieren ist pariserisch.
Victor Hugo

Inhalt

Die Stadt als Droge

„Ein Rausch kommt über den, der lange ohne Ziel durch Straßen marschierte. Das Gehn gewinnt mit jedem Schritte wachsende Gewalt; immer geringer werden die Verführungen der Läden, der bistros, der lächelnden Frauen, immer unwiderstehlicher der Magnetismus der nächsten Straßenecke, einer fernen Masse Laubes, eines Straßennamens. Dann kommt der Hunger. Er will nichts von den hundert Möglichkeiten, ihn zu stillen, wissen. Wie ein asketisches Tier streicht er durch unbekannte Viertel, bis er in tiefster Erschöpfung auf seinem Zimmer, das ihn befremdet, kalt zu sich einläßt, zusammensinkt."

Wenn das keine Warnung ist! Sie stammt aus Walter Benjamins Notizen zu seinem unvollendeten Passagenwerk, in dem er sich auch mit dem im neunzehnten Jahrhundert in Erscheinung getretenen Flaneur beschäftigt.

Man muss das Flanieren aber gar nicht auf so extreme Weise betreiben, wie es Benjamin vorstellt – gerade die „hundert Möglichkeiten", den Hunger zu stillen, lassen sich kaum an einem anderen Ort so unkompliziert und vielfältig ausprobieren wie in Paris –, um doch eine Ahnung vom Straßenrausch zu bekommen, dem man in dieser Stadt so leicht verfällt. Ist man einmal mitten drin in den selten rasterförmig angelegten, oft verwinkelten, überraschenden alten Straßen der französischen Hauptstadt, dann kann das Entdecken immer neuer romantischer Ecken, witziger Details, unerwarteter Ein- oder Ausblicke zu einer Sucht werden, gegen die es kein Gegenmittel gibt, solange die Füße mitmachen.

Mir genügt meist einer meiner ersten Wege in Paris, der mich zur Buchhandlung Gibert Jeune an der Place Saint-Michel führt, um mich von der Stadt förmlich eingesaugt zu fühlen. Gelegentlich versuche ich, die Gründe dafür herauszufinden. Mithilfe unzähliger Bücher kann man etwa die „Grammatik der Pariser Fassaden“ analysieren, den verbliebenen Spuren verschwundener Gebäude oder Straßenzüge folgen oder die vielen Details des typischen Pariser Straßenmobiliars besser verstehen lernen. Und doch gelingt es mir nicht, damit die Faszination dieses Ganzen wirklich zu erklären. Keineswegs ist der Reiz von Paris museal. Das architektonische Erbe ist überwältigend, doch mit viel Lust am Neuen werden innovative Bushaltestellen, Métro-Linien, Leihradstationen, neueste Methoden der Fassadenbegrünung, urbane Landwirtschaftsflächen und ganze Stadtviertel ins Gesamtkunstwerk Paris eingepasst. Vielleicht ist ein gewisser Ehrgeiz der gemeinsame Nenner, der die Stadtentwicklung vorantreibt: Man begnügt sich in Paris nicht damit, dass etwas funktioniert, es sollte schon Weltklasse sein oder wenigstens danach aussehen.

Ein Hang zur Perfektion bestimmt viele Bereiche des Pariser Lebens, ob es nun die unfassbare Vielfalt der Waren in den Einkaufsstraßen oder auf den Märkten ist, die ihre Verkäufer zu größter Sorgfalt bei der Präsentation zwingt, oder die Art und Weise, wie sich die meisten Pariser im öffentlichen Raum zu bewegen wissen: Wer nicht mithalten kann, hat es schwer. „Savoir vivre“ ist nicht etwa, wie viele glauben, die französische Spielart des italienischen „dolce far niente“, sondern ein hoher Anspruch: Es bedeutet schlicht und einfach, die gesellschaftlichen Spielregeln zu beherrschen. Mit

Gemütlichkeit oder dergleichen hat das so wenig zu tun wie die typische Pariser Höflichkeit mit echter Freundlichkeit – auch wenn es einfach schön ist, in der Bäckerei mit „Monsieur", „Mademoiselle" oder „Madame" angesprochen zu werden.

Verlasse ich die Buchhandlung, überquere ich gern die Seine in Richtung Île de la Cité. Wie alle anderen auch, gehe ich dabei meist bei Rot über die Straße, oft neben einem Polizisten, der das genauso macht. Auch das gehört zum Pariser Savoir-vivre: Über Kleinkariertheit ist man erhaben, und Polizisten haben Wichtigeres zu tun, als Fußgänger zu maßregeln. Vielleicht haben sie auch Respekt vor der Unbotmäßigkeit, die zur Natur der Bewohner dieser Stadt gehört: Sich aufzulehnen und um sein Recht zu kämpfen, hat hier eine ehrwürdige Tradition, nicht umsonst gelten die Pariser im übrigen Frankreich als „râleurs", als „Raunzer", mit denen man sich lieber nicht anlegt.

Dabei hat man manchmal, wenn man die Weltstadt zu Fuß erkundet, das Gefühl, von Dorf zu Dorf zu wandern. Auch wenn die Stadt die vielen alten Ortskerne an ihren ehemaligen Rändern geschluckt, überwuchert, ausgelöscht oder völlig verändert hat, spürt man sie oft noch, die unterschiedlichen Persönlichkeiten von Belleville und Ménilmontant, von Charonne oder der Butte aux Cailles, von Saint-Germain-des-Près, Grenelle, Auteuil, Passy, Batignolles oder Les Epinettes – teils klingende, teils kaum bekannte Namen.

Äußerlich angeglichen wurden sie im 19. Jahrhundert durch Baron Georges-Eugène Haussmann, ihre unterschiedlichen Persönlichkeiten haben sie aber meist gewahrt, ob es sich nun ums aristokratische Auteuil, das intellektuelle Saint-Germain oder das proletarisch-migrantische Epinettes-Viertel handelt. In Letzterem entsteht während der Arbeit an diesem Buch ein völlig neuer Stadtteil, das *Grand Paris* der Zukunft beginnt langsam Gestalt anzunehmen. Doch auch mitten im Zentrum ist die gerade stattfindende Veränderung faszinierend zu beobachten: An den Ufern der Seine, wo gerade noch der

Verkehr mit Hochgeschwindigkeit durchbrauste, hört man jetzt wieder das Wasser gluckern, seit die Schnellstraße durch das historische Zentrum von Paris zur Fußgängerzone gemacht wurde. Auf Plätzen wie Nation oder Bastille, die vor Kurzem noch und völlig zurecht als Verkehrshölle auf Erden galten, pflanzen heute Kindergartenkinder Blumenbeete. Die ehrgeizige ökologisch ausgerichtete Politik von Bürgermeisterin Anne Hidalgo verleitet manche Beobachter zum Vergleich mit Baron Haussmann. Das ständige Streben nach der Spitze und der unbedingte Ehrgeiz, zu den Vorreitern zu zählen, vereint nicht nur den deutschstämmigen Präfekten und die spanischstämmige Bürgermeisterin, sondern ist eben eine Pariser Konstante.

Auf mich wirkt die typische Pariser Unruhe, diese Unfähigkeit, sich auf den Lorbeeren auszuruhen, im Grunde sehr beruhigend: Ganz gleich, wie gut man die Stadt kennt – man wird doch bei jedem Besuch am laufenden Band Neues entdecken. Wahrscheinlich meinte Hemingway, als er feststellte, dass Paris kein Ende habe, ja genau das.

Schönes Flanieren!

A *Statue Saint-Denis*
B *Pont au change*
C *Boulangerie Dheilly*
D *Fontaine des Innocents*
E *La Fresque*
F *Pâtisserie Stohrer*
G *Passage du Grand-Cerf*
H *Passage du Caire*

I *Passage du Prado*
J *Les 2 au coin*
K *Passage des Petites Ecuries*
L *Marché Quentin*
M *Terminus Nord*
N *Krishna Bhavan*

Der Königsweg: Teil 1

Im April 2019 brannte nicht nur die Kathedrale der französischen Hauptstadt Paris, vielmehr stand das Zentrum des Landes in Flammen. Schließlich führen alle Wege nach Notre-Dame, jedenfalls alle Wege Frankreichs: Nur wenige Meter vor dem linken Eingangstor ist der „Nullpunkt der Straßen Frankreichs" („point zéro des routes de France") ins Pflaster eingelassen. Wird die Distanz eines Ortes in Frankreich zu Paris angegeben, bezieht sich die Messung auf diesen Punkt im Herzen der Stadt.

Während ich dieses Kapitel niederschreibe, weiß man noch immer nicht, warum der verheerende Brand ausgebrochen ist, der in der Nacht vom 15. zum 16. April den mittelalterlichen Dachstuhl der Kathedrale zerstört hat. Ihre Umgebung ist seither durch Bleirückstände belastet. Ich musste beim Anblick der brennenden Kirche unwillkürlich an meine alte zerfledderte Ausgabe von Victor Hugos „Notre-Dame de Paris" denken. Auch auf deren Cover brennt die Kathedrale, wenn auch kontrolliert: Das vergilbte Taschenbuch, das ich als Student billig bei einem Pariser Altwarenhändler erstanden habe, zeigt Quasimodos Kampf gegen die anstürmenden Bettler des Hofs der Wunder, bei dem er durch die mittelalterlichen Wasserspeier einen Regen aus brennendem Pech und Blei auf die Angreifer niedergehen lässt.

Saint-Denis bzw. heiliger Dionysius

Auch vor dem Feuer von 2019 kam mir fast jedes Mal, wenn ich von der nahen Place Saint-Michel in Richtung Notre-Dame spazierte, Victor Hugos Roman in den Sinn. „Ceci tuera cela. – Dieses wird jenes töten", sagt darin der dämonische Diakon Claude Frollo und zeigt zuerst auf ein Buch, dann auf die Kathedrale. Der spätmittelalterliche Priester bezieht sich auf die Gefahr, die das gedruckte Buch für die Macht der Kirche darstellte. In Wirklichkeit hat ein Buch die Kirche damals gerettet: Als Victor Hugos Roman 1831 erschien, galt Notre-Dame als Fall für die Spitzhacke. Der Zahn der Zeit, diverse Umbauten sowie die Beschädigungen durch die Revolutionäre hatten ihr arg zugesetzt. Bevor sich Napoleon selbst zum Kaiser krönte, ließ er den Innenraum der Kathedrale weiß anstreichen und durch Fahnen verhängen, um den baufälligen Zustand im wahrsten Wortsinn zu übertünchen. Notre Dame schien unrettbar verloren. Dann schrieb Victor Hugo seinen Roman, der zu einem immensen Publikumserfolg wurde und ein Umdenken einleitete, das schließlich zur aufwendigen Restaurierung der Kathedrale führte. Eine solche steht nun wieder an.

Mir dient die majestätische Kirche am Nullpunkt der Pfade, die zwar ihr altes Dach verloren, die Katastrophe aber doch erstaunlich glimpflich überstanden hat, bei meinem Spaziergang nur als Wegweiser: Ganz links neben dem linken Eingangstor befindet sich die Statue eines Mannes, der eine Bischofsmütze auf dem Kopf und selbigen in den Händen trägt. Es handelt sich um Saint Denis beziehungsweise den heiligen Dionysius, den ersten Bischof von Paris. Er wurde um das Jahr 250 n. Chr. auf dem Montmartre enthauptet, soll danach seinen Kopf unter den Arm genommen haben und sechs Kilometer in Richtung Nordosten marschiert sein. An dem Ort, an dem er schließlich zusammenbrach und begraben wurde, ließ die Pariser Stadtpatronin Genoveva ein Gotteshaus errichten, das im zwölften Jahrhundert zu einer der ersten gotischen Kirchen Europas umgebaut wurde. Wäre der bedauernswerte Bischof hier im Zentrum der Stadt hingerichtet worden, hätte er wahrscheinlich einen leichteren letzten Weg gehabt: Eine schnurgerade, von den Römern im ersten Jahrhundert angelegte Straße führt von der Île de la Cité zur späteren Basilika: die Rue Saint-Denis. Die französischen Könige wählten die seit den Römern in ihrem Verlauf unveränderte Straße nach erfolgreichen Kriegen für ihre Triumphzüge, und auch auf ihrem letzten Weg folgten sie derselben Strecke. Seit der Merowingerin Arnegunde, der vierten Ehefrau des Frankenkönigs Chlotar, wurden 68 Königinnen und Könige Frankreichs sowie mehrere Dutzend Prinzen, Prinzessinnen und verdiente Hochadelige in der Basilika bestattet.

Die königliche Triumph- und Trauerroute teilt die Stadt in eine West- und eine Osthälfte und lädt zu einem lohnenden, langen Spaziergang, den ich mir für heute vorgenommen habe. Auf diesem Weg den Kopf nicht allzu fest auf den Schultern zu tragen, also nicht nur stur geradeaus, sondern auch ausführlich nach rechts oder links zu schauen, empfiehlt sich dabei.

Ich kehre Bischof Saint Denis also den Rücken und spaziere durch die Rue de Lutèce, vorbei an der Polizeipräfektur und dem Marché aux fleurs, einem hübschen Blumen- und Kleintiermarkt, zum Boulevard du Palais. Angesichts des von monumentalen Gebäuden und breiten Straßen geprägten, von Reisegruppen abgesehen, jedoch recht leblosen Stadtteils ist kaum vorstellbar, dass er jahrhundertelang „Herz, Kopf und Mark der Stadt“ war, wie ein mittelalterlicher Chronist schrieb. Verantwortlich für seine heutige Anmutung ist Baron Eugène Haussmann, der auf Geheiß Kaiser Napoleons III. der verwinkelten und unhygienischen französischen Hauptstadt mit ihrem über die Jahrhunderte gewachsenen Häuser- und Hüttendickicht ein neues, strahlendes Gesicht verpasste. Er schuf das vertraute Pariser Stadtbild mit seinen typischen eleganten Häusern, radierte aber auch ganze Viertel aus – zum Leidwesen vieler Bewohner und Liebhaber der vertrauten Stadt wie zum Beispiel Charles Baudelaire, der in seinen „Blumen des Bösen“ die berühmten Verse schrieb: „Le vieux Paris n'est plus (la forme d'une ville/Change plus vite, hélas! que le cœur d'un mortel) – Verschwunden Alt-Paris (das Bild der Stadt verwischt/sich schneller als ein sterblich Herz bekehrt).“

Besonders radikal war die Umgestaltung der Île de la Cité, deren ursprüngliche Bebauung bis auf wenige Ausnahmen völlig verschwand. Hunderte Häuser und Kirchen wurden abgerissen, 25 000 Bewohner mussten die Insel verlassen. Gerade einmal tausend leben heute noch dort.

Und doch sind gerade auf der Île de la Cité auch mittelalterliche Bauten erhalten, die ihr einen geradezu märchenhaften Glanz verleihen: Die Conciergerie, deren spitze Türme ich vom Pont au change aus betrachte, ist ein später zum Gefängnis umfunktionierter Überrest des hochmittelalterlichen französischen Königsschlosses. Bittere Ironie der Geschichte: Auch die letzte Königin von Frankreich und Navarra, Marie Antoinette, wartete darin auf ihre Hinrichtung – ein Schicksal, das sie unter anderem mit Danton und Robespierre teilte.

Die Place du Châtelet, eine etwas unwirtliche Gegend, der das namensgebende „Schlösschen“ irgendwie fehlt, bringe ich rasch hinter mich und beginne die Tour gleich mit einem

Umweg. Statt in die Rue Saint-Denis biege ich noch schnell in die Rue des Halles, wo ich, wenn ich in der Nähe bin, gerne die Boulangerie von Monsieur und Madame Dheilly aufsuche. Sie gehört zum erlauchten Club der im legendären Boulangerie-Guide „Cherchez le pain" aufgelisteten besten hundert Bäckereien der Stadt. Akribisch untersucht darin der amerikanische Historiker Steven L. Kaplan, der sich auf die Geschichte des Brotes spezialisiert hat, die Baguettes der Hauptstadt nach den Kriterien „Aussehen" (drei Punkte), „Kruste" (drei Punkte), „Teig" (drei Punkte), „Kaugefühl" (ein Punkt), „Duft/Aromen" (fünf Punkte), „Geschmack" (fünf Punkte). Zwanzig Punkte, wie im typisch französischen Schulnotensystem vorgesehen, sind also zu vergeben. Ich kenne das System noch aus dem Literaturstudium an der Sorbonne Nouvelle, dort funktioniert es so: Zwanzig Punkte bekommt der liebe Gott, 19 Racine, 18 Molière, 17 der Professor. Von Punkt 16 abwärts sind die Studenten dran.

Auch Steven L. Kaplan geht streng mit den ohnehin besten Bäckereien der Stadt ins Gericht: Das Brot von Laurent Dheilly findet er nicht schön genug, weil es ihm zu flach und zu länglich ist. Er lobt aber die Kruste und vor allem das Innere („schön

Ratten-Vernichter Aurouze

luftige Struktur, crèmefarben, körperreich, rund, appetitlich"), den Duft („sehr aromatisch, frühlingshaft frisch") und den Geschmack („erfreulich und gut ausgewogen"). Wer das nachprüfen will, muss für das Traditionsbaguette bloß 1,15 Euro investieren. Mir steht an diesem Morgen aber der Sinn nach Nahrhafterem, ein Pain au chocolat muss es sein. Ich finde es, ganz ohne Punkte zu vergeben, hervorragend. Mit dem Schokoladengebäck in der Hand und den Bröseln auf dem Mantel gebe ich mich sofort als Ausländer zu erkennen: Ein richtiger Pariser würde niemals mitten auf der Straße von seiner Viennoiserie abbeißen, sondern sich im nächsten Café einen Espresso bestellen und sein Gebäck dort verzehren. Das darf man nicht nur, es ist durchaus üblich. Wen der Anblick von totem Ungeziefer nicht vom Essen abhält, der kann auch vor der Auslage des legendären Ratten-Vernichters Aurouze gleich neben der Bäckerei an seinem Croissant knabbern und dabei die vor über hundert Jahren zwischen oder unter den Markthallen gefangenen Riesennager aus der goldenen Zeit des Hallenviertels bewundern.

Ich gehe lieber durch die Rue Courtalon, eine enge alte Straße, die bereits im dreizehnten Jahrhundert erwähnt wurde, in Richtung Rue Saint-Denis. In einer Parallelstraße, der Rue de la Ferronnerie, wurde der viel geliebte König Henri IV. erstochen, woran heute noch ein ins Pflaster gearbeitetes Wappen erinnert. Als ich die Rue Saint-Denis erreiche, wirkt diese gar nicht königlich, sondern schäbig: Fast-Food-Lokale, Schuhgeschäfte und die ersten paar Sex-Shops dieser vor wenigen Jahren noch als Sündenpfuhl berüchtigten Straße dominieren das Bild – immerhin kann man sich mit dem Wissen trösten, auf historischem Boden zu wandeln.

Das kann man auch bei der Fontaine des Innocents, wenige Schritte weiter stadtauswärts: Der Name dieses Brunnens erinnert an den ältesten Friedhof der Stadt, den „Cimetière des Innocents". Benannt wurde er nach einer benachbarten, den unter König Herodes massakrierten Kindern geweihten

Kirche, die heute nicht mehr steht. Bereits die Merowinger begruben hier ihre Toten, über zwei Millionen Menschen sollen bis 1780 auf dem ursprünglich außerhalb der Stadt gelegenen Friedhof bestattet worden sein. Neun Tage brauchte die Erde dieses Friedhofs, um einen Leichnam zu „fressen", erzählte man sich. Die Knochen aus aufgelassenen Gräbern wurden in Beinhäusern gelagert. Kurz vor der Revolution von 1789, als Teile der Mauern und der überquellenden Beinhäuser zusammenzubrechen begannen, wurde der Friedhof geleert. Fünfzehn Monate lang rollten täglich makabre Prozessionen mit Wägen voller menschlicher Überreste, von Priestern begleitet, in Richtung der aufgelassenen Steinbrüche im vierzehnten Arrondissement, die von nun an als Katakomben dienten. Der Renaissance-Brunnen wurde von der Rue Saint-Denis, wo er Teil der Inszenierung königlicher Triumphzüge war, auf seinen heutigen Platz einige Meter von der Straße entfernt versetzt. Damals wurde auf dem vormaligen Friedhofsgelände ein neuer Markt eingerichtet. Dieser verlor seine Funktion wiederum im neunzehnten Jahrhundert mit dem Bau der Markthallen, die dem seit dem zwölften Jahrhundert bestehenden zentralen

Ein wuchtiges „Blätterdach", die Canopée

Markt der Hauptstadt einen würdigen, der Eleganz und Opulenz der Belle Époque entsprechenden Rahmen verliehen.

Ihrem gegen heftigen Widerstand durchgesetzten Abriss in den 1970er-Jahren folgten zehn Jahre, in denen ein gähnendes Loch genau dort klaffte, wo sich der von Émile Zola für alle Zeiten in der Literaturgeschichte verewigte „Bauch von Paris" befunden hatte. Ein Teil wurde mit dem unterirdischen Riesenbahnhof Châtelet/Les Halles gefüllt, an dem sich fünf Métro- und drei RER-Linien kreuzen. 750 000 Passagiere benützen den Bahnhof täglich. Wer aus der Banlieue oder vom Flughafen nach Paris kam, wurde hier bis vor wenigen Jahren noch von einem schäbigen, unübersichtlichen Einkaufszentrum empfangen, doch damit ist es seit 2016 vorbei: Ein „Blätterdach", auf Französisch „Canopée", aus riesigen Stahl-Lamellen soll das heller und übersichtlicher gestaltete Einkaufszentrum vor Regen schützen, aber luft- und lichtdurchlässig belassen. Der spektakuläre Bau stieß zunächst auf gemischte Reaktionen: Er war um vieles teurer als vorgesehen, wirkte klobiger als auf den vorab präsentierten Modellen und hielt zu allem Überdruss den Regen auch nur teilweise ab. Freilich: Niemand behauptet, es wäre schlechter als das, was hier noch vor ein paar Jahren stand, und die Sache mit den undichten Stellen hat man mittlerweile in den Griff bekommen.

Mich zieht es ohnehin nicht wegen des Einkaufszentrums in die Gegend, sondern wegen dessen Umgebung: Das Herz des Viertels wurde 1971 zwar weggerissen, aber viele der Arterien, die zu ihm führten, pulsieren nach wie vor. Auch manche Gaststätten aus den goldenen Zeiten der Hallen gibt es noch, etwa in der Rue Rambuteau, die nördlich an der Baustelle vorbeiführt, das typische Hallen-Bistro *Au Père Fouettard* mit seiner stilvoll patinierten Inneneinrichtung und dem längst nicht mehr genützten Regal, in dem Stammgäste früher ihre Stoffservietten aufbewahrten, oder *La Fresque*, ein weiterer dieser praktischen Klassiker, die es einem ersparen, sich bei

Shopping-Touren von Fast Food oder Systemgastronomie ernähren zu müssen, wie man das in ähnlichen Einkaufslandschaften andernorts eben hinnimmt. Hier bin ich gestern bei meinen Recherchen zu Mittag eingekehrt und habe den Wirt gleich um das Rezept des Kabeljaurückens mit Chorizo-Sauce gefragt, den es als Mittagsteller gab – typische Pariser Bistro-Küche: einfache Zutaten, ein schnelles Rezept und doch ein hervorragendes Gericht. Angesichts des Trubels hat er mich gebeten, am nächsten Vormittag wiederzukommen, hier bin ich nun. Und habe Glück. Der freundliche Mann, der gerade mit dem Besen in der Hand im Eingang lehnt und eine Verschnaufpause macht, ist Küchenchef Jean-Louis Winnebroot persönlich, der mir das Rezept gern weitergibt. Allerdings sind die Zutatenlisten, wenn man mit Restaurant-Köchen über ihre Rezepte spricht, meist gewöhnungsbedürftig: Man nehme fünf Liter Schlagobers … Hier gilt: Verlassen Sie sich auf Ihr Gefühl und Ihre Vorlieben, dann wird das schon. Wichtig ist ihm vor allem nach Gefühl zu kochen und die Qualität der Zutaten, auf die er beim Erklären immer wieder hinweist. Also:

JEAN-LOUIS WINNEBROOTS KABELJAU IN CHORIZO-SAUCE

Man braucht für vier Personen ein etwa 15 Zentimeter langes Stück von einer weichen Chorizo-Wurst mit eher geringem Durchmesser (gut zwei Zentimeter – in Frankreich sehr gängig, bei uns etwas schwerer zu bekommen). Diese häuten und in feine Scheiben schneiden. In etwa einen halben Liter Obers geben und dieses auf die Hälfte reduzierend einkochen – ein einfacher Trick, der die Schärfe der Wurst mildert und eine würzige, dichte Sauce entstehen lässt.

Ein schönes Stück vom Kabeljaurücken mit Olivenöl beträufeln, salzen und mit etwas Fischfond und Weißwein zehn Minuten im Rohr garen. Keinesfalls zu lange im Rohr lassen – zerkocht wird der

Fisch bröckelig und trocken, es wäre schade drum! Den Fisch mit der Chorizo-Sauce auf Tellern anrichten.

Dazu gab es Ratatouille und Karottenpüree, auch das geht nach Gefühl: Für die Ratatouille sechs der sieben typischen Gemüsesorten (Melanzani, Zucchini, Zwiebel, drei verschiedenfarbige Paprika) in Würfel schneiden und einzeln braten, bis sie weich sind. Zum Schluss mischen und geschälte, entkernte Tomaten dazugeben, aufkochen, mit Salz und Pfeffer abschmecken.

Für das Karottenpüree braucht es Karotten, Butter, Milch, Salz und Pfeffer. Wie viel in etwa? Jean-Louis erklärt kryptisch: Keinesfalls mit der Butter sparen, die Milchmenge richtet sich danach, ob man es mit zarten Frühlings- oder zähen Winterkarotten zu tun hat. Ganz wichtig: Ausreichend pfeffern, sonst schmeckt es wie Babybrei. Im Gegensatz zu Kartoffelpüree, das mit dem Pürierstab gemixt zu Kleister wird, kann man hier ohne Probleme den Stabmixer verwenden.

Das war es schon. Der kleine Brotkorb, der in Frankreich wie auch Leitungswasser, Salz und Pfeffer von Gesetzes wegen gratis auf dem Tisch steht und auf Verlangen jederzeit nachgefüllt werden muss, erspart französischen Köchen die bei uns stets vorhandene „Sättigungsbeilage“.

Gut gelaunt spaziere ich in Richtung Saint-Eustache weiter, dieser riesigen, von außen immer etwas unfertig aussehenden, gotisch anmutenden Renaissance-Kirche am Rande des alten Marktplatzes. So schwer sie von außen zu fassen ist, so großartig ist diese Kirche von innen: Das Raumgefühl ist einzigartig, die behäbige Riesenkirche wirkt plötzlich wunderbar leicht, ihr helles Gewölbe – das höher ist als das von Notre-Dame – zieht einen förmlich nach oben.

Nach der Kirche geht es in der Rue Montorgueil weiter. „Hochmutsberg“ würde die deutsche Übersetzung in etwa lauten, ein schön selbstironischer Name: Der Hügel, zu dem die Straße führt, besteht aus nichts anderem als aus dem Müll, der sich einst vor der Stadtmauer türmte. Diese hatte König

Philippe Auguste am Ende des zwölften Jahrhunderts zur Verteidigung der Hauptstadt anlegen lassen – Gefahr drohte von den Engländern, die auch über die nahe Normandie herrschten. Von Philippe Augustes Mauer sind heute noch einige Spuren im Pariser Stadtbild erhalten, und eben auch der mittelalterliche Müllberg, in dessen Richtung ich jetzt aufbreche. Die Rue Montorgueil zählt seit jeher zu den gastronomischen Lebensadern der Metropole: Über diese Straße, die weiter stadtauswärts Rue Poissonnière heißt, also Fischhändlerinnenstraße, wurden, als man die Engländer endlich aus dem Land geworfen hatte, Fisch und Meeresfrüchte von der etwa zweihundert Kilometer entfernten Küste der Normandie in die stets hungrige Hauptstadt transportiert.

Zwischen den zahlreichen Fischhändlern siedelten sich weitere „métiers de bouche" an, „Mundberufe", wie man so schön auf Französisch sagt: Fleischer, Obst- und Gemüsehändler, Bäcker … darunter auch Institutionen wie die Pâtisserie Stohrer, 1730 von einem polnischen Pâtissier eröffnet, der sein Handwerk im Elsass vervollkommnete, wo der polnische König Stanislaus nach der Teilung seines Landes im Exil lebte. Der Pâtissier folgte

Renaissance-Kirche Saint-Eustache

der Tochter seines Königs, als diese den französischen Thronfolger Ludwig XV. heiratete, nach Versailles und später nach Paris. Dort machte er das heute noch klassische Dessert „Baba au rhum" bekannt (ja, nach dem in Rum getränkten Kuchen ist bei Asterix ein Römerlager benannt). 1864 wurde das Geschäftslokal von Paul Baudry so gestaltet, wie es heute noch aussieht. Man kann also kunsthistorisches Interesse vortäuschen, wenn man die legendäre Pâtisserie betritt, wird sie aber kaum wieder verlassen, ohne zumindest ein Éclair gekauft zu haben. Ich mochte diese länglichen, wegen ihrer Cremefüllung oft etwas „aufgeweichten" Brandteigkrapfen früher nicht so, ließ mich aber längst durch ein Schokolade-Éclair von Stohrer bekehren.

Zumindest eines der einst zahlreichen großen Fischgeschäfte liegt schräg gegenüber der Pâtisserie Stohrer, und auch das legendäre Restaurant *Au Rocher de Cancale* ist in Sichtweite, wenn mich auch die hellblaue Farbe und die frisch renovierte, viel zu glatte Fassade irritieren – das leicht verwitterte Äußere von früher fand ich passender. 1846 wurde das aktuelle Restaurant neu eröffnet, das viel ältere Vorgängerlokal gleichen Namens war von Balzac in zahlreichen Romanen verewigt worden. Ein Koch namens Langlais kreierte darin die „sole à la normande", „normannische Seezunge", ein Fischgericht mit vielen Meeresfrüchten und – wie alles, das mit dem Adjektiv „normannisch" geschmückt wird – reichlich Obers. Wir verdanken das heute als typisch normannisch geltende Gericht dem romantischen neunzehnten Jahrhundert und seinem Bedürfnis nach Folklore, die es im Regelfall an Ort und Stelle gar nicht gab. So baute man allerorts Pseudoruinen, rekonstruierte verfallene Ritterburgen, erfand „uralte" Trachten vom Schottenrock bis zum Steireranzug und dachte sich „typische" Gerichte aus. Gegen Letzteres ist auch nichts einzuwenden.

Innen ist das *Rocher de Cancale* nach wie vor eine Augenweide – was das berühmte Rezept betrifft, verlasse ich das Lokal aber mit leeren Händen: Der aktuelle Küchenchef hat weder von

Passage du Caire

der Geschichte des Hauses noch von normannischer Seezunge die leiseste Ahnung, ein Jammer.

Lohnend ist in diesem Viertel auch der eine oder andere Abstecher in eine der Nebenstraßen, etwa die Rue Tiquetonne, zu der ich nun zurückspaziere. Bei Hausnummer 56 befindet sich das 1951 gegründete Pâtisserie- und Küchenbedarfsgeschäft *G. Detou*, das heute noch wie ein Kaufmannsladen aus dieser Zeit aussieht, freilich wie einer für Experten, in dem es von Jahrgangssardinen über feine Senfsorten bis zur Chocolatier-Basisausstattung einfach alles gibt. Bei meinem Bummel in Richtung Osten komme ich an zahllosen winzigen Geschäftslokalen, Cafés und Restaurants vorbei, deren Enge ihre Inhaber zu kreativen Lösungen zwingt und in denen modernes Design, altes Gebälk und Mauerwerk reizvolle Kombinationen ergeben. Ich lande in der Passage du Grand-Cerf, an deren Stelle sich einst das *Hôtel du Grand-Cerf* befand, der zentrale Postkutschenbahnhof der Hauptstadt – unglaublich turbulent muss es damals zugegangen sein. Heute strahlt die Passage eher diskrete Eleganz aus, viele Designer-Büros sind hier zu Hause, ein schönes und teures Geschäft für afrikanische Möbel, Stoffe und Kunsthandwerk auf zwei Etagen, kleine Boutiquen. Bei einem Vintage-Laden finde ich Schuhspanner des österreichischen Bundesheers in einer Wühlkiste.

Die Passage bringt mich zurück zur Königsstraße. Bis vor Kurzem war sie gerade in diesem Abschnitt noch Tag und Nacht ein einziger lang gezogener Straßenstrich, doch davon ist so gut wie nichts mehr geblieben. Die Straße atmet sichtlich auf, Sex-Shops weichen Bio-Weinhandlungen, Gemüseläden und Frühstückslokalen. Zahlreiche Passagen mit teils schillernder Vergangenheit öffnen sich links und rechts der Rue Saint-Denis, zum Beispiel die Passage du Bourg-l'Abbé gleich gegenüber, in der sich einige Handwerker und ein hübsches Café angesiedelt haben, oder, ein paar Schritte stadtauswärts, die Passage de la Trinité, eine der engsten dieses Viertels.

Nach dem Überqueren der Rue Réaumur geht es weiter in die Passage du Caire, die wie vieles in diesem Viertel an Napoleons Ägypten-Feldzug erinnert. An dieser Stelle befand sich der von Victor Hugo im Glöckner von Notre-Dame ausführlich beschriebene „Hof der Wunder" (Cour des Miracles), in dem Krüppel aller Art wie durch ein Wunder von ihren Leiden „geheilt" wurden, wenn sie von ihren Betteltouren zurückkamen: Buckel wurden abgeworfen, Blinde konnten wieder sehen, Gelähmte wieder gehen … ein schillernder, aber auch gefährlicher Ort, glaubt man dem Romancier. Es lohnt sich, ein paar Schritte ins Innere der verzweigten Passage zu machen, in der es zahlreiche Schneiderläden gibt, man aber auch Schaufensterpuppen und ähnlichen Boutiquebedarf kaufen kann. Sehenswert sind die „ägyptischen" Ornamente der Hausfassade am Hinterausgang.

Nicht unspannend geht es in der Passage Sainte-Foy weiter, deren diskreten Eingang in der Rue Saint-Denis 263 man leicht verpassen kann. Sie wurde direkt an die mittelalterliche Stadtmauer gebaut, weswegen sie einige Stufen und Unebenheiten aufweist. Diesem Weg („Sentier") entlang der Mauer verdankt das ihn umgebende Viertel bis heute seinen Namen. An der Passage Sainte-Foy sind alle Neuerungen der jüngsten Zeit spurlos vorübergegangen. Eine Dame fortgeschrittenen Alters mit gewagtem Dekolleté, eine würdige Vertreterin ihres uraltem Gewerbes, beschimpft mich, als ich den Fotoapparat zücke, um eine Schneiderwerkstatt in der Passage zu fotografieren, und beruhigt sich erst, als ich den Apparat in meiner Tasche verstaue. Prostitution und Schneiderwerkstätten – das macht den „alten“ Sentier seit jeher aus.

Einst arbeiteten hier vor allem Nordafrikaner, darunter viele sephardische Juden, später Türken, dann übernahmen die Chinesen den Pariser Textilsektor. Sie wurden wegen zunehmender Beschwerden in Richtung elftes Arrondissement verdrängt – die Rue du Chemin-Vert gilt nach wie vor als Hauptstraße des „neuen“ Sentier, doch auch dort waren die vielen Schneidereien nicht erwünscht. Inzwischen zeichnet sich eine definitive Lösung ab, die chinesische Kleiderproduktion ist in die Vorstadt Aubervilliers übersiedelt. Zu meinem Leidwesen muss ich ein zweites Mal an der Dame vorbei – das andere Ende der Passage, an dem ich eigentlich wieder hinauswollte, ist mittlerweile durch ein versperrtes Gitter verschlossen. Diesmal werde ich großzügig ignoriert.

Der Umweg, den ich wegen der geschlossenen Passage nehmen muss, ist aber auch lohnend. So kann ich einen kurzen Blick in die Passage des Dames-de-Saint-Chamond, Rue Saint-Denis 226, werfen, an deren Ende ein hübsches Stadtpalais liegt, das sich einst ein Minister Richelieus erbauen ließ. Auch dieses wurde vom Textilsektor übernommen. Man kann durch das Palais zum Boulevard Sébastopol durchgehen. Vorsicht, das Pflaster ist sehr uneben!

Ich kehre in die Rue Saint-Denis zurück, gehe links in die schräg bergauf führende Rue Sainte-Foy weiter, danach gleich rechts in die Rue Chénier und erklimme den ehemaligen „Mont Orgueilleux“, den Hochmutsberg. Hier ist das Herz des Sentier-Viertels, die Straßen sind noch immer von kleinen Boutiquen gesäumt, ständig überqueren mit Stoffballen bepackte Männer die Fahrbahn. In der Rue Beauregard angekommen, mache ich ein paar Schritte stadteinwärts, die mich

Porte Saint-Denis

an der kürzesten Straße von Paris vorbeiführen: Die Rue des Degrés besteht eigentlich nur aus ein paar Stufen. Dieses Viertel ist ein schönes und, von den paar Boutiquen-Straßen abgesehen, recht ruhiges Eck von Paris. An der Kreuzung mit der Rue de la Lune, der Mondstraße, wäre die „Blumenboutique" *Les 2 au coin* eine Pause wert: eine Blumenhandlung, in der es auch eine Café-Ecke und ein kleines Mittagsmenü gibt. Sieht nett aus, mir kommt die unverhoffte Pausenlocation aber etwas zu früh. Außerdem sind die Tische ohnehin voll, ein gutes Zeichen.

Von der Rue de la Lune, die ich nun hinunterspaziere, hat man einen schönen Blick auf die Porte Saint-Denis, eine zu Ehren des Sonnenkönigs Ludwig XIV. errichtete barocke Triumphpforte. Unter seiner Regierung wurde die aus dem vierzehnten Jahrhundert stammende, an dieser Stelle vorbeiführende Stadtmauer Karls V. abgerissen und durch die Grands Boulevards ersetzt. Noch heute markiert die Pforte, die an der Stelle eines gleichnamigen Tores der alten Mauer steht, eine Grenze: Auf der anderen Seite heißt die Königsstraße nun Rue du Faubourg Saint-Denis und wechselt den Charakter. Halal-Fleischereien dominieren ein verändertes, aber nicht minder sehenswertes Straßenbild. Zudem gibt es weitere Passagen zu erforschen, gleich nach dem Triumphbogen etwa die Passage du Prado mit einem sehenswerten Art-déco-Dach, unter dem sich vorwiegend afrikanische Männer in zahlreichen Barber-Shops rasieren lassen.

Zwischen all den nordafrikanischen Läden übersieht man leicht die Brasserie *Chez Julien*, was ein Fehler wäre, handelt es sich doch um ein prachtvolles ehemaliges „Bouillon“, ein Lokal, in dem einst vor allem gekochtes Rindfleisch und eben Suppe serviert wurden. Die opulent verzierte Belle-Époque-Speisehalle mit sehenswertem Glasdach beherbergt heute ein nicht billiges Restaurant, das aber trotzdem gut besucht ist.

Als Little India gilt die Passage Brady ein paar Schritte weiter, ein indisches Restaurant grenzt hier an das andere. Ich mag sie nicht besonders, weil man ständig von Kellnern mit Speisekarten angesprochen und hineingebeten wird, ein Spießrutenlauf.

Lohnender finde ich die ruhige Passage des Petites-Ecuries (auch ein hübscher Name: „Kleine-Pferdestall-Passage“), die einen starken Kontrast zur quirligen Rue du Faubourg Saint-Denis bildet. Einige Schritte in ihrem inneren liegt die Brasserie *Flo*, eine Pariser Gastronomielegende, im Jahr 1918 von einem Elsässer namens Floederer in einem alten Bier-Depot gegründet und heute das Flaggschiff eines wahren Brasserie-Imperiums. Das Ambiente ist gediegen, die Preise sind es auch.

Zurück auf dem Königsweg umfängt mich wieder das pralle Straßenleben. Auf der gegenüberliegenden Straßenseite sticht eine kleine, hübsche Kaffeerösterei heraus, daneben ein ausgezeichnet sortierter Traiteur, man bekommt kurdische Sandwiches, kann auf beiden Seiten in unzähligen Lokalen essen gehen – wieder einmal zeigt sich, dass auch untouristische Straßenzüge in Paris wahre Paradiese für Flaneure darstellen können, vor allem, wenn sich diese ein kleines bisschen für Gastronomie interessieren.

Ab der Rue de la Fidélité wird die Straße deutlich ruhiger. Die Halle des Marché Saint-Quentin lasse ich links liegen,

Nordbahnhof

einen anderen Abstecher möchte ich wiederum keinesfalls auslassen: den Nordbahnhof, eine dieser Kathedralen des Verkehrs, die die Begeisterung des neunzehnten Jahrhunderts für die Eisenbahn und für ihre ungeheuren Möglichkeiten würdig zelebrieren. Amsterdam und Brüssel sind zum Greifen nah, doch wozu in die Ferne schweifen: Die Brasserie *Terminus Nord*, wieder eine dieser altehrwürdigen Brasserien, von denen auf dieser Route kein Mangel besteht, liegt genau gegenüber. Zumindest einmal sollte man sich so ein Lokal in Paris auch gönnen, allein des Spektakels wegen. Mit einer „Brauerei", was der Name eigentlich bedeutet, haben diese Gaststätten wenig zu tun: Zwar spielt das Bier hier eine wichtigere Rolle als im typischen Restaurant, eine Brasserie zeichnet sich jedoch durch ihre Größe, ihre einfachen, aber nahrhaften Gerichte, die eher ungezwungene Atmosphäre und durchgehende Küche aus. Als ich noch in Paris gelebt und Familienbesuche gelegentlich ins *Terminus Nord* geführt habe, war ich immer von den Kellnern fasziniert, die riesige Meeresfrüchteplatten oder Choucroute-Schüsseln zwischen den Tischen balancierten und auch dann freundlich blieben, wenn ihnen mein kleiner Sohn dabei beinahe zwischen die Füße geriet.

Ab hier wird die Rue Saint-Denis wieder belebter und vor allem bunter: Ich nähere mich dem indischsten Stück von Paris. Die Auslagen sind voller Saris und Maharadscha-Anzüge, ich verstehe auf der Straße kein Wort mehr. Gut zweieinhalb Stunden bin ich nun unterwegs, Zeit für eine Pause. Das Restaurant *Krishna Bhavan* in der Rue Cail wurde mir empfohlen, preiswert und authentisch-indisch soll es sein. Etwas ratlos stelle ich fest, dass fast alle Restaurants in dieser Straße so heißen … Kurz entschlossen gehe ich ins *Krishna Bhavan* auf Nummer 24 – es ist gerammelt voll, doch ein winziger Tisch wird gerade frei. Manchmal hat es auch Vorteile, allein essen zu gehen. Eng ist es hier drin, wie so häufig in Paris, wo die Menschen gelernt haben, sich in einem Lokal, in dem eigentlich nicht einmal genug Platz ist, um sich umzudrehen, den Mantel auszuziehen, ohne dabei sämtliche Teller und Gläser von den nur wenige Zentimeter entfernten Tischen zu fegen. Jeder kann das hier, Tische werden ständig weg- und wieder zurückgeschoben, damit neue Gäste sich setzen können oder jemand aufs WC gelangen kann. Alles klappt reibungslos, auch die vielen Gespräche sind angeregt, aber niemand unterhält sich dabei so lautstark, dass sich jemand anderer gestört fühlen könnte. Bei gut gewürztem, aber nicht zu scharfem Kadai Vegetable Curry und einer Laddu-Kugel zum Dessert, hinuntergespült mit picksüßem Ceylon-Kaffee, genieße ich die Atmosphäre, bewundere meinen indisch aussehenden Tischnachbarn, der mit dem Handy in der linken Hand telefoniert, während er mit der rechten die verschiedenen Saucen und den Reis, den er auf einer großen Platte serviert bekommen hat, zu kleinen Bällchen formt und in den Mund bugsiert, ohne deswegen das Gespräch zu unterbrechen. Viel zu schnell vergeht an diesem Ort voller ungewohnter Gerüche, Klänge und Bilder die Zeit. Beim Bezahlen gebe ich mich weltgewandt und frage, aus welchem Teil Indiens die Küche stammt. Aus gar keinem, lautet die freundliche Antwort: Das ist ein sri-lankisches Lokal.

Passage de la trinité

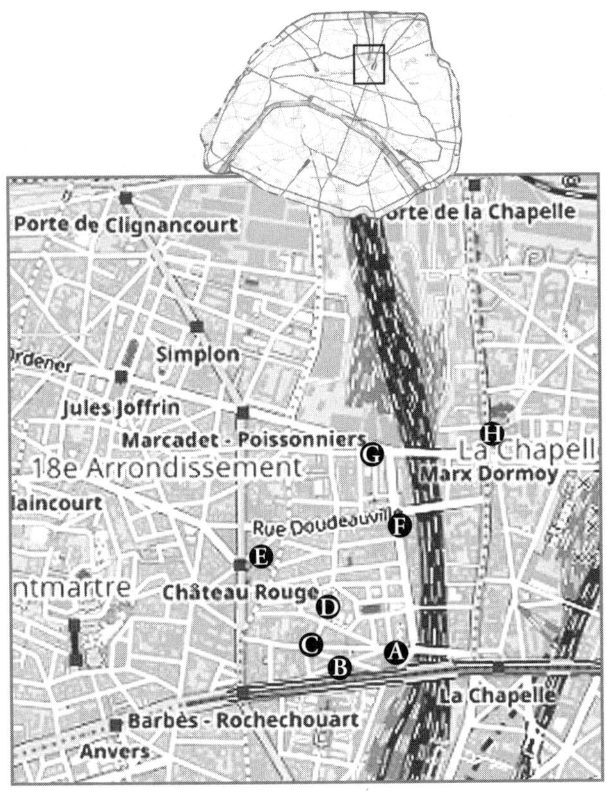

A *Kräuterläden*
B *Centre Barbara*
C *Brasserie de la Goutte d'or*
D *Echomusée*
E *Marché Dejean*
F *Institut des cultures d'Islam*
G *Café Lomi*
H *Marché de l'Olive*

Der Königsweg: Teil 2

Ins dunkle Herz von Paris

An den Bouffes du Nord gehe ich heute nur vorüber, sollten Sie aber die Gelegenheit dazu haben, besuchen Sie eine Vorstellung dieses magischen Theaters, das so wirkt, als habe es Peter Brook mit seinem Team in seinem Verfall eingefroren. Für mich geht es unter der in diesem Abschnitt überirdisch verlaufenden Linie 2 der Métro weiter – die Gleise der Nord- und Ostbahn sowie der Canal Saint-Martin machten einen herkömmlichen Tunnel technisch unmöglich. Gut fürs Stadtbild: Die Gusseisensäulen, die Bögen und die unzähligen Nieten dieser überirdischen Bahn zeugen selbstbewusst von der technischen und ästhetischen Meisterleistung, die der Bau damals darstellte.

Über die Nordbahnbrücke spaziere ich in Richtung Rue de Jessaint und weiche einmal mehr von der royalen Direttissima ab, die mich eigentlich in die Rue Marx-Dormoy geführt hätte. „Goutte d'Or" heißt das Viertel, in dem ich stattdessen ankomme und wo ich mir für die Recherchen ein Zimmer gemietet habe. Die Gegend hat seit jeher einen schlechten Ruf. Schon in Émile Zolas „L'assommoir" (Der Totschläger) soffen sich hier die Proletarier um ihre Existenz, heute gilt das Viertel vielen noch als Immigrantenghetto, verdreckt und gefährlich, als Drogen- und Hurenviertel, No-go-Area – dabei wird man als Spaziergänger so freundlich begrüßt. Am Eck Rue

Rue Stephenson

Stephenson/Rue de Jessaint/Rue de Tombouctou befinden sich vier kleine Läden, in denen ausschließlich frische Kräuter verkauft werden, vor allem Minze, Koriander und Petersilie. Es duftet betörend vor diesen Läden, aus denen stets das Wasser, mit dem die Kräuter frisch gehalten werden, auf die Straße rinnt. Ein Kraut kenne ich nicht. Ein freundlicher Verkäufer drückt mir ein Büschel davon in die Hand, lässt mich raten. Blassgrün sieht es aus, wie eine überdimensionierte Flechte, es riecht süßlich-würzig, ich habe keine Ahnung. Absinth! Hat aber nichts mit grünen Feen oder sonstigen verbotenen Räuschen zu tun, man trinkt es als Kräutertee, es soll gut für die Verdauung sein. Behalten Sie es doch gleich! Mit dem Kräuterbuschen in der Hand betrete ich die Goutte d'Or. „Goldener Tropfen" so hieß der Wein, der einmal an den Hängen des Montmartre angebaut wurde, ein ehemals sehr beliebter Weißwein, der die Reblaus-Epidemie nicht überlebte, aber auch so dem raschen Wachsen der Stadt zum Opfer gefallen wäre. Viele nennen das Viertel nach dem angrenzenden Boulevard auch Barbès. Leila erwartet mich, meine aus dem Bénin stammende Zimmerwirtin, die mir versprochen hat, mir heute Nachmittag die Highlights ihres Viertels zu zeigen, das sie so unendlich viel besser findet, als sein Ruf es vermuten lässt.

Ali-Baba-Grotte für Bibliophile

Unsere Tour beginnt mit einem echten Insidertipp: In der Rue Pierre-l'Ermite Nummer 3 drückt Leila auf eine Klingel, neben der schlicht *Librairie* steht. Wenig später öffnet sich die Tür, wir stehen in einer wahren Ali-Baba-Grotte für Bibliophile – ein wunderschöner, weitläufiger, von eisernen Säulen abgestützter Raum voller alter und seltener Bücher. Leila, die mir vorher nicht allzu viel verraten hat, freut sich über meinen offen stehenden Mund. Früher sei das eine Schmiede gewesen, erklärt Nicolas, der hier arbeitet. Neben dem Erdgeschoß gibt es noch ein Kellergeschoß, in dem die Buchhändler regelmäßig Ausstellungen organisieren. Ein großzügiger Ort, der in dieser Form nur in dieser Gegend denkbar ist: Im Quartier Latin oder in Saint-Germain, wo man viel eher mit einer solchen Buchhandlung rechnen würde, wären die Mieten viel zu hoch. Vorsichtig schmökere ich in ein paar kostbaren Bänden, ein frivol-heiterer Erotik-Ratgeber aus dem frühen neunzehnten Jahrhundert wäre ein hübsches Souvenir, ist mir aber zu teuer. Viel günstiger und braver, aber dennoch schön sind hingegen die fantasievollen Klappbücher für kleine und größere Kinder, die die Librairie im Eingangsbereich aufgestellt hat.

Durch die Rue de la Charbonnière geht es, mit Blick auf das nahe Sacré Cœur, das von hier geradezu unwirklich aussieht, zum Centre Barbara. Seit acht Jahren gibt es dieses Kulturzentrum bereits. Neben einem reichhaltigen Konzertprogramm und Ausstellungen richtet sich das Zentrum vor allem an Künstler und Sozialprojekte: Dreihundert Künstler nützen derzeit die Ateliers, Proberäume und Aufnahmestudios, auch diverse Therapie- und Präventionsprogramme finden hier Platz. Sonja Lambert führt uns durch das Gebäude. Die gebürtige Serbin, die schon seit vielen Jahren im Viertel wohnt, ist hör- und sichtbar stolz auf das moderne, sich diskret in seine Umgebung einfügende Zentrum, das ehrgeizige Programm der Konzerte, aber auch auf die Rolle, die es für das Ansehen der Goutte d'Or spielt: Weit über die unmittelbare Umgebung hinaus bekannte Festivals wie „La Goutte d'Or en Fête" oder „Magic Barbès" werden vom Centre Barbara mitveranstaltet – hinschauen und hineingehen lohnt sich, irgendetwas ist immer los.

Leila führt mich weiter zur *Brasserie de la Goutte d'Or* an der Ecke zur Rue des Gardes. Fred und Tristan, die mit ihren Bärten und Kappen genauso aussehen, wie man sich junge Craftbeer-Brauer vorstellt, brauen fünfhundert Hektoliter Bier pro Jahr, das man in einigen Pariser Lebensmittelläden sowie in ausgewählten Monoprix-Filialen zu kaufen bekommt. Ein wenig Hipsterflair liegt neben der hopfigen Note natürlich in der Luft, die beiden sind mit viel Lust und Einsatz bei der Sache. Auch sie lieben ihr Viertel und legen Wert auf den lokalen Charakter ihrer Biere, selbst wenn der Hopfen aus Flandern stammt: Für das vollmundige Aroma des belgisch inspirierten Triple-Biers sind Kaffeebohnen aus einer Rösterei in der Nähe verantwortlich, die Gewürze, die das fein aromatische Château-Rouge-Bier unverwechselbar machen, kommen aus dem nächsten Gewürzladen, und in Erinnerung an die Kohlenlager des alten Nordbahnhofs brauen sie ein Charbonnière-Bier mit getoastetem Malz, dessen rauchig-milde Note einfach ideal zum noch sehr kühlen Frühlingswetter passt.

Die Rue des Gardes ist eine Designer-Straße, hinter deren Auslagen zahlreiche Nähmaschinen surren – die Stadt Paris stellt hier Pariser Jungdesignern günstigen Arbeitsraum zur Verfügung, der im Rest der Stadt kaum aufzutreiben ist. In der Rue Cavé kommen wir am *Echomusée* vorbei. Vor vierundzwanzig Jahren hatte Museumsgründer Jean-Marc Bombeau die Vision, in dem ehemaligen Eckcafé mit Stuckdecke einen Raum zu schaffen, der die Kultur in den Alltag der Jugendlichen des Viertels bringt und in dem auch ihre Kultur – Hip-Hop und Streetart – Platz hat. Viel Engagement und Herzblut steckt in diesem Ort, Jean-Marc ist stolz auf „seine" Kinder, die mittlerweile erfolgreiche Hip-Hopper sind oder ihre Fotos ausstellen. Jeden Mittwoch findet eine Jamsession statt, Poetry Slams und Hip-Hop-Konzerte stehen regelmäßig auf dem Programm.

Doch wo ist nun, nach so viel Kultur, Mode, Craft Beer und Design, das mythenumrankte afrikanische Barbès, das wahlweise als Projektionsfläche für Ängste oder exotische Fantasien dient? Gleich ums Eck. Die Rue Myrha ist wohl die afrikanischste Gasse der Hauptstadt. Wir biegen nach rechts und stehen nach wenigen Schritten vor der *Ferme de Paris*, in der es lebende Hühner zum Selberschlachten zu kaufen gibt. Fotos darf ich keine machen, aber hineinschauen: In einem Verschlag drängen sich verschiedenfarbige Hühner, ein paar Enten, einige Perlhühner. 18 Euro kostet ein normales Huhn, 33 Euro ein schwarzes – anscheinend ist es nicht nur schwerer, sondern auch ungleich besser. Genaueres will mir der Verkäufer nicht verraten. Wenige Meter weiter liegt die Weinhandlung *La Cave de Don Doudine*, in der Leila gern einkauft – die Weine stammen von Kleinproduzenten, vieles ist bio, und sogar eine „Goutte d'Or"-Cuvée kann man kaufen, gekeltert freilich nicht in Paris, sondern in der Touraine.

Leila schickt mich nun alleine weiter, da sie ihre Tochter von der Schule abholen muss, gibt mir aber noch ein paar empfehlenswerte Adressen mit auf den Weg. Vorbei an islamischen Buchhandlungen, afrikanischen Lebensmittel- und Stoffläden, finsteren Kaschemmen sowie topmodernen, in schmale Baulücken gesetzten Wohnhäusern spaziere ich in Richtung Rue des Poissonniers. Ich lasse mir Zeit, um die Atmosphäre der kontrastreichen Straße wirken zu lassen. Auffallend sind die vielen „Associations", die entweder Nachhilfestunden oder kreative Freizeitaktivitäten für Kinder anbieten, den gemeinsamen Einkauf von Bio-Lebensmitteln organisieren oder gegen die Abrissbirne kämpfen, die das Viertel, dessen Altbauten oft in sehr schlechtem Zustand sind, gerade von Grund auf verändert. Es ist ein typischer Aspekt des Pariser Lebens, den viele Besucher übersehen: Die Bewohner dieser Stadt verbringen überdurchschnittlich viel Zeit damit, sich zu engagieren, ihr Wohnviertel zu verändern, sich für die Verbesserung ihrer Lebensqualität oder der ihrer Nachbarn einzusetzen. „Association" heißt „Verein", doch wo man bei uns an Sparer- oder Blasmusiktreffs denkt, geht es in Paris meist um soziale oder politische Anliegen. Vielleicht ist diese Bereitschaft zum Engagement über die eigenen Interessen hinaus ja ein Erbe der revolutionären Epochen der Stadt, deren aufmüpfige Einwohner den Königen beziehungsweise führenden Köpfen der Republik seit jeher eine Mischung aus Angst und Respekt einflößen. Die Stadt profitiert letztendlich enorm von der Zivilcourage und dem Willen zur Mitbestimmung ihrer Bevölkerung, auch wenn man nicht mit jeder Bürgerinitiative, jedem Streik und jeder Demo einverstanden sein muss. Auch die Goutte d'Or ist heute nicht zuletzt deswegen eines der spannendsten Viertel der Stadt, weil sich die Menschen, die hier wohnen, die Gestaltung nicht aus der Hand nehmen lassen wollen und sich mit viel Einsatz auch um diejenigen kümmern, die von der Gentrifizierung verdrängt zu werden drohen.

Die Rue des Poissonniers, in der ich nun lande, ist, unschwer zu erraten, die Verlängerung der Rue Montorgueil und der Rue Poissonnière. Außer dem Namen erinnert nichts an die Karren, die einst den „frischen“ Fang von der nahen Küste über Nacht in die Hauptstadt gebracht haben. Heute ist sie ein Stück Afrika, bunt und laut. Beim Marché Dejean in der gleichnamigen Straße packe ich den Fotoapparat ein: Hier sind viele „wilde“ Händler an der Arbeit, die nicht fotografiert werden wollen und darauf meistens wütend reagieren. Auf improvisierten Ständen aus Karton bieten sie zwischen den Lebensmittelhändlern gefälschte Markensonnenbrillen, Gürtel oder Uhren an. Sehenswert ist ihre Wegräumtechnik, wenn eine Gruppe Polizisten am Ende der Straße auftaucht: In Sekundenbruchteilen ist die Ware zusammengerafft, der Stand per Fußtritt abgebaut, der Händler verschwunden. Am Ende des Marktes gibt es Maniok zu kaufen, in Bananenblätter verpackt, Kräuter in Plastiksäcken, schwarze, für europäische Augen nicht gerade appetitlich aussehende getrocknete Seehechte. Ein ungewöhnliches Fisch-Einkaufserlebnis bietet ein Geschäft am Ende der Rue de Suez: Dort werden riesige „afrikanische“ Fische, die oft aus Asien kommen, tiefgefroren im Ganzen verkauft, man kann sie sich aber auch per Kreissäge in Scheiben schneiden lassen.

Die Rue Doudeauville ist eine weitere afrikanische Lebensader des Viertels, in der sich zahlreiche Stoffhändler und Schneider niedergelassen haben. Die bunten Baumwollstoffe, die viele Auslagen komplett füllen, heißen „Wax“ und werden in den Niederlanden hergestellt: ein Erbe des Kolonialismus, als die niederländischen Kolonialherren Soldaten aus Afrika in ihren asiatischen Besitzungen kämpfen ließen, wo diese die Technik, gebatikte Stoffe mit Wachs wasserabweisend zu machen, kennen- und schätzen lernten. Die Stoffe verbreiteten sich in der Folge im subsaharischen Afrika, die Muster vervielfältigten sich – wer sie zu „lesen“ versteht, für den sprechen

Rue Doudeauville „Wax"

die Gewänder aus Wax einmal mehr, dann wieder weniger subtile Botschaften aus, vom Stolz auf erreichten Wohlstand bis zur Warnung an den untreuen Ehemann, es ihm mit gleicher Münze heimzuzahlen. Ein Händler an der Ecke zur Rue Léon erklärt mir einige der Muster, doch schon bei der nächsten bunten Auslage habe ich sie wieder durcheinandergebracht. Die Rue Léon ist weit über das Viertel hinaus bekannt, am Eck zur Rue Doudeauville liegt die beliebte *L'Omadis*-Bar, und an Wochenenden gibt es ein paar Schritte entfernt, im freundlichen Bistro *Les Trois Frères*, gratis Gemüse-Couscous zu essen, Gäste bezahlen nur die Getränke – was für ein volles Haus, studentisches Publikum und gute Stimmung sorgt. Ich gehe in der Rue Doudeauville weiter bis zum Centre des Cultures d'Islam, einem Islamzentrum, das nicht nur über eine Moschee verfügt, sondern auch Ausstellungen zeigt, wie derzeit eine sehenswerte Fotoausstellung über die Hamams von Tunis. Im Shop im Erdgeschoß kann man schöne baumwollene Hamam-Tücher, Massageöle, Arganseifen und ähnliche Souvenirs aus Nordafrika mitnehmen.

Etwas weiter stadtauswärts, in der Rue Ordener, befindet sich das *Café Lomi* in einem schicken Neubau mit viel

Rue de Suez

sichtbarem Stahl und Beton. Es weist eine hohe Laptop- und Hipsterbartdichte auf und gleicht an Nachmittagen einem Co-Working-Space für junge Kreative. Ohne Apple-Notebook fühlt man sich hier schnell als Außenseiter, der selbst geröstete Kaffee (der in der Brasserie weiter unten ins Triple-Malt-Bier kommt) und die Schokoladentarte sind aber trotzdem sehr gut, und eine kurze Pause kommt mir gerade recht. Beim Verlassen des Cafés fällt mein Blick auf eine Mauer voller Graffiti, ich folge ihr nach rechts, überquere die Nordbahn und lande in der Rue Marx-Dormoy beziehungsweise an der Place Paul-Éluard, einem weiteren Abschnitt des Königswegs, den ich vor lauter Afrika ein wenig aus den Augen verloren habe. Leila hat mir geraten, in dieser Gegend den Marché de l'Olive zu besuchen. Nach dem Platz geht es links in die Rue de l'Olive, vorbei an der hübschen Weinhandlung *En Vrac*, in der man auch gut essen kann. Der Markt lohnt tatsächlich einen Umweg: Man kann hier in etwa nachvollziehen, was im Hallenviertel – war ich dort wirklich erst heute Vormittag? – verloren ging, als man zwölf vergleichbare Hallen wegriss: Ein großzügiger, luftiger Rahmen für ein Einkaufserlebnis, wie es eben nur Paris zu inszenieren versteht, von karibischen und thailändischen

Garküchen im Eingangsbereich bis zum typischen Marktangebot von Fisch, Fleisch, Gemüse, Obst, Käse, Brot – alles verlockend, reichlich, schön präsentiert. Wie selbstverständlich gibt es bei der Markthalle eine hübsche kleine Buchhandlung, allerlei Schnellimbisse, Bäckereien und kleine Läden. Ich umrunde die Halle mit nun schon etwas müden Beinen, doch eine Besonderheit möchte ich noch besichtigen, die vor allem besonders an heißen Tagen für Spaziergänger interessant ist: Aus einem Brunnen im Square de la Madone, einem kleinen Park hinter dem Markt, sprudelt gratis Quellwasser aus über 700 Metern Tiefe. Bei hochsommerlichen Temperaturen füllen die Bewohner des Viertels sich ihre Wasserflaschen auf, heute ist niemand außer mir da – und ich gehe auch gleich wieder, da Regen einsetzt. Bei bernsteinfarbenem Bier und ein paar Knabbereien lasse ich in der schmuddelig-coolen *Brasserie l'Olive* den Tag Revue passieren, der so reich an Eindrücken war, dass das Prädikat „königlich" gar nicht so vermessen klingt, wie ich das anfangs angesichts der so gar nicht eleganten Viertel, durch die mich der Weg geführt hat, vermutet habe. Nur ein paar Kilometer weiter nördlich von hier liegen die Könige und Königinnen Frankreichs in der Basilika von Saint-Denis begraben, jedenfalls das, was die Revolutionäre von ihnen übrig gelassen haben: Während der Terrorherrschaft wurden die Königsgräber geschändet, die teils erstaunlich gut erhaltenen Leichen aus den Stein- und Bleisärgen gerissen und in einer mit Kalk gefüllten Grube verscharrt. Dem unverwesten Leichnam Henri IV. wurde damals der Bart abgerissen – seither gibt es an mehreren Orten Frankreichs angeblich originale Barthaare des ermordeten Königs zu bestaunen. Erst nach Napoleons Sturz wurden die Gräber wieder instand gesetzt. Die Basilika hat zwar gehörig gelitten, ist aber nach wie vor besuchenswert – wenn man noch Energie dafür hat, was ich für mich heute verneinen kann. Statt zu den royalen Resten spaziere ich zurück in mein Zimmer in der Goutte d'Or.

Orte zum Verweilen

Au père fouettard:
9 Rue Pierre Lescot, 75001 Paris. +33 1 42 33 74 17.

La Fresque:
100 Rue Rambuteau, 75001 Paris. +33 1 42 33 17 56.

Au rocher de cancale:
78 Rue Montorgueil, 75002 Paris. +33 1 42 33 50 29.
www.aurocherdecancale.fr

Les 2 au coin:
7 Rue Notre Dame de la Bonne Nouvelle, 75002 Paris. +33 1 77 12 63 41.
www.les2aucoin.fr

Julien:
16 Rue du Faubourg Saint-Denis, 75010 Paris. +33 1 47 70 12 06.
www.julienparis.com

Flo:
7 Cour des Petites Écuries, 75010 Paris. +33 1 47 70 13 59.
www.brasserieflo-paris.com

Terminus Nord:
23 Rue de Dunkerque, 75010 Paris. +33 1 42 85 05 15.

Krishna Bhavan:
24 Rue Cail, 75010 Paris. +33 1 43 29 87 93 oder +33 1 42 05 78 43.
www.krishna-bhavan.com

Les 3 frères:
14 Rue Leon, 75018 Paris. +33 1 42 64 91 73.

L'omadis bar:
43 Rue Doudeauville, 75018 Paris. +33 1 42 23 27 23.

Café Lomi:
3ter Rue Marcadet, 75018 Paris. +33 9 80 39 56 24.
www.lomi.paris

En vrac:
2 Rue de l'Olive, 75018 Paris. +33 1 53 26 03 94 (täglich 10–24 Uhr).
www.vinevrac.fr

Brasserie de L'Olive:
8 Rue de l'Olive, 75018 Paris. +33 1 46 07 07 08.

Orte zum Vertiefen

La conciergerie:
2 Boulevard du Palais, 75001 Paris. +33 1 53 40 60 80.
www.paris-conciergerie.fr

Boulangerie Dheilly:
6 Rue des Halles, 75001 Paris. +33 1 42 33 45 14.

Patisserie Stohrer:
51 Rue Montorgueil, 75002 Paris. +33 1 42 36 54 67.
www.stohrer.fr

G Detou:
58 Rue Tiquetonne, 75002 Paris. +33 1 42 36 54 67.

Bouffes du nord:
37 bis Boulevard de la Chapelle, 75010 Paris. +33 1 46 07 34 50.
www.bouffesdunord.com

Chez les libraires associés:
3 Rue Pierre l'Ermite, 75018 Paris. +33 1 42 57 20 24. Di–Sa, 14–19 Uhr.
www.chezleslibrairerassocies.blogspot.com

Barbara-Zentrum:
1 Rue Fleury, 75018 Paris. +33 1 53 09 30 70.
www.fgo-barbara.fr

Brasserie de la goutte d'or:
28 Rue de la goutte d'or, 75018 Paris. +33 9 80 64 23 51.
www.brasserielagouttedor.com

Echomusée:
21 Rue Cave, 75018 Paris. +33 1 42 23 56 56.

La cave de Don Doudine:
16 Rue Myrha, 75018 Paris. +33 1 42 54 98 50.
www.lagouttedor.net/dondoudine

Centre des Cultures d'Islam:
56 Rue Stephenson, 75018 Paris. +33 1 53 09 99 84.
www.institut-cultures-islam.org

La fine Épicerie de la Goutte d'Or:
60 Rue Stephenson, 75018 Paris. +33 6 98 32 35 86.
www.lafineepicerie.com:
Nette, hübsche Feinkosthandlung, mit der sich ein ehemaliger Büroangestellter einen Lebenstraum erfüllt hat. Sehr kompetente Käse-Beratung.

Basilika von Saint-Denis:
1 rue de la Légion d'Honneur, 93200 Saint Denis. +33 1 48 09 83 54.
http://www.saint-denis-basilique.fr
Man erreicht die königliche Grablege entweder mit der Métro-Linie 13 oder, nur ein paar Gehminuten vom Marché de l'Olive entfernt, mit dem Bus Nr. 153 ab der Porte de la Chapelle.

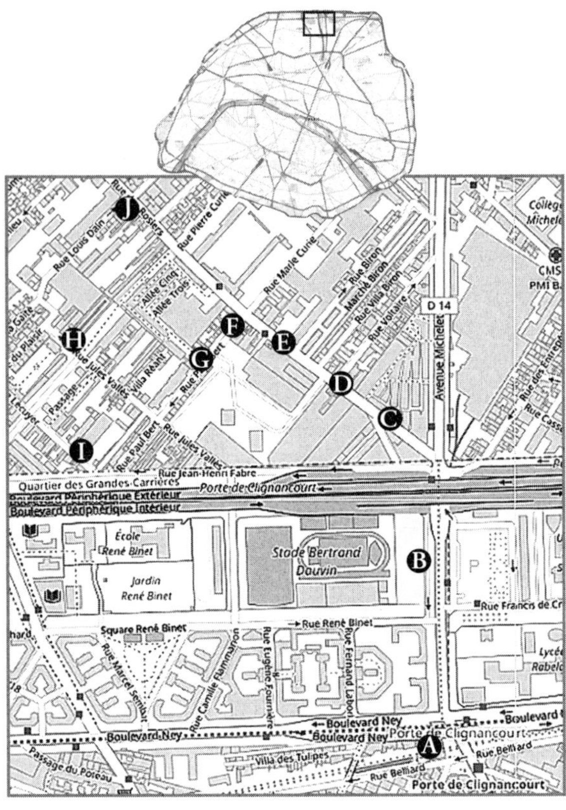

A *La Recyclerie*
B *Ramsch-„Flohmarkt"*
C *Marché Vernaison*
D *Le Voltaire*
E *La chope des Puces*
F *Colonial Concept Les merveilles de Babelou*
G *Marché Paul Bert*
H *La Péricole*
I *La Librairie de l'avenue*
J *L'Entrepôt*

Eine Couch für die Pariser Seele

Bitte nicht lachen: Hühner sind in Paris der letzte Schrei – in der *Recyclerie*, gleich bei der Métro-Station Porte de Clignancourt zum Beispiel, wo ich an diesem Samstag ausgiebig frühstücke, um fit für den größten Flohmarkt der Welt zu sein. Dieser befindet sich seit über hundert Jahren unmittelbar an der Pariser Stadtgrenze, in Saint-Ouen, nördlich der Hauptstadt. Die *Recyclerie* gibt es erst seit 2014, ihr Gebäude ist aber viel älter, es handelt sich dabei um einen ehemaligen Bahnhof der alten Bahnlinie „Petite Ceinture", die die Stadt im neunzehnten. Jahrhundert umrundete. Der seit achtzig Jahren leer stehende Bahnhof ist heute ein Restaurant der eher ungewöhnlichen Sorte. Nicht so sehr, weil es ausschließlich mit Flohmarktmöbeln eingerichtet ist – das gibt es in Paris recht oft, wenn auch hier, wohl dank der Nähe zu Saint-Ouen, besonders schöne Stücke zu sehen sind, wie etwa eine gusseiserne Belle-Époque-Laterne, die über dem großen Saal hängt. Spezieller ist schon die Bastelwerkstatt im Eingangsbereich der *Recyclerie*. Wer sein auf dem Flohmarkt erstandenes Stück noch etwas ausbessern oder umbauen möchte, aber nicht genügend Platz oder Werkzeug zu Hause hat, kann sich stundenweise in der Werkstatt einmieten. Das wirklich Besondere ist jedoch der hofeigene Hühnerstall am Bahndamm, gleich beim Hinterausgang. Etwa zwanzig Hühner und ein paar

Recyclerie

Enten tummeln sich hier, und das nicht, um eines Tages im Restaurant serviert zu werden, wie mir Kellnerin Paula, die mich herumführt, sichtlich irritiert über meine Frage erklärt. Die Hühner sind vielmehr Teil des ökologischen Abfallkonzepts der *Recyclerie*: Bevor sie ihre leeren Teller zurückgeben, kippen die Gäste die Speisereste in eine große Tonne. Diese wandert – nachdem für Hühner Nicht-Geeignetes aussortiert und gesondert kompostiert wurde – in Richtung Hühnerstall. So gut wie keine Küchenabfälle müssen entsorgt werden, ein Traum für jeden Gastronomen. Gegen einen Mitgliedsbeitrag können Stammgäste regelmäßig Hühnereier abholen. Weiter unten in Richtung Bahngleise findet man noch einen Kräutergarten, vier Bienenstöcke, Obstgärten – alles in allem ein „urban farming"-Gelände von insgesamt tausend Quadratmetern. Sommers ist eine Art Beachbar geöffnet, daneben eine Pétanque-Bahn … und das zwar nicht ganz im Zentrum der Stadt, aber im doch sehr urbanen Setting der aufgelassenen Eisenbahnlinie.

Die Pariser scheinen vom Konzept der *Recyclerie*, die auch am eher frühen Samstagmorgen gut besucht ist, begeistert zu sein. Nichts gegen Sonntag, wie mir Paula versichert: Beim

Brunch ist wirklich viel los, aber ihr macht das Spaß so, und die Atmosphäre hat dann immer etwas von einem Volksfest. Jetzt muss sie aber zurück zu ihren Gästen und lässt mich mit den Hühnern alleine, denen beim Verzehr einiger Salatblätter und Gemüseschalen, die Paula auf dem Weg schnell mitgenommen hat, auch die eine oder andere Großstadtratte hilft. Eine Stadtfarm eben. Auf Schiefertafeln ist das reichhaltige Kursangebot ausgeschildert, das die *Recyclerie* außerdem noch bietet: Komposthaufen selbst anlegen, Führungen durch die „urban farm", Garteln für Jung und Alt – ein Konzept, auf das dieser Bahnhof, den man zum Glück nicht abgerissen hat, und dieses Areal achtzig Jahre lang gewartet zu haben scheinen. Jetzt ist auch genau der richtige Zeitpunkt dafür: Die Weltklimakonferenz COP 21 im Herbst 2015 hat dem in Paris ohnehin schon schwer angesagten Öko-Trend noch einen kräftigen Schub verliehen, die Pariser begeistern sich für alles, was auch nur im Entferntesten nachhaltig, klimaschonend und ökologisch aussieht. Etwa die Liste der sieben ökologischen Maßnahmen für den Hausgebrauch – eine pro Wochentag –, die die NGO „Zero Waste" bei der COP 21 präsentiert hat. Die Woche beginnt mit einem Smoothie aus Altobst und -gemüse, das vom Markteinkauf am Wochenende übrig geblieben ist, danach folgen Ratschläge zur Vermeidung von Plastikmüll im Büro und zu Hause. Mein Lieblingstipp kommt am Freitag dran: „Besorg dir ein Huhn!" Die Maßnahme würde den Müllberg pro Haushalt um deutlich mehr als ein Viertel schrumpfen lassen, doch freilich sind die wenigsten Pariser Wohnungen für die Hühnerhaltung geeignet. Immerhin, in der *Recyclerie* kann man, Hühner fütternd, Müll reduzieren und bekommt auch noch Eier dafür. Am Samstag soll man laut „Zero Waste" seine Kleidung dann nicht in einer Boutique, sondern im Secondhandshop kaufen (eine Tonne Kleidung, die wiederverwendet wird, spart 21 Tonnen CO2). Etwas Ähnliches habe ich nun vor, auch wenn ich weder Jacke noch Hose auf dem Radar habe: Ich bezahle und mache mich auf den Weg zum Flohmarkt.

In Richtung stadtauswärts überquere ich zunächst den Boulevard Ney, wo die ersten diskreten Händler gestohlener oder gefälschter Handys und Uhren stehen. Der Boulevard erinnert an den schillernden Marschall Michel Ney, von Napoleon „Tapferster der Tapferen" genannt. Er war einer dieser Männer aus einfachsten Verhältnissen, die dank der Revolution den Aufstieg in einstige Adelsdomänen schafften und deren Leben einem bewusst machen, welches Potenzial die Menschheit jahrhundertelang wegen des sturen Ständedenkens vergeudet hat. Ney zeichnete sich auf Feldzügen von Spanien bis Russland als Stratege, aber auch durch persönliche Tapferkeit aus. An der Berezina rettete er die Reste der geschlagenen Grande Armée, deren Rückzug er deckte, in Waterloo ritt er persönlich der größten Kavallerieattacke der Militärgeschichte voran, bei der ihm fünf Pferde sprichwörtlich unter dem Hintern weggeschossen wurden. Die Schlacht verlor er freilich mit seinem Kaiser, weigerte sich danach, ins Ausland zu fliehen und wurde unter dem Bourbonenkönig Ludwig XVIII. wegen Hochverrats füsiliert. Jean Rolin, ein ehemaliger Kriegsberichterstatter, der zu den französischen Großmeistern der Reportage zählt, widmet dem Marschall, vor allem aber dem Boulevard, der seinen Namen trägt, eine lange Reportage mit dem schlichten deutschen Titel „Boulevard Ney". Mehrere Monate mietete sich Rolin in einer billigen Absteige direkt am Boulevard ein, damals ein düsterer Ort des Verbrechens, der Drogen und der Prostitution. Heute ist die einstige „Zone" zwar nach wie vor keine Flaniermeile, wurde aber fußgänger- und radfahrerfreundlich umgestaltet.

Das Wort „Zone" hat im Französischen einen besonderen Klang, es bezeichnet mehr noch als den geografischen Raum ein Milieu der Gewalt, der Halb- und Unterwelt. Kaum noch jemand denkt daran, dass es aus der Zeit des Bürgerkönigs

Louis Philippe I. stammt, der in den 1840er-Jahren den Bau eines Befestigungsrings um Paris beschloss. Dieser verlief in etwa entlang des nach verschiedenen Feldmarschällen benannten Boulevards, zu dessen Abschnitten der Boulevard Ney zählt. Bis zu 280 Meter außerhalb der Befestigungen erstreckte sich eine „Zone", die nicht bebaut werden durfte.

Die Pariser frequentierten die Vorstädte außerhalb der neuen Mauern, die auch eine Zollgrenze darstellten, recht gern: Vieles war hier billiger, und der Weißwein, der in St. Ouen angebaut wurde, war sehr beliebt. Bald siedelten sich die ersten Gebrauchtwarenhändler mit ihren Ständen und Baracken in der „Zone" an, wo sie genug Platz fanden, um ihre Fundstücke zu sortieren und zu reinigen. 1884 war ein hartes Jahr für die „Chiffoniers", die Lumpensammler, die die Pariser Müllberge nach Brauchbarem durchwühlten. Ein Präfekt namens Poubelle verbot das Entsorgen von Müll auf der Straße und führte die Mülltonnen ein – das französische Wort für Mistkübel, poubelle, erinnert heute noch an den verdienstvollen Mann. Ob er sich über den zweifelhaften Ruhm gefreut hätte, ist eine andere Frage. Damals gab es 30 000 Lumpensammler in Paris, in St. Ouen waren sie am organisiertesten. Nachdem ihnen Monsieur Poubelle mit seinen Tonnen beinahe die Lebensgrundlage entzogen hatte, wurden sie unversehens durch eine Naturkatastrophe gerettet: Die Reblaus vernichtete die Weingärten von St. Ouen, die Gemeinde überließ ihnen die gesamte Zone, die man in Paris bald „Marché aux Puces" zu nennen begann – der Begriff „Flohmarkt" ging im späten neunzehnten Jahrhundert von hier aus um die Welt. 1920 begann ein gewisser Romain Vernaison damit, solide Marktstände anzulegen; dem heute noch bestehenden „Marché Vernaison" folgten bald die nach ihren jeweiligen Eigentümern „Malik" und „Biron" genannten Märkte. Die Flohmärkte waren längst ein bedeutender Wirtschaftszweig geworden, die Vorstadtgemeinden stritten sich um die Gunst der gut organisierten Händler. Legenden

Marché Vernaison

um Sensationsfunde bedeutender Kunstwerke machten die Runde, tatsächlich beeinflussten die Flohmärkte ganze Kunststile wie die „art nègre“, die sich ohne die vielfältigen Anregungen, die sich Pariser Künstler auf dem Flohmarkt holten, niemals hätte entwickeln können.

Auf dem Weg dorthin sollte man sich nicht ablenken lassen: Ein paar Meter hinter dem Boulevard Ney, nach einem Häuserblock voller Schuh-, Lederjacken- und Taschengeschäfte, beginnt ein erster „Flohmarkt“, der aber völlig uninteressant ist, eine Ansammlung von Ständen mit in China produziertem Ramsch und Textilien. Ich lasse diesen Markt rechts liegen. Erst nach der Ringautobahn Périphérique beginnt das eigentliche Vergnügen. Fotoapparat und Handy packe ich schon davor gut ein: Die Strecke, die unter dem Périph nach St. Ouen führt, wimmelt nur so von Schwarzhändlern, und bei manchen der dort diskret zum Kauf angebotenen Handys bin ich nicht sicher, ob ihr Vorbesitzer den Verlust überhaupt schon bemerkt hat.

Nun geht es los. „Der“ Flohmarkt von Saint-Ouen besteht aus einer Vielzahl kleinerer Märkte, die höchst unterschiedlich sind. Am „Marché Dauphine“ mit seinen Mini-Boutiquen gehe ich vorbei, ein paar Meter dahinter wartet rechter

Hand der „Marché Vernaison", der Älteste und für mich der Schönste, Verwirrendste und Authentischste der Märkte hier. Obwohl es kurz nach zehn Uhr ist, bin ich trotz gemütlichem Frühstück inklusive Hühnerstallbesichtigung früh dran, viele Stände sind erst am Aufsperren. Ich genieße diese menschenfreundliche Praxis in vollen Zügen – in Wien muss man angeblich um sechs Uhr morgens schon auf dem Flohmarkt sein, um die besten Stücke zu ergattern. Ich habe mir das zwar schon öfter vorgenommen, es dann aber doch nie geschafft, mich der Terrorherrschaft der Frühaufsteher anzupassen.

In St. Ouen kann man die Sache ungleich entspannter angehen. Ein bärtiger Händler mit Kapitänsjacke stellt gerade ein paar schöne Stücke vor seinem Stand namens *Le doux logis* auf, darunter ein hübsches Karussellpferd. Wir kommen ins Gespräch, merken nach ein paar Sätzen, dass wir beide keine Franzosen sind und sprechen auf Deutsch weiter: Oliver ist Deutscher und lebt seit 22 Jahren in Paris, eigentlich ist er Architekt. Schon als Jugendlicher hat er alte Schilder gesammelt, und auch sein Logo, „Le doux logis", was man frei mit „Sweet Home" übersetzen könnte, hat er einmal von einem längst geschlossenen Heimtextilienladen in seiner Nachbarschaft abgeschraubt und in den Keller geräumt, ohne zu wissen, was er damit anfangen sollte. Vor ein paar Jahren hat er dann beschlossen, aus seiner Sammelleidenschaft einen Beruf zu machen, und einen freien Stand in St. Ouen gekauft. Er schimpft etwas über die schwierigen Zeiten, weil die Leute angesichts der permanenten Krisen wenig Lust haben, Geld auszugeben, aber dieses Schimpfen könnte auch zur ganz normalen Pariser Folklore gehören. Ich begleite Oliver, der noch Wasser für seinen Kaffee holen muss, ein paar Schritte durch den Markt. Der Architekt, der damit beauftragt wurde, einen neuen Plan des Marktes zu zeichnen, geht mit einem anderen Blick durch die Stände als der Laie. Den Brandschutz findet er katastrophal, nicht von ungefähr sei in den 1960er-Jahren ein großer

Teil des Marktes abgebrannt. Oliver urteilt streng, in den hübschen alten Buden sieht er nur morsches Holz unter zerknitterten Blechverkleidungen, die vom Rost zusammengehalten werden: „Mit Blech umwickelte Streichhölzer sind das!" Noch mehr ärgert ihn das Kanalsystem, die Toiletten sind ständig verstopft, die Seifenspender brechen ab – und das bei einer nagelneuen Anlage ... In meinen Ohren klingt seine Suada fast ein wenig zu pariserisch, oft sind Zuwanderer ja päpstlicher als der Papst beziehungsweise royalistischer als der König, wie man in Frankreich sagt.

Auf jeden Fall ist der Kaffee stark und heiß, eine Wohltat an diesem eiskalten Vormittag, an dem ein ständiges Lüftchen für zusätzliche Frische sorgt. Auch dafür ist St. Ouen bekannt. Oliver schimpft weiter wie ein Pariser Rohrspatz, er findet, dass viele seiner Kollegen sich nicht genug Mühe bei der Präsentation geben: „Schauen Sie sich das an, die Neonlampe ist für so einen Stand doch viel zu groß! Oder der hier, hat einen so schönen Kronleuchter und dann schraubt er Sparlampen rein, das verstehe ich einfach nicht." Er selbst legt großen Wert auf stimmige Beleuchtung und geschmackvolle Inszenierung seiner Ware, die er bei Wohnungsräumungen kauft, bei fliegenden Händlern in der Zone oder auch bei Kollegen, denen manche Stücke nicht ins sonstige Angebot passen. Schilder, Blechdosen oder Comic-Gläser aus seiner Sammlung bringt er oft in wenigen Minuten an den Kunden, dann ist der Stundenlohn gut – manchmal dauert alles viel länger, wie bei dem kleinen Spielzeugmuldenkipper, den ich zufällig in die Hand genommen habe. Zwei Stunden lang hat er bei einem auf altes Spielzeug spezialisierten Kollegen die Kiste mit den winzigen Ersatzteilen durchwühlt, damit der kleine Laster wieder auf vier halbwegs gleichen Reifen rollt. 15 Euro kostet er nun, das lohnt sich natürlich nicht. Ich lege das angesichts der darin steckenden Arbeit wertvolle Stück gleich wieder zurück, mein zweijähriger Sohn würde Olivers mühsame Sucherei wohl in

Oliver

wenigen Augenblicken zunichtemachen. Der zum „Pucier“ gewordene deutsche Architekt, der den Markt im Grunde leidenschaftlich liebt – „Wer heftig liebt, haut auch fest zu“, noch so ein französisches Sprichwort –, weiß viele Anekdoten vom Flohmarkt zu erzählen. Etwa von den Originalplänen des Kölner Doms, die im Jahr 1816 auf einem Pariser Flohmarkt auftauchten, woraufhin der eingestellte Bau wieder aufgenommen wurde. Es sind Geschichten wie diese, die für Oliver den Reiz des Marktes ausmachen. Es gibt die seltenen Perlen, die Stecknadeln im Heuhaufen, und auch wenn sich die Händler heute besser auskennen, werden nach wie vor echte Überraschungsfunde gemacht. Freilich braucht man eine gewisse Expertise, und das nicht nur, um eventuell doch noch eine Originalskizze von Leonardo da Vinci unter einem Stapel wertloser Drucke herauszufischen. Die Asterix-Gläser, die ich gerade noch zu kaufen überlegt habe, stammen aus dem Jahr 1968, Sammler erkennen das auf den ersten Blick. Für den morgendlichen Orangensaft der Kinder würde er die nicht nehmen, das sind echte Sammlerstücke, erklärt mir Oliver, nun wieder ganz in seinem Element, und die Frage nach der Geschirrspülerfestigkeit des hübschen Service, das ich schon auf unserem

Frühstückstisch stehen gesehen habe, wage ich danach nicht mehr zu stellen. Als mir der deutsche Pucier stattdessen anhand einer Serie historischer Persil-Waschpulverschachteln, die er vor mir aufbaut, einen Vortrag über die vertrackte Geschichte dieser über hundertjährigen Marke hält, gelingt es mir nicht mehr, aufmerksam zuzuhören, so gut Oliver auch zu erzählen versteht – ich bin zu durchgefroren, um länger stehen bleiben zu können, und es zieht mich einfach in die Gassen des Flohmarkts, um auf eigene Faust meine Entdeckungen zu machen.

Am liebsten mag ich die vielen originellen, aber auch funktionalen Gegenstände, mit denen man seine Wohnung ausstatten könnte, von formschönen Porzellanlichtschaltern bis zu den typischen französischen Messingtürknöpfen, die so gut in der Hand liegen. Von allem gibt es eine unglaubliche Auswahl. Komplette Baccarat-Kristallgläsersets von 48 Stück kann man für den etwas eleganteren Sektempfang kaufen, Möbel von der Hobelbank bis zur Wendeltreppe, verschnörkelte oder ganz schlichte Silberbestecke, schwere alte Korkenzieher, Schlüsselanhänger, Champagnerkorkensammlungen, alte Werbeplakate, Ledermöbel, Kaffeemühlen, Schaufensterpuppen, stapelweise Postkarten … ich beschließe, später wieder im Vernaison-Markt vobeizuschauen, noch bin ich nicht in Kauflaune und möchte zuvor ein paar andere Märkte sehen. Oliver hat mir beim Weggehen noch den Tipp gegeben, bei seiner Nachbarin Anne-France vorbeizuschauen, die als lebendes Flohmarkt-Lexikon gilt und illustre Figuren wie John Galliano zu ihren Stammkunden zählt.

In der Rue des Rosiers, schon wieder draußen aus „Vernaison“, gehe ich am *Le Voltaire* vorbei, einem Flohmarkt-Bistro, in dem ich schon oft gegessen oder einen Kaffee getrunken habe. Es ist zwar nicht billig, aber immer voll, das Essen von Brathuhn bis Mousse au chocolat einfach, aber gut, die Kellnerinnen sind energisch, aber nicht uncharmant. Schnell wird man irgendwo hingesetzt und landet, ist man allein unterwegs, mitten in einem meist fröhlichen Durcheinander aus Händlern, Touristen und Stammgästen, in dem man leicht mit seinen Tischnachbarn ins Gespräch kommt. Ich erinnere mich noch gut an eine chinesische Touristin, die alte Babyfotos sammelte und recht unzufrieden an ihrem zu durchgebratenen Steak kaute, das sie irrtümlich so bestellt hatte, weil sie „bien cuit“ für die Bezeichnung einer besonders hohen Fleischqualität hielt. Ich fand ihre Sammelleidenschaft anfangs seltsam, aber sie zeigte mir dann ihre Ausbeute: berührende Bilder, auf der Rückseite mit altertümlichen Schriftzügen in bräunlicher Tinte beschriftet, auf der Vorderseite süße Kinder, die inzwischen im Greisenalter oder längst verstorben sein mussten und eigentümlich fremd wirkten in den Kostümen und künstlichen Landschaften, die damals in Mode waren. Bilder aus einer zeitlich gar nicht so weit zurückliegenden und doch so unendlich weit entfernten Welt aus der Epoche vor den Weltkriegen.

Heute spaziere ich am *Voltaire* vorbei und bummle zwischen die Stände des ruhigeren, auf eher gehobene Antiquitäten spezialisierten *Marché Biron*. Hier gibt es viel Verschnörkeltes, aber auch zeitlos schöne Dinge, und nicht alles ist teuer: schlichte, aber elegant geschwungene Eichenstühle mit Strohsitzfläche aus der Zeit des Directoire zum Beispiel, um hundert Euro das Stück – schade, dass die nicht ins Handgepäck passen …

Auf der anderen Straßenseite, dem Markteingang gegenüber, bleibt mein Blick an den seltsamen Club-Ledersesseln eines Ladens namens *Fleur de peau* hängen. Sie sind viel kleiner und schmäler als die gewohnten, in Paris sehr beliebten Club-Möbel, dennoch sitzt man sehr bequem darin – sie sind eindeutig nicht für Kinder gemacht. „Sind nur Nachbauten, sagt der brummig-freundliche Händler, der gerade aus dem Laden tritt, während ich probesitze. Nachbauten wovon? Von U-Boot-Möbeln aus den 1950er-Jahren, erfahre ich. Offiziere hatten selbst in den engen Unterseebooten das Recht auf einen kleinen Salon mit Ledermöbeln, die eben dem spärlichen Platzangebot angepasst wurden. Auch eine Couch gibt es dazu, genauso bequem, wie ich mich überzeugen kann, aber eben viel kleiner als gewohnt. „In Paris verkaufen sich diese Möbel wahnsinnig gut", erklärt mir der Händler. Die Pariser Wohnungen sind nun einmal winzig, die U-Boot-Modelle wie gemacht dafür. Was für eine Marktlücke!

Ich gehe an einem weiteren Flohmarkt-Bistro vorbei, der *Chope des Puces*. Es handelt sich um kein unbekanntes Lokal: Django Reinhardt trat hier auf, der Manouche-Gitarrist lebte im Haus dahinter. Noch heute finden am Wochenende von halb eins bis spätabends Konzerte mit Manouche-Musikern statt, doch am Vormittag ist es ruhig. Ich werfe einen Blick in das Lokal und wechsle ein paar Worte mit der Wirtin, die sich als Madame La Coupe (was man mit „Champagnerschale" übersetzen kann) vorstellt. Eigentümer des Lokals ist der Jahrmarkt-Unternehmer Marcel Campion, eine skandalumwitterte, schillernde Figur des französischen Wirtschafts- und Gesellschaftslebens. Campion ist aber auch selbst Manouche-Musiker und möchte den Geist dieser vor allem in den 1930er-Jahren populären Musik, in der sich Jazz, Chanson, Klezmer- und Roma-Musik verbinden, in seinem Lokal am Leben erhalten.

Kurz nach dem Django-Reinhardt-Bistro, in dem gerade die ersten Apéros bestellt werden, biege ich nach links in die Rue Paul Bert, die zum gleichnamigen Markt führt. Die Straße säumen einige alte Häuser mit teils verwilderten Vorgärten, vor denen Antiquitäten stehen. *Colonial concept* heißt eines dieser Häuser. Ausgestopfte Pfaue, die ich im Vorbeigehen aus dem Augenwinkel wahrnehme, machen mich neugierig, ich betrete das Haus. Einmal mehr finde ich mich in einem Dekor wieder, das mir das Gefühl gibt, in einem Film oder einem Märchen gelandet zu sein, allerdings in einem gruseligen: Die Pfaue waren nur ein Vorgeschmack, in einem zweiten Haus hinter dem

Colonial Concept

straßenseitigen Gebäude befinden sich noch viel mehr ausgestopfte Tiere. Eine in drei Stücke geteilte Giraffe zum Beispiel, deren nach unten geneigter Hals weit in den Raum hineinragt. Sie streckt die Zunge heraus, als würde sie dem Verkäufer, der in einem Lehnstuhl gleich darunter sitzt, über den gegelten Schopf schlecken wollen. Ein grotesker, auf seine Weise großartiger Anblick. Einige Zebraköpfe mit gebleckten Gebiss grinsen von der Wand, ein ausgestopfter kleiner Schwarzbär scheint mit einem Strauß von drei Gasballons, die er fest in der Pfote hält, davonzufliegen. Weiße Pfauen starren mich an, ein hübsches weißes Pferd sieht so lebendig aus, dass ich es unwillkürlich streichle.

François Daneck heißt der Eigentümer des Geschäfts, der sich mehr als Künstler denn als Präparator oder Händler versteht. Ein wenig dürfte er sich an Damien Hirst orientieren, mich überzeugen seine gruselig-kitschigen Kunstwerke aus verzierten Tier-Totenköpfen aber nicht. Dafür hat es etwas von einer morbiden Fantasiereise, zwischen den vielen ausgestopften Tieren und den mit Tierfellen und -häuten überzogenen Möbeln herumzuspazieren, mit denen das Häuschen auf drei Etagen bis unters Dach vollgeräumt ist. In der Nacht wäre ich lieber nicht hier drin, wobei mir da einfällt: Waren es nicht ganz ähnliche weiße Pfauen, die bei dem Fest F. Scott Fitzgeralds in Woody Allens „Midnight in Paris" für das unwirklich-dekadente Dekor sorgten? Ich möchte Monsieur Daneck danach fragen, doch der ist gerade mit zwei eleganten Pariserinnen in engen Lederhosen ins Gespräch vertieft, die ernsthaft überlegen, sich einen Zebrakopf mitzunehmen, und ich will nicht indiskret danebenstehen und bei den Preisverhandlungen zuhören. Letztendlich ist es auch egal, ob Woody Allen die Dekoration für den Film hier oder in einem ähnlichen Laden besorgt hat. Beim Verkäufer unter der Giraffenzunge erkundige ich mich im Hinausgehen nach den Preisen: 26 000 Euro kostet die Giraffe, die es nur im Ganzen zu kaufen gibt, 9500 das weiße Pferd, 14 500 der Bär mit den Ballons.

Während ich versuche, gedanklich wieder in meine Realität zurückzufinden, stehe ich schon im Nebenhaus, *Les Merveilles de Babellou*. Alte Statuen, Steinbrocken, die wie von Kirchtürmen abgebrochen aussehen, allerlei Vasen und Säulen stehen im Erdgeschoß herum. Der eigentliche Höhepunkt des Hauses ist der verträumt verwachsene Garten, dem antike Ruinenteile und alte Gartenmöbel den Anschein einer verwunschenen Märchenlandschaft geben – sehr gekonnt inszeniert ist das. Auf dem Rückweg über ein paar Stufen ins Geschäft fällt mein Blick auf die lange Tafel im Kellergeschoß, offenbar hat die gesamte Belegschaft gerade zu Mittag gegessen, man hört fröhliche Gespräche und das Klappern des Geschirrs, das gerade weggeräumt wird. In einem eleganten Stuhl inmitten ihrer antiken Schätze sitzt unverkennbar die Chefin des Hauses und plaudert mit einer Mitarbeiterin über das Rezept, das sie heute Mittag ausprobiert hat. Es ist ein Klassiker der gutbürgerlichen französischen Küche: Poule au Pot, die berühmte Henne, die nach dem Wunsch des guten Königs Henri IV. jeder Franzose sonntags in seinem Suppentopf haben sollte. Ich kann nicht widerstehen und spreche Madame auf das Rezept an. Tatsächlich hat sie es heute selbst gekocht, für ihre Mitarbeiter und einige befreundete Antiquare. Sie hat das Rezept von ihrer Mutter übernommen, hier ist es:

LA POULE AU POT DE MME KLEIN

Zutaten:
1 nicht zu altes Suppenhuhn
Salz, Pfeffer
2 halbierte Zwiebeln
Thymian, Lorbeer
optional 1 Würfel Hühnersuppe
jeweils etwa 500 g Halmrüben (Navets), Karotten, Kartoffeln, Sellerie, Lauch
30 g Butter
30 g Mehl
¼ l Obers
2 Dotter

Das Huhn salzen und pfeffern, in einem großen Schmortopf mit Wasser bedecken und mit den halbierten Zwiebeln und einem Gewürzstrauß aus Thymian und Lorbeer eineinhalb Stunden köcheln lassen, eventuell den Suppenwürfel dazugeben. Währenddessen Rüben, Karotten, Kartoffeln, Sellerie und Lauch schälen und in Stücke schneiden. Dazugeben, ggf. noch salzen und eine weitere halbe Stunde köcheln lassen.

Für die Sauce Butter im Kochtopf aufschäumen lassen, das Mehl einrühren und kurz rösten. Mit einem halben Liter der filtrierten Hühnersuppe ablöschen, gut verrühren und noch einmal aufkochen lassen, Obers dazugeben, abschmecken. Die fertige Sauce vom Feuer nehmen und danach die Dotter einrühren. Keinesfalls mehr kochen!

Das Huhn zerteilen und mit dem Gemüse, der Sauce und gekochtem Reis auf flachen Tellern anrichten. Die (leere) Suppe wird traditionell in Tassen dazu gereicht und getrunken.

Mme Klein, die aus einer Winzerfamilie stammt, empfiehlt dazu unbedingt einen eher jungen Crozes Hermitage, einen vollmundigen Rotwein aus dem nördlichen Rhônetal, kann sich aber auch einen Weißwein vorstellen – nur allzu leicht darf er nicht sein.

Henri IV. hätte sein Huhn übrigens noch mit einer Mischung aus Innereien, Wurstbrät, Brotwürfeln, Ei und Kräutern gefüllt – doch die Verkäuferin bestätigt, dass das Huhn auch ungefüllt einfach perfekt war.

Mme Klein war früher Visagistin und Modedesignerin mit Hang zum Extravaganten gewesen, Antiquitäten liebte sie aber „schon immer". Vor mehr als zwanzig Jahren begann sie mit dem Handel, vor sechs Jahren ist sie mit ihrem Mann in dieses Haus gezogen, in dessen Obergeschoß sie wohnen. Dem Charme des Hauses und seines Gartens ist sie auf den ersten Blick erlegen – was man sofort versteht.

Es war ein guter Einstieg ins Gespräch, Mme Klein nach dem Kochrezept zu fragen. In Fahrt gekommen, beantwortet sie mir ganz von selbst eine Frage, die ich mir schon lang gestellt habe: Wer kauft denn all die Kirchturmspitzen, Marmorstatuen und goldenen Spiegel, die zwar so gekonnt „zufällig" in diesem Haus und Garten herumstehen, aber nicht eben billig sind? Luxushotels zum Beispiel, oder Immobilienhändler, die Luxusvillen verkaufen und zuvor mit passender Dekoration ausstatten, erfahre ich. Oder Gärtner beziehungsweise deren Kunden, die ihre Privatparadiese stilvoll verschönern wollen. Darunter sind schon auch Franzosen, aber es dürften vor allem Kunden aus Asien sein, mit denen die teuren Antiquitätenhändler hier ihren Umsatz machen.

Ich spaziere weiter in Richtung Marché Paul-Bert. Der Markt ist etwas jünger als Vernaison und weniger chaotisch, aber trotzdem hat er sehr viel Charme. Besonders gern mag ich den großen Schuppen von *Bachelier Antiquités* gleich beim Eingang,

Isabelle Klein

ein riesiger Raum voll edler alter Küchengeräte aus Kupfer und Geschirr aus der traditionsreichen lothringischen Keramikstadt Sarreguemines im Erdgeschoß und im über eine elegante Wendeltreppe zu erreichenden ersten Stock. Ich überlege, eine alte, aber makellos erhaltene dottergelbe Terrine mit Deckel zu kaufen, doch sie ist teuer und der Transport nicht ohne Risiko. Freilich, eine darin servierte Pastete sähe großartig aus. Bei einem relativ dicken, ovalen Teller werde ich hingegen schwach, der ist auch nicht billig, aber robust und muss jetzt einfach mit – es ist immer ein gutes Gefühl, etwas gefunden zu haben, und sei es nur ein Salzstreuer, und den Flohmarkt nicht mit leeren Händen wieder verlassen zu müssen. Planen kann man ja nie, ob etwas Passendes dabei ist.

Bei einem der nächsten Stände bewundere ich ein kunstvoll verziertes silbernes Fisch-Servierbesteck. 120 Euro ist es mir nicht wert, aber das nimmt mir die Verkäuferin nicht krumm, eine strahlende junge Frau mit blonden Locken, die mit mir über Möglichkeiten nachdenkt, wie man das schöne Besteck am besten zweckentfremdet, um es häufiger benützen zu können – einen großen Fisch für mehrere Personen zerlegt man ja nicht alle Tage bei Tisch. Und schließlich machen die schönen Stücke den Sonntagstisch eben erst zu einem solchen. Ein bisschen Eleganz schadet nie, meint Héloise, die mir, als sie

Blick von Marché Paul-Bert

hört, dass ich aus Österreich komme, von ihrer bayerischen Großmutter erzählt. Bei unserem Gespräch zeigt sich einmal mehr, wie ergiebig das scheinbar ziellose Plaudern sein kann. Ich habe mich schon immer darüber gewundert, warum man in Frankreich die Gabel so auf den Tisch legt, das die Zinken nach unten zeigen statt nach oben. Meine Vermutung war, dass das mit den in Silberbestecken oft eingravierten Initialen zu tun hat, doch Héloise klärt mich auf: Im siebzehntes Jahrhundert kamen Rüschenärmel in Mode, die bis zu den Fingern reichten. Damit blieb man leicht in nach oben stehenden Gabelzinken hängen, wenn man die Hand vom Tisch zurückzog. Man drehte die Gabel also einfach um, Problem gelöst. Die Gravuren passte man im Nachhinein an.

Genau diese Geschichten sind es, die jeden stundenlangen Flohmarktbummel rechtfertigen. „Wissen Sie auch, warum die Messer bei Tisch abgerundete Spitzen haben?“, unterbricht Héloise meine Gedanken. Habe ich mir noch nie überlegt, ich erfinde eine Theorie von Attentatsversuchen am Königshof, gar nicht schlecht, aber nein: „Es war früher üblich, sich mit den spitzen Messern bei Tisch Fingernägel, Zahnzwischenräume und sogar die Ohren zu putzen. Der Kardinal Richelieu hasste das und sorgte dafür, dass die Messer bei Hof abgerundete

Spitzen bekamen." Ich sehe wahrscheinlich drein wie der alte Kardinal beim Anblick eines ungehobelten Adeligen, der sich gerade eine Portion Schmalz mit dem Messer aus der Ohrmuschel schält, Héloise prustet laut los. „Auf dem Flohmarkt zu arbeiten, ist ein so poetischer Beruf", meint sie, eine Tatsache, der man eindeutig nicht widersprechen kann.

Sie hätte nach ihrem Jus- und Kunstgeschichtestudium während ihrer Ausbildung auf dem Flohmarkt nur ein Praktikum machen sollen. Eigentlich wollte sie bei einem Auktionshaus einsteigen, beschloss aber an ihrem ersten Tag am Flohmarkt, hierzubleiben. Sie schwärmt mir von der jährlichen „Fête des Puces" im September vor, einem Kostümfest zu einem Thema. Man muss selbstverständlich verkleidet kommen. Letztes Jahr war das achtzehnte Jahrhundert dran – für Flohmarkthändler ist es natürlich Ehrensache, ein besonders authentisches oder originelles Kostüm zu haben. Tausende „Puciers" und geladene Gäste feiern da ausgelassen, eine großartige Vorstellung. Schade, dass sich Héloise jetzt um ihre Kunden kümmern muss, die sich für einen eleganten Jugendstilluster interessieren. Ob der Raum hoch genug ist dafür?

Ich spaziere weiter, ganz erfüllt vom Ésprit dieses Marktes, der nicht von verschrobenen, alten Fetzentandlern bevölkert ist, sondern von kreativen, jungen Leuten, die ihre Freude an vielleicht etwas unpraktischen, mitunter auch kitschigen, aber eben sicher nicht alltäglichen Gegenständen ausleben und weitergeben. Ich denke an die Wohnungen meiner Pariser Freunde und Bekannten, und tatsächlich geben sich die wenigsten mit einer Einrichtung zufrieden, bei der alles von der Stange ist – ein paar alte oder ungewöhnliche Dinge gehören einfach dazu. Was logisch ist: Die Pariser kultivieren ihren Individualismus wie sonst kaum jemand, und in St. Ouen werden sie bei ihrer Suche nach Gegenständen, die eine Seele haben, fündig.

Ich stöbere noch länger auf dem Marché Paul Bert herum und nehme noch das eine oder andere Ding in die Hand, finde sogar einen zweiten Teller, der genau zum ersten passt – und nur die Hälfte kostet …

Durch den überdachten Markt Jules Vallès, in dem es elegante alte Gehröcke und Hüte gibt – womöglich werden die im September beim der Fête des Puces wieder getragen –, gelange ich zum Restaurant *La Péricole*, dem nettesten und ruhigsten der vielen Restaurants am Flohmarkt.

Links von dem Tisch, an den ich gewiesen werde, blättern zwei niederländische Touristen in soeben erstandenen Bildbänden, rechts von mir klagt ein Händlerpaar bei einer fantastisch aussehenden Choucroute de la mer über die schwierigen Zeiten. Das Thema kommt mir bekannt vor, interessanter finde ich das Gericht. Für mich allein tut es zwar auch eine Linsensuppe mit viel Brot und einem Glas Brouilly, beim Hinausgehen frage ich aber dennoch nach dem Rezept des „Meeres-Sauerkrauts“. Wie gut Kraut und Fisch harmonieren, weiß ich aus meiner Zeit im Elsass, wo man Flussfische auf die landläufigen Sauerkrautberge schlichtet, wenn man einmal keine Lust auf Bratwurst oder Kassler hat. Matrosen- statt Bauernschmaus sozusagen. Hier das Rezept des *Péricole*-Chefs Laurent Heunde – wie immer mit Mengenangaben, die der Fantasie keine zu straffen Zügel anlegen.

CHOUCROUTE DE LA MER

Für das Sauerkraut:
Zwiebeln nach Belieben
Schmalz
Rohes Sauerkraut nach Belieben
Bier
Thymian, Lorbeer, Knoblauch, Wacholder,
Herbes de Provence, Salz, Pfeffer
Speckwürfel

Für die Crème au vin blanc:
250 ml Weißwein
150 g fein gehackte Schalotten
250 g Butter
500 ml Obers
100 g Geflügelfond
Maizena
Salz, Pfeffer

Pro Person:
1 Stück Haddock
Fischfond zum Pochieren
1 Rotbarbe im Ganzen
1 Lachsfilet
3–4 Gambas
Öl zum Braten
1 Salzkartoffel

Für das Sauerkraut die Zwiebeln im Schmalz anrösten, das Kraut dazugeben, mit Bier aufgießen, würzen und köcheln lassen, nach Belieben geröstete Speckwürfel dazugeben.

Für die Weißweinsauce den Wein mit fein gehackten Schalotten stark reduzierend kochen, dann die Schalotten entfernen. Butter in kleinen Stücken mit dem Schneebesen einrühren, Obers und Geflügelfond dazugeben, mit Maizena binden und mit Salz und Pfeffer abschmecken.

Den Haddock (geräucherter Schellfisch – kann man auch durch einen anderen Räucherfisch ersetzen) in Fischfond kurz pochieren, die übrigen Fische und die Gambas in der Pfanne in Öl braten und in einer großen Schüssel oder einzeln auf weiten Suppentellern auf dem in der Mitte aufgehäuften Sauerkraut anrichten. Mit Weißweincreme begießen und mit der Salzkartoffel servieren, restliche Sauce extra auf den Tisch stellen.

Bei den Fischen kann man variieren, oft sieht man auch Miesmuscheln und Ähnliches auf der Choucroute – einfach ausprobieren!

Der Bildband meiner holländischen Tischnachbarn hat mich auf die Idee gebracht, einen Abstecher zur *Libraire de l'avenue* zu machen, einem riesigen Bücher-Antiquariat nur wenige Meter von hier entfernt. Auf dem Weg kann man bei einigen eher improvisierten Flohmarkt-Ständen den einen oder anderen wirklich günstigen Fund machen, doch ich steuere direkt in diesen Buchladen mit seinen 150 000 alten Bildbänden und den immer wieder sehenswerten Drucken und Lithografien, in denen man dort blättern kann. Er ist natürlich für Spezialisten auf der Suche nach vergriffenen, besonderen Exemplaren interessant, aber auch für Laien – die Preise sind schließlich deutlich niedriger als für neue Bücher, und so wahnsinnig viel hat sich seit den Achtzigerjahren etwa an der Romanik in Frankreich nicht geändert, dass man einen entsprechenden Bildband als veraltet bezeichnen müsste.

Durch die Rue Louis Dain gelange ich wieder zurück zur Rue des Rosiers. Ich komme an weiteren ungewöhnlichen Geschäften vorbei: Eines hat sich auf alte Marmorkaminfassungen spezialisiert, in einem weiteren bekommt man wahrscheinlich für jedes beliebige Material das genau passende Pflegeprodukt zu kaufen. *L'entrepôt* heißt ein kleiner Markt, der eine erstaunliche Auswahl der typischen eisernen Mini-Balkone für französische Fenster anbietet, aber auch sehenswerte Gusseisenlaternen und Wendeltreppen sowie zwei komplette, wunderschöne alte Bars mit Zinktresen stehen in der Halle.

Aus der *Chope*, an der ich nun aus der anderen Richtung kommend vorbeigehe, klingt laute Manouche-Musik, ich bleibe gleich beim Eingang in der Menge stecken. Die Leute lauschen begeistert, man drängt sich an den Tischen, die Musiker spielen mitreißend – auch Saint-Ouen ist ein Fest.

Durch den *Marché Serpette* spaziere ich eher schnell, auf mich wirkt der überdachte Markt etwas überrenoviert, die Atmosphäre zu klinisch. Es gibt aber viel Sixties-Design zu bewundern, manche Interieurs wirken wie aus einem Alain

Le Roi Boit

Delon-Film und ich stoße auf einige Mappen mit schönen Bildern und Grafiken, schon ein wenig schau- und kaufmüde und von den vielen Eindrücken übersättigt. Einmal versuche ich mein Glück noch im Marché Vernaison, doch Anne-France ist schon wieder nicht zu finden. Mich stört das nicht: Dafür hat im Geschäft daneben eine hübsche, noch dazu äußerst günstige Champagnerschale aus Kristall, die ich am Vormittag übersehen habe, auf mich gewartet. Ein Fall fürs Handgepäck.

Zurück geht es durch die Zone unter der Périph-Brücke, wo ich feststelle, dass offenbar selbst die Handtaschen- und Gürtelfälscher ihre Stammkunden haben, jedenfalls steuert eine Gruppe hübscher junger Pariserinnen einen der Verkäufer direkt an, offenbar um eine Bestellung abzuholen. Während ich an der inzwischen gerammelt vollen *Recyclerie* vorbeispaziere, packen dort gerade ein paar Hütchenspieler in Sekundenbruchteilen ihre Sachen weg, weil zwei Polizisten in Richtung Périph vorbeigehen. Zum Abschluss spaziere ich den Boulevard Ornano hinunter, auf dem gerade die Stände für den morgigen Wochenmarkt aufgebaut werden. Auf Nummer 36 befindet sich ein sehr spezieller Ort für eine Kaffeepause: *La petite Renaissance*, eine winzige Bar, die mit einem aus bemalten Fliesen bestehenden Wandgemälde aus dem späten neunzehnten Jahrhundert dekoriert ist. Der Plafond und die originalen Türen wurden leider in den 1980er-Jahren in die USA verkauft – der Zoll kontrollierte das ungewöhnliche Gepäck zwar, die Ausfuhr des Kunstwerks war aber völlig legal. Erst danach wurden die Behörden auf das Lokal aufmerksam und stellten die Reste unter Denkmalschutz. Nicht nur die Geschichte der kleinen Bar ist kurios, auch der Aufenthalt dort: Sie wird ausschließlich von Männern afrikanischer Herkunft frequentiert. Der Kaffee ist gut und genau das, was ich jetzt brauche. Während ich ihn trinke und das Fliesen-Bild mit dem Titel „Le roi boit" (Der König trinkt) betrachte, verwickelt mich ein offenbar royalistisch gesinnter, vielleicht nicht mehr ganz nüchterner Gast, der wohl auf einen bereitwilligen Zuhörer gewartet hat, tatsächlich in eine Diskussion über die Vor- und Nachteile, die die Einführung der Monarchie in Frankreich hätte. Ich erzähle ihm von der österreichischen Monarchie und ihrer Schuld am Ersten Weltkrieg, woraufhin er sich per Smartphone über die Habsburger zu informieren beginnt, von denen er noch nie gehört hat, und völlig fasziniert an seinem Bildschirm hängen bleibt. Ich trinke meinen Kaffee in Ruhe aus und spaziere in Richtung meines Zimmers, um dort meine Ausbeute noch einmal in Ruhe zu betrachten und für den Flug sicher einzupacken.

Orte zum Verweilen

La Recyclerie:
83 Bvd Ornano, 75018 Paris. +33 1 42 57 58 49.
www.larecyclerie.com

Le Voltaire:
11 Rue Voltaire, 93400 Saint-Ouen. +33 1 40 12 29 44.

La Chope des Puces:
122 Rue des Rosiers, 93400 Saint-Ouen. +33 1 40 11 28 80.
www.lachopedespuces.fr

La Péricole:
16 Rue du Plaisir, 93400 Saint-Ouen. +33 1 40 12 44 80.

La Petite Renaissance:
36 Bvd Ornano, 75018 Paris. +33 1 42 51 40 31.

Orte zum Vertiefen

Olivers Stand Le Douxlogis:
Marché Vernaison, Allée 5, Stand 90, 99 Rue des Rosiers, 93400 Saint-Ouen. +33 6 63 10 59 37. www.facebook.com/ledouxlogis

Cédric O'Reilly:
Marché Biron, Stand 142-143-148 bis Allée 2. 85 Rue des Rosiers, 93400 Saint-Ouen. +33 6 34 50 19 68. www.marchebiron.com/les-antiquaires/

A Fleur de Peau:
116 Rue des Rosiers, 93400 Saint-Ouen. +33 6 12 41 44 72. www.fauteuils-club-chairs.com

Colonial Concept:
8 Rue Paul Bert, 93400 Saint-Ouen. +33 1 40 10 00 71. www.colonialconcept.com

Les Merveilles de Babellou:
10 Rue Paul Bert, 93400 Saint-Ouen. +33 6 80 63 26 89. www.lesmerveillesdebabellou.com

Bachelier Antiquités:
Marché Paul Bert, 18 Rue Paul-Bert Stand 17 Allée 1, 93400 Saint-Ouen. +33 1 40 11 89 98. www.bachelier-antiquites.com

Libraire de l'Avenue:
31 Rue Lécuyer, 93400 Saint-Ouen. +33 1 40 11 95 85. www.librairie-avenue.fr

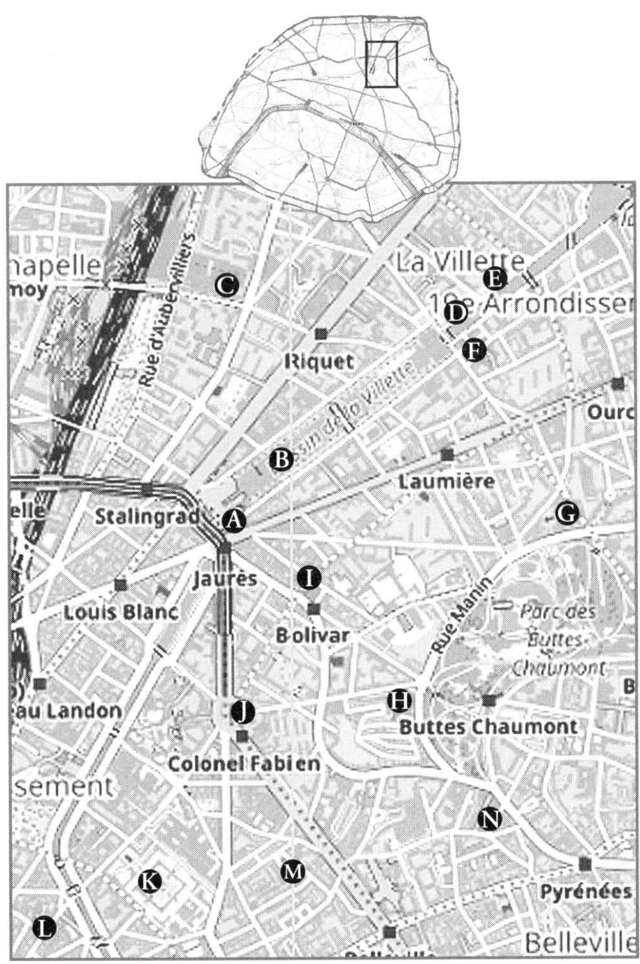

A	*Place de la Bataille de Stalingrad*	**H**	*Butte Bergeyre*
B	*MK2-Kino*	**I**	*Les buveurs d'encre*
C	*Le Centquatre*	**J**	*KP-Zentrale*
D	*Magasins généraux*	**K**	*Hôpital Saint-Louis*
E	*Librairie l'eau et les rêves*	**L**	*La Patache*
F	*Paname Brewing Company*	**M**	*Place Sainte-Marthe*
G	*Russisch-orthodoxe Kirche*	**N**	*Mon oncle le Vigneron*

Zu Besuch bei den alten Damen

„Ich heiße Alfons, kann nichts dafür", lässt die franko-kanadische Sängerin Lynda Lemay eines ihrer Chansons beginnen. Für die Place de la Bataille-de-Stalingrad gilt Ähnliches: Man hüte sich vor Rückschlüssen von seinem schaurigen Namen auf die Qualität dieses Platzes. Vor 1945 hieß er schlicht Rond-Point de la Villette, doch auch das ist keine unblutige Bezeichnung: „La Villette" war von den 1860er- bis zu den 1970er-Jahren ein Synonym für den zentralen Pariser Viehmarkt und den gleich daneben liegenden Schlachthof, die zeitgleich unter Baron Haussmann errichtet wurden und sich im Nordosten der Stadt über ein Terrain von 54 Hektar erstreckten. Etwa 4000 Rinder, 22 000 Schafe, 4000 Kälber und 7000 Schweine wurden dort um das Jahr 1900 täglich geschlachtet. Der Canal de l'Ourcq, eine im frühen neunzehnten Jahrhundert angelegte Wasserstraße, die vor allem die Trinkwasserversorgung der Hauptstadt verbessern sollte, trennte die beiden Einrichtungen: Am östlichen Ufer befand sich der Viehmarkt, von dem heute noch die imposante Rinderhalle steht, am westlichen Ufer die Schlachthäuser, auf deren Gelände nach ihrer Schließung das sehenswerte Technikmuseum „Cité des Sciences et de l'Industrie" sowie ein Imax-Kino errichtet wurden. Ein weitläufiger Park umgibt und verbindet die verschiedenen Komplexe, die früher einmal „Cité du sang", Blut-City, genannt wurden. Boris

Place Stalingrad

Vian widmete den „fröhlichen Fleischern“ von la Villette einen Tango mit dem Kehrreim „Faut qu’ça saigne“ – „Blut muss fließen“.

Irgendwie passt die Geschichte des Viertels zu meinem heutigen Spaziergang: Ich treffe hier am frühen Nachmittag Dominique Manotti, die Grande Dame des französischen Roman noir, die seit Jahrzehnten im neunzehnten Pariser Arrondissement lebt und sich bereit erklärt hat, mich durch ihr Viertel zu führen. Eine kleine Runde unternehme ich zuvor schon auf eigene Faust: Schließlich habe ich selbst zwei Jahre in unmittelbarer Nähe gewohnt und möchte mein altes Viertel, in dem sich ständig Neues tut, zunächst noch für mich selbst wiederentdecken.

Place Stalingrad also. Das runde Gebäude zwischen den Métro-Stationen Stalingrad und Jaurès, bei dem ich meine Tour beginne, diente früher als Zoll-Hauptquartier. Entlang der heutigen Métro-Linie verlief einmal eine der stets weiter hinausgeschobenen Pariser Stadtgrenzen. Kurz vor der französischen Revolution wurde sie durch eine Mauer geschützt, die nicht so sehr der Verteidigung diente, sondern vielmehr den grassierenden Schmuggel unterbinden sollte. Die Pariser hassten die Mauer, die nicht lange stehen blieb. Heute ist die einstige Zoll-Rotunde ein Restaurant mit schönem Innenhof und noch schönerer Terrasse, die sich zu einem großzügigen Platz

Kino Quai de Seine

öffnet, den die Verkehrsberuhigung des Viertels vor zwanzig Jahren dem Boulevard abgetrotzt hat. Ich gehe links am gegenüberliegenden Brunnen vorbei und spaziere vor dem Kino *Quai de Seine* am Wasser entlang. Wie ein Spiegelbild sieht das Kino *Quai de Loiré* auf der anderen Seite aus – beide waren früher einmal Speichergebäude, als das Bassin de la Villette noch ein wichtiger Handelshafen war, geplant wurden sie vom Architekturbüro Gustave Eiffels. Besonders nett finde ich die Idee, dass man mit einer gültigen Kinokarte ein kleines Fährboot benützen darf, das regelmäßig zwischen *Quai de Seine* und *Quai de Loire* hin- und herfährt – man könnte natürlich auch zu Fuß gehen, aber das macht nur halb so viel Vergnügen. Die Kinos zeigen nicht nur Filme, sondern beherbergen auch gute Buchhandlungen und Cafés unter ihrem Dach. Kaum zu glauben, dass sich hier vor wenigen Jahren noch einer der wichtigsten und gefährlichsten Crack- und Heroinumschlagplätze der Stadt befand, ein Ort, dem man besser großräumig auswich.

Statt Drogendealern und ihrer Kundschaft haben heute „ganz normale“ Pariser das Bassin de la Villette als Freizeitareal für sich erobert. Die Stimmung an beiden Ufern dieser größten künstlichen Wasserfläche der Stadt ist entspannt, man spielt Tischtennis und Boule, badet in einem der im Sommer 2017 eingeweihten Schwimmbäder ein paar Schritte Richtung stadtauswärts oder borgt sich ein Boot beim kleinen Bootsverleih *Marin d'eau douce* aus, an dem ich gerade vorbeigehe. Ein verlockender Gedanke, auch ohne entsprechenden Führerschein nach kurzer Einschulung für ein paar Stunden Kapitän zu spielen, auf dem Kanal aus der Stadt hinauszutuckern und irgendwo im Grünen zu picknicken …

Bei der Brücke, die ich nach wenigen Minuten erreiche, biege ich nach links ab, überquere dann die Rue de Flandre und stehe wenig später in der Rue Curial vor meinem ersten Ziel für heute: dem „Centquatre". 120 Jahre gehörten die beiden Hallen aus Ziegeln, Gusseisen und Glas, die ich nun betrete, der Pariser Bestattung. Stallungen für dreihundert Pferde befanden sich im Untergeschoß, Dutzende Trauerkarossen, später über zweihundert motorisierte Leichenwägen waren eine Etage höher geparkt. Trauerzüge wurden in den Hallen zusammengestellt, in zahlreichen Geschäften gab es alles zu kaufen, was man dafür an Zubehör brauchte. In den 1990er-Jahren endete mit dem städtischen Begräbnismonopol auch die Aktivität der

Speicher

Betriebe in der Halle, die 2008 nach jahrelangen Umbauten als Kulturzentrum wiedereröffnet wurde. Während ich den großzügigen Raum auf mich wirken lasse, laufen zwei junge Menschen aus zwei gegenüberliegenden Ecken aufeinander zu und beginnen einander heftig abzuküssen. Ich bin unsicher, ob ich das nun rührend oder doch etwas übertrieben finden soll, da lösen sie sich plötzlich aus der Umarmung, wechseln ein paar recht nüchtern klingende Worte, gehen wieder zu ihren Ausgangspunkten zurück und wiederholen das gleiche Ritual. Als ich ihnen nachschaue, springen zwei andere, die gerade noch auf Liegestühlen mitten in der Halle gesessen sind, plötzlich auf und beflegeln sich heftig. Wie die beiden anderen brechen sie nach wenigen Sekunden ab und fangen wieder von vorne an. Endlich begreife ich: Hier machen Schauspielschüler ihre Hausaufgaben. Weiter im Inneren üben Zirkusschüler, zwei jonglieren mit Keulen, eine studiert eine Akrobatiknummer mit Hula-Hoop-Reifen ein. Die kommen fast jeden Tag, erklärt mir die Buchhändlerin, in deren Laden ich zwischendurch ein wenig stöbere. Die Schule befindet sich zwar nicht im Centquatre, aber die Schüler haben die Hallen als Proberaum für sich entdeckt. Ich durchquere den Komplex und verlasse ihn in Richtung des Parks *Jardins d'Éole*, der entlang der Rue d'Aubervilliers angelegt und gleichzeitig mit dem Centquatre eröffnet wurde. Der einladend blühende Park ist behindertengerecht und als ökologisches Vorzeigeprojekt gestaltet: Rampen machen die verschiedenen Niveaus auch für Rollstuhlfahrer zugänglich, die Wiesen werden per Sense gemäht. Der einst tristen Ausfallsstraße entlang eines nicht mehr genützten Betriebsgeländes der Eisenbahn, als die ich die Rue d'Aubervilliers in Erinnerung habe, hat der schöne Park ein völlig neues Gesicht verliehen. Noch dazu tun sich ungewohnte Blicke in Richtung Sacré-Cœur auf, das sich direkt hinter den Gleisen der Nordbahn zu erheben scheint. Ich spaziere im Park einige Schritte Richtung stadteinwärts und sehe mir dann die Graffiti auf der Brücke an, die über die Gleise führt – ein ehemaliger Un-Ort ist in ein gelungenes Stück öffentlicher Raum verwandelt worden. Zurück im Centquatre bleibe ich im *Café Caché* hängen, einem tatsächlich etwas versteckten, hübschen, kleinen Lokal rechts nach dem Eingang. Wahrscheinlich ist die Kellnerin daran schuld: Ich habe noch nie zuvor eine unter sechzigjährige Frau in einer Kleiderschürze aus Omas Mottenkiste gesehen und schon gar keine unter dreißigjährige, aber sie steht ihr.

Vorbei an den Zirkus- und Schauspielschülern, die ungerührt von den Passanten vor sich hin proben, gehe ich über die Rue Riquet zurück zum Bassin de la Villette, das optisch von den symmetrischen Gebäuden der *Magasins généraux*, ehemaligen Mehl- und Getreidespeichern, abgeschlossen wird. Das Gebäude auf „meiner" Seite hat zwar die gleiche Form wie sein Zwilling gegenüber, der aus dem neunzehnten Jahrhundert stammt, ist aber ein moderner Bau: Ein Brand zerstörte das originale Gebäude in den 1980er-Jahren. Es war nicht nur eine materielle Katastrophe: Die Speicher waren in den Jahren zuvor von Künstlern genützt worden, die sich dort mit Einverständnis der Stadtverwaltung Ateliers eingerichtet hatten. Jahrelang hatten sie auf den schlechten Zustand der Gebäude aufmerksam gemacht, bis es eines Tages zu spät war. Das Feuer vernichtete die Ateliers und zahlreiche Kunstwerke. Die Künstler, von denen manche bei dem Brand ihr Lebenswerk verloren hatten, sind nicht wiedergekommen. Der moderne Bau am Quai de la Seine ist heute eine Jugendherberge, sein Zwilling gegenüber ein Studentenheim. Ein paar Schritte mache ich noch stadtauswärts am Wasser, das nun nicht mehr Bassin de la Villette heißt, sondern bereits Canal de l'Ourcq. Mir ist ein Lastkahn aufgefallen, der offenbar eine Buchhandlung ist, eine Kombination, die ich so noch nie gesehen habe. Was kein Wunder ist, wie mir ein paar Augenblicke später Didier Delamare erklärt, der hier seit zwei Jahren mit seinen

Zugbrücke

Büchern vor Anker liegt. Außer in London gibt es so etwas nämlich nicht in Europa. *L'eau et les rêves* („Das Wasser und die Träume") nennt er seinen alten Kahn, in dem vor allem die Reise- und die Krimiabteilung gut ausgestattet sind, mir fallen auch die schönen Kinderbücher auf.

Es wird Zeit, das Ufer zu wechseln. Über die letzte Pariser Zugbrücke, ein längst denkmalgeschütztes Kleinod aus dem neunzehntes Jahrhundert, spaziere ich zum Quai de la Loire. Es lohnt sich, falls gerade ein Boot auf die Brücke zufährt, kurz zu warten und zuzusehen, wie das gut in Schuss gehaltene technische Denkmal nach wie vor seinen Dienst tut, doch ich will nicht zu spät zu meinem Rendezvous auf der Terrasse der *Paname Brewing Company* kommen, eines Bierlokals gleich beim Studentenheim: Dominique Manotti erwartet mich dort. Die beinahe zerbrechlich wirkende Autorin gewinnt mit ihren ungemein dichten, harten, in rasantem Tempo erzählten Büchern Preis um Preis. Sie führt ihre atemlosen Leser in ein dunkles, gewalttätiges Universum, in dem nur heftige Liebe und deftiges Essen für sinnliche Lichtblitze sorgen. Happy End geht sich meistens keines aus, da ihre Ermittler oft an gut vernetzte Großmeister des Verbrechens geraten und nicht

Dominique Manotti

selten unmittelbar vor der Enthüllung von ihren Fällen abgezogen werden. Manotti schreibt zwar fiktionale, aber keineswegs unrealistische Geschichten. Die detailreich geschilderten Hintergründe der Fälle sind penibel recherchiert. Die Romanautorin warbis zu ihrer Pensionierung Universitätsdozentin für Wirtschaftsgeschichte und verfügt über ein stupendes Wissen um die wirtschaftlichen Hintergründe, die das Zeitgeschehen entscheidend beeinflussen. So auch in „Schwarzes Gold", ihrem jüngsten Buch, über das wir bei einem kleinen Schwarzen mit herrlichem Blick über das Bassin de la Villette plaudern. Sie verknüpft in dem in Marseille spielenden Roman die erste Ölkrise zu Beginn der 1970er-Jahre mit dem organisierten Drogenhandel der „French Connection" und den Morden des Mossad, der damals die „Liste Golda Meir" abarbeitete und weltweit palästinensische Terroristen liquidierte. In dem fesselnden Roman erzählt sie sozusagen im Nachhinein den ersten Fall ihres bewährten Kommissars Théo Daquin, eines schwulen Hünen, der sich auf die Auswahl des genau zum jeweiligen Anlass passenden Hemds genauso gut versteht wie auf das nötigenfalls mit dem Schlagring geführte Verhör.

Auf die Idee, einen homosexuellen *flic* ermitteln zu lassen, kam Manotti bei den Vorarbeiten zu ihrem ersten Roman

Sombre Sentier („Hartes Pflaster"). Dieser spielt im ausschließlich männlichen Milieu der damals vor allem aus der Türkei stammenden Schneider, die den Pariser Textilsektor am Laufen hielten. Manotti war als junge Dozentin auch Spitzengewerkschafterin und setzte sich für die Rechte der türkischen Migranten ein. Mittérrands Wahlsieg 1981 bedeutete für sie einen Schock: Als ihr klar wurde, dass der Sieg der Linken keineswegs der Sieg ihrer Ideale war und sie von den smarten, machtbewussten Leuten Mittérrands um die Früchte ihres Einsatzes betrogen werden sollte, schmiss sie in der Gewerkschaft alles hin und begann, ihren Roman zu schreiben. Ein Glück für ihre Leser, doch für sie war die Verwandlung von der kämpferischen Gewerkschafterin zur Autorin mit einer schweren persönlichen Krise verbunden – immerhin war ein Gutteil der Achtzigstundenwoche, die sie damals hatte, ihrem sozialpolitischen Engagement geschuldet. Sie arbeitete sich dann als Autorin an den Mittérrand-Jahren ab, die in ihren Romanen von Machtmissbrauch und den Verlockungen des schnellen Geldes gezeichnet sind. Als literarische Rache will sie ihre Bücher aber nicht verstanden wissen: „Ich habe ganz einfach zu erzählen begonnen, um nicht alles zu verlieren."

Dominique Manotti ist, anders als ihre Bücher, eine heitere Frau, die voll positiver Energie steckt. Sie scheint zu bedauern, dass wir uns zum Kaffee treffen: „Das Bier, das die hier brauen, ist so gut!", und schwärmt von ihrem Viertel. Die Rotonde etwa, die wir von der Terrasse aus gut sehen können, war in den 1970er-Jahren noch völlig versteckt: „Das war ein Busbahnhof für portugiesische Arbeiter, man sah das Gebäude so gut wie nie, weil stets Busse rundherum parkten", erzählt sie. Für sie waren es vor allem die 2005 eröffneten Kinos, die die Verwandlung des Viertels einleiteten. Marin Karmitz, dessen Initialen auf den Kinos stehen, ein einstiger Maoist, ist heute einer der vier großen Pariser Kinobetreiber. Der Sohn rumänisch-jüdischer Migranten und erfolgreiche Filmproduzent verstand es, mit den Bürgerinitiativen und Vereinen, die es damals bereits im vom Drogenhandel geplagten Viertel gab, zusammenzuarbeiten, sodass er sein Projekt umsetzen konnte, ohne auf Widerstand zu stoßen – für Dominique Manotti, die die Lust der Pariser am Widerspruch kennt wie kaum jemand, keine Kleinigkeit.

Wir brechen auf und verlassen das Hafenbecken durch die Rue de Crimée. Beim Überqueren der Avenue Jean Jaurès bin ich wieder einmal über die Schlangen erstaunt, die es in Paris vor den Bäckereien gibt, und über die Vielfalt des Angebots, die schönen Auslagen, das pralle Straßenleben. „Das verdanken wir Haussmann", erklärt die Wirtschaftshistorikerin. „Napoléon III. wollte seine Hauptstadt als Spektakel inszeniert haben. Haussmann hat das umgesetzt, und darum sind die Häuser aus dieser Zeit nach wie vor so gut zum Präsentieren geeignet. Aber es gibt auch das Leben hinter den schönen Fassaden." Was Manotti damit meint, zeigt sie mir in der Rue de Crimée Nummer 93. Wir gehen durch ein unscheinbares Tor in einen unscheinbaren Innenhof – und stehen vor einer prächtigen Kirche aus Holz und Backsteinen, deren Existenz man von der Straße aus nie erahnt hätte. Es handelt sich um eine russisch-orthodoxe Kirche, die vor dem Ersten Weltkrieg von deutschen Lutheranern erbaut wurde. Manotti, die nicht mehr gerne Stufen steigt, lässt mich allein das Innere betreten. Die Kirche ist opulent geschmückt, die Luft mit Weihrauch gesättigt, ein Priester mit Rauschebart in schwarzer Soutane und eine Frau sind ins Gespräch vertieft. Ich will nicht stören und ziehe mich wieder zurück.

In der Rue Manin erklärt mir die Historikerin anhand der Häuser auf unserem Weg einige Unterschiede zwischen den verschiedenen Baustilen des neunzehnten Jahrhunderts und die strengen Vorschriften, mit denen unter Haussmann dafür gesorgt wurde, dass die großen Schneisen, die er durch die alte Stadt schlagen ließ, ein einheitliches, der „Hauptstadt des

Buttes Chaumont

neunzehnten Jahrhunderts“ würdiges Bild boten. Um auch mitreden zu können, werfe ich ein, dass es bei den haussmanschen Avenuen und Boulevards doch auch darum ging, ein freies Schussfeld für Polizei und Militär bei der Niederschlagung von Aufständen zu haben, wie man häufig in Büchern über Paris lesen kann. Ich hätte mein Bücherwissen wohl besser für mich behalten, die sonst so charmante Autorin wird plötzlich sehr scharf: „Freilich, das kann man überall lesen, aber das ist doch völlig idiotisch! Man kann von Napoléon III. halten, was man will, aber der hätte doch niemals aufs Volk schießen lassen! Und wer hat sehr wohl aufs Volk schießen lassen?“ Da ich etwas betreten schweige, fährt sie fort: „Die Republik! Und das gleich zweimal: im Juni 1848 und bei der Niederschlagung der Kommune. Und danach haben sie diese Eseleien verbreiten lassen. Geschossen haben aber sie und nicht etwa Napoléon III. Der wollte, dass die Pariser über schöne Avenuen ins Theater spazieren können, sonst nichts.“ Erstaunlich, wie heftig die stramm linke Historikerin den durch einen Staatsstreich an die Macht gekommenen Kaiser verteidigt, aber Gegenargument fällt mir keines ein.

Während ich mein Geschichtsbild und meine Meinung über den Baron Haussmann meinem neuen Wissensstand anpasse, spazieren wir den Park der Buttes Chaumont entlang, auch dieser – für mich der schönste – Pariser Park geht auf die Regierungszeit Napoléons III. beziehungsweise das Schaffen Haussmanns zurück, der den durch langjährigen Gipsabbau von Stollen durchlöcherten Hügel aufwendig zu einem Landschaftsgarten nach englischem Vorbild umgestalten ließ. Mich versetzt der Anblick des prächtigen Parks mit seinen Baumriesen, seinem Wasserfall und seinen Belle-Époque-Laternen, dem Ententeich und dem kleinen Kindervergnügungspark, der Kasperlbühne und dem sonntäglichen Ponyreiten immer in nostalgische Stimmung – unzählige wunderschöne Stunden habe ich hier mit meinem in Paris geborenen ältesten Sohn verbracht.

Wir sind bei einer langen Stiege hinter dem Rothschild-Spital angelangt, die wir langsam erklimmen. Oben angekommen, sind wir nicht mehr in Paris, sondern in einem Dorf, dessen Existenz man von unterhalb der Stiege nicht vermuten würde. Es ist die Butte Bergeyre, wie der benachbarte Park ein vom Gipsabbau ausgehöhlter Hügel, dessen abenteuerliche Geschichte mir die Autorin erzählt. Der legendäre Betrüger Alexandre Stavisky, der in die größten Wirtschaftsskandale der Zwischenkriegszeit in Frankreich verwickelt war, soll seine Hände bei der Parzellierung im Spiel gehabt und mit dem Verkauf der ersten Grundstücke, die einen fantastischen Blick über die Stadt boten, eine schöne Stange Geld verdient haben, ehe Gebäude errichtet wurden, die genau diesen Blick verstellten. Mir ist nicht ganz klar, ob die Geschichte stimmt oder ein Gerücht ist. Immerhin stiftete der polnischstämmige Meisterbetrüger Stavisky selbst über seinen Tod hinaus Verwirrung: Er brachte es zustande, sich angesichts seiner drohenden Verhaftung zwei Kugeln in den Kopf zu jagen, was ernsthafte Zweifel an der These weckte, es habe sich dabei um Selbstmord gehandelt.

„Roter Glamour“ *(Nos fantastiques années fric)* heißt der Krimi, den Dominique Manotti teilweise in dem Viertel angesiedelt hat, das sie selbst bewohnte, bevor sie vor ein paar Jahren – als ihr die vielen Stufen zu mühsam wurden – in eine Wohnung mit Lift direkt am Bassin de la Villette zog.

Wir bleiben vor einem Haus in der Rue Rémy de Gourmont stehen, auf Nummer 7: Heute ein reines Wohnhaus, doch als Manotti als blutjunge Universitätsdozentin aus dem heimatlichen Savoyen hierher zog, war das Erdgeschoß noch ein Gemischtwarenladen. Sie fand es damals rührend, wenn sich die alten Leute, die entweder fast nichts mehr sahen oder nie lesen gelernt hatten, vom Besitzer des Ladens ihre Post vorlesen ließen. Erst viel später begriff sie, dass die freundlichen alten Damen, von denen das Viertel wimmelte, sonntags ihren Stammtisch im Hinterzimmer des Ladens hatten und dort flaschenweise Whisky tranken. „Sonntag für Sonntag besoffen sie sich da drin gepflegt mit Whisky, und ich habe nichts gemerkt", lacht Manotti heute. Und nicht nur das: Ihre unmittelbare Nachbarin führte ein winziges Wirtshaus, in dem es zu Mittag nur ein einziges Gericht gab. Hier traf sich die gesamte Nachbarschaft zum Mittagessen, doch eines Tages war Schluss damit: Mit 71 beschloss die Wirtin, ihren Lebensabend auf Korsika zu verbringen, woher sie stammte. Ihre Sorgen angesichts ihres Nachfolgers vertraute sie ihrer jungen Nachbarin an: „Kochen kann er ja. Aber ich glaube nicht, dass er das mit den Mädchen hinkriegen wird." Erst in diesem Moment begriff Manotti, dass die freundliche alte Dame die Nachbarschaft nicht nur mit Gerichten aus Großmutters Kochbuch versorgte, sondern nebenbei auch ein Geheimbordell betrieb.

„Man muss die Leute zum Reden bringen", das war von nun an ihr Credo, und ihre Bücher sind voll von diesen Geschichten, die man nicht erfinden kann. Auch ihr 2013 auf Deutsch erschienener Roman „Das schwarze Korps" lebt davon. Die Handlung spielt zurzeit, als die deutsche Besatzung zu Ende geht, und aus dieser nach wie vor mit vielen Tabus behafteten Epoche stammte auch das diskrete Freudenhaus in

Ehemaliges Whisky-Hinterzimmer

ihrer Nachbarschaft. „Die Jungen heute haben keine Ahnung, wie man sich amüsiert", ist ein Satz, den sie der alten Dame verdankt, der sie damals ihr Haus abgekauft hat. „Wir hatten es dagegen im Krieg recht lustig." Dominique Manotti erzählt mir von dieser Frau, während wir oberhalb eines kleinen Parks am westlichen Rand der kleinen Siedlung mit den hübschen Häusern aus den 1930er-Jahren den Blick aufs Sacré-Cœur genießen. Hinter uns steht ihr ehemaliges Zuhause, auf das sie einen etwas wehmütigen Blick geworfen hat. Im kleinen Park vor uns verbrachte ihr Sohn Nachmittage damit, Hundehaufen mit Schweizerkrachern zu sprengen, was zu einigen Nachbarschaftskonflikten führte. Auch das hat sie in einem Roman verewigt. Die Gespräche mit den alten Damen brachten sie schon vor Jahrzehnten auf die Idee, eines Tages den Roman über die Kollaboration zu schreiben, den sie 2004 dann tatsächlich veröffentlichte. Eine weitere Nachbarin, die die Besatzungszeit gar nicht so schlecht gefunden hatte, berichtete ihr vom vielen Fleisch, das damals in der Siedlung in solchem Überfluss vorhanden war, dass es mitunter auf dem Müll landete – die schneidigen Soldaten in den schönen schwarzen Uniformen bezahlten eben oft in Naturalien. „Haben Sie sich denn Ihren eigenen Keller nie genauer angeschaut?", fragte die Nachbarin weiter, und Manotti fiel es plötzlich wie Schuppen von den Augen: die weißen Fliesen im Keller, der große steinerne Trog, die praktischen Fleischerhaken, an denen sie alles Mögliche aufhängte, was in der Wohnung keinen Platz fand – ihr eigener Keller war einmal eine illegale Fleischerei gewesen, eine von Tausenden in Paris. Ihr Haus war übrigens das Einzige, das bei der Befreiung von Paris im Jahr 1944 beflaggt war: Auf der ganzen „Butte" war damals zwar keine einzige Trikolore aufzutreiben, doch die damalige Hausbesitzerin, die in Pigalle ein Bordell betrieb, nähte schnell ein blaues, ein weißes und ein rotes Kleid aneinander – eine stilvolle Beflaggung für dieses scheinbar verträumte Viertel, das mir plötzlich so verrucht vorkommt. Man unterschätze die alten Damen nicht!

Manotti erklärt mir noch den besonderen Status von Paris im Zweiten Weltkrieg, das als offene Stadt nicht verteidigt wurde und deswegen kaum Zerstörungen zu beklagen hatte. Dafür gab es in der Geschichte der Stadt nie so viele Theater wie während des Zweiten Weltkriegs. „Es war eben eine Besatzungsarmee, die musste man beschäftigen", meint Manotti, was auf Französisch viel besser klingt: „C'était une armée d'occupation, il fallait bien l'occuper."

Wir wählen die Rue Michel Tagrine für unseren Abstieg, der mir wie eine Rückkehr nach Paris vorkommt. Wieder tadelt mich meine Begleiterin: „Paris ist doch genau das: eine Ansammlung von lauter kleinen Dörfern. Haussmann hat genug übrig gelassen!" Ich muss an Siegfried Kracauer denken, mit dem ich mich als Student ausführlich beschäftigt habe. Für ihn ist Paris eine „Kleinstadt, wenn man darunter nicht den Sitz provinzieller Mittelmäßigkeit versteht". Vielleicht begreife ich den Satz erst jetzt. Ein „unauflösliches Zellengewebe" war die Pariser Stadtlandschaft für den bedeutenden Filmtheoretiker und unermüdlichen Flaneur Kracauer, der fortsetzt: „Die Kleinheit der Zellen entspricht der Kleinheit menschlicher Proportionen und Bedürfnisse." Meine Begleiterin zeigt auf ein großartiges modernes Haus am Eck. Hier lebt Jean-Paul Goude, Filmemacher, Werbe-Guru, Ex-Mann von Grace Jones, die er als öffentliche Figur erst „erfunden" hat. „Ein charmanter Mann. Doch durch ihn hat sich das Viertel völlig verändert", erklärt Manotti. Plötzlich wurde die Gegend hip, in kürzester Zeit verdoppelten sich die Preise, jetzt wohnen vor allem Architekten und Filmproduzenten hier, die wahrscheinlich wenig über die alten Damen wissen, in deren Häuser sie gezogen sind.

Wir gehen durch die Avenue Simon-Bolivar, „die Einzige der Haussmann-Schneisen, die nicht schnurgerade angelegt ist!" in die Avenue Secrétan, eine belebte, freundliche Geschäftsstraße. In der alten Markthalle, die jahrelang leer stand, ist heute neben einem Nobel-Fleischhauer und ein paar kleineren Geschäften ein Supermarkt eingemietet. Allerdings der Schönste, den ich kenne: Die Struktur der gusseisernen Halle ist erhalten geblieben und wird geschickt in Szene gesetzt, sehr viel eleganter kann man für den täglichen Bedarf nicht einkaufen. Auch die Idee zu meinem heutigen Spaziergang stammt aus dieser Gegend. In der sympathischen kleinen Buchhandlung *Buveurs d'encre* gleich neben der Markthalle habe ich vor einigen Jahren auf Empfehlung des Buchhändlers meinen ersten Manotti-Krimi gekauft. Vor der Buchhandlung verabschiede ich mich von der Autorin. Ich setze meinen Spaziergang noch ein Stück weit fort, Dominique ist müde geworden und kehrt zurück in ihre Wohnung am Quai de la Loire, wo ihr Mann Alexandre auf sie wartet. Alexandre stammt aus Ligurien, er war Paris-Korrespondent der linken Zeitung *Il Manifesto* und ist ein hervorragender Koch. Gestern Abend haben mich die beiden zum Essen eingeladen, das Hauptgericht war zwar nicht ligurisch, aber trotzdem hervorragend: Navarin d'agneau, ein beliebtes Frühlingsgericht in Frankreich.

NAVARIN D'AGNEAU D'ALEXANDRE

Zutaten für 6 Personen:
1,2 kg Lammschulter ohne Knochen
Öl zum Anbraten
4 große Schalotten
4 Knoblauchzehen
1 Bund junge Karotten
1 EL Mehl
¼ l Weißwein
Kalbsfond
1 Dose Tomaten geschält
Thymian, Lorbeer, Rosmarin, zu einem Strauß zusammengebunden
200 g ausgelöste Erbsen
200 g Kaiserschoten
12 kleine junge Rübchen
10 Frühlingszwiebeln
Salz, Pfeffer

Das Fleisch in Scheiben schneiden, diese scharf in Öl anbraten. Fein geschnittene Schalotten, die halbierten Knoblauchzehen und eine klein geschnittene Karotte dazugeben. Ein paar Minuten anschwitzen. Einen Löffel Mehl darüberstreuen, durchrühren. Mit Wein und Kalbsfond aufgießen, Tomaten und Gewürzsträußchen dazugeben. Das Fleisch muss mit Flüssigkeit bedeckt sein. Mit Deckel mindestens eine Stunde bei sanfter Hitze köcheln lassen. Währenddessen das Gemüse (die restlichen Karotten, Erbsen, Fisolen, Rüben, Frühlingszwiebeln) jeweils getrennt in Salzwasser kochen. Wenn das Fleisch weich ist, abschmecken. Das Gemüse in der Sauce aufwärmen, auf einer Servierplatte anrichten. Alexandre erklärt, warum das Gemüse unbedingt getrennt gekocht werden muss: Nur so bleiben Eigengeschmack und Frühlingsfrische erhalten, ein Navarin ist kein Eintopf. Man kann natürlich auch anderes Frühlingsgemüse verwenden, zum Beispiel grünen Spargel oder Artischocken.

Durch die Rue de Meaux gelange ich zur Place du Colonel Fabien, wo ich den Sitz der kommunistischen Partei besichtige. Das Gebäude von Oscar Niemeyer liegt an einem symbolträchtigen Ort: PCF, die Initialen des Platzes, der an einen von den Nazis erschossenen jungen kommunistischen Widerstandskämpfer erinnert, sind gleichzeitig die Abkürzung der Partei. Die Kuppel vor dem elegant geschwungenen Bau ist für die Öffentlichkeit zugänglich. Den Besuch sollte man sich auf keinen Fall entgehen lassen: Man fühlt sich in dem in den späten Siebzigerjahren vollendeten Gebäude wie in einem Science-Fiction-Film aus dieser Zeit. Damals war der spektakuläre Sitzungssaal unter der Kuppel wahrscheinlich regelmäßig voll – ob er das heute noch ist, verabsäume ich zu fragen. Nach der kurzen Zeitreise gehe ich die Rue de la Grange aux Belles hinunter, deren so klangvoller Name „Schuppen der Schönen" einen gar nicht poetischen Hintergrund hat: Irgendwann dürfte hier eine „grange aux pelles" gestanden sein, ein Werkzeugschuppen, in dem auch Schaufeln („pelles") aufbewahrt wurden. Schade. Die Straße führt mich zu einem meiner Pariser Lieblingsorte, an dem ich ein paar ruhige Minuten verbringen möchte, um in der Zeitung zu blättern und die Notizen durchzusehen, die ich beim Spaziergang mit Dominique Manotti gemacht habe. Bei Hausnummer 16 betrete ich das Gelände des Hôpital Saint-Louis und biege dann nach rechts in den historischen Trakt des renommierten, auf Hautkrankheiten spezialisierten Spitals. Ich kenne den Innenhof dieses unter Henri IV. zeitgleich mit der Place des Vosges errichteten Krankenhauses zwar schon lange, bin aber jedes Mal wieder von der Schönheit und Ruhe dieses Ortes überwältigt. In den öffentlich zugänglichen Hof verirrt sich selten ein Tourist. Hier picknicken oder faulenzen die Bewohner des Viertels, Kinder spielen, in einem Eck macht eine Gruppe Tai Chi. Ein idealer Platz, um tief durchzuatmen, die Harmonie der Architektur wirken zu lassen, den Vögeln zuzuhören, zur Ruhe zu kommen.

Ich setze meinen Weg in der Rue de la Grange aux Belles fort und lande bei einer Drehbrücke am Canal Saint-Martin. Dass diese Gegend am Kanal mit den vielen Fußgängerbrücken überaus pittoresk ist, weiß seit dem Film über das fabelhafte Leben Amélie Poulains so gut wie jeder Paris-Reisende. Die Lokale und Boutiquen am Kanal sind völlig überlaufen, doch ich brauche jetzt dringend einen Kaffee und es gibt selbst in dieser Gegend noch relativ ruhige Plätze, an denen jede Hipness einfach abperlt: *La Patache* zum Beispiel, in der Rue de Lancry gleich nach der Drehbrücke gelegen, ein unverwüstliches, uraltes Bistro, in dem man abends Wildschweingeschnetzeltes mit Kastanien oder eine Dose Rillettes mit Baguette zum Wein essen kann, der hier die Hauptrolle spielt. Im Winter verströmt ein Kanonenofen wohlige Wärme. Ich teile mir das Lokal heute nur mit der Katze des Hauses.

Nach ein paar Schritten am Wasser entlang überquere ich den Canal bei der übernächsten Brücke wieder, umrunde das Hôpital Saint-Louis und biege dann in die Rue Sainte-Marthe, die ich kaum wiedererkenne. Bei meinem letzten Besuch bröselten hier noch alte Fassaden vor sich hin, heute ist jedes Haus

PCF

Hôpital Saint-Louis

frisch renoviert, ein wenig zu proper wirkt die einst so stilvoll patinierte Straße jetzt auf mich. Hübsch ist sie freilich immer noch. Ähnlich der Eindruck von der Place Sainte-Marthe, auf der ich immer wieder lande, wenn ich in Paris bin. Auch dieser versteckte Platz ist und bleibt einer der nettesten der Stadt, doch die renovierten Fassaden nehmen ihm etwas von seinem bisherigen Charme. Schade, doch nach wie vor sind die Lokale verlockend, ich wüsste kaum einen angenehmeren Ort für einen Apéritif oder zwei. Da ich gerade in der *Patache* war, verzichte ich aber darauf. Ich überquere den Boulevard de la Villette. Samstags wird dort ein gut besuchter Wochenmarkt abgehalten, in der übrigen Zeit warten rund um die Uhr ältere Chinesinnen auf Freier, eine etwas seltsame Gegend. Ich bin für den Abend in der Weinhandlung *Mon oncle le Vigneron* in der nahen Rue Rébeval verabredet. Der deutsch-baskische Weinhändler Pascal Fleischmann und seine aus Japan stammende Frau Chika betreiben diese originelle Weinhandlung mit abendlicher Table d'hôte in einem versteckten Winkel des neunzehnten Arrondissements. Die Möbel hat Pascal aus Altmetall, das aus dem Canal Saint-Martin gefischt wurde, zusammengeschweißt, das Sortiment an Weinen und Konserven aus dem französischen und dem deutschen Südwesten ist hervorragend, abends servieren die beiden auf Vorbestellung ein Menü mit Weinbegleitung. Heute wird Chika, bei der ich gestern schon reserviert habe, eine japanische Spezialität namens Tonkatsu kochen, von der ich noch nicht weiß, dass es sich um nichts anderes als eine japanische Variante des Wiener Schnitzels handelt. Ich bin etwas zu früh dran, wandere trotzdem den Hügel hinauf und setze mich für eine Stunde ins Gras der Buttes Chaumont, um einen Manotti-Roman, den ich noch nicht kenne und vorhin bei den Buveurs d'encre gekauft habe, anzufangen. Schöner kann man eine Pause fast nicht verbringen.

Orte zum Verweilen

Point éphémère:
200 Quai de Valmy, 75010 Paris. +33 1 40 34 02 48.
www.pointephemere.org
Bar, Konzertsaal und Ausstellungsraum direkt am Wasser, gleich unterhalb der Place de Stalingrad.

BarOurcq:
68 Quai de la Loire, 75019 Paris. +33 1 42 40 12 26.
www.barourcq.free.fr
Sympathische kleine Bar, fast direkt am Wasser. Hier kann man auch Pétanque-Kugeln und Liegestühle ausborgen.

PBC Paname Brewing Co.:
41 bis Quai de la Loire, 75019 Paris. +33 1 40 36 43 55.
www.panamebrewingcompany.com

Café Caché:
104 Rue d'Aubervilliers, 75019 Paris, +33 1 42 05 38 40.
www.cafecache.fr

La Patache:
60 Rue de Lancry, 75010 Paris. +33 1 42 08 38 92.

Mon Oncle le Vigneron:
71 Rue Rebeval, 75019 Paris. +33 1 42 00 43 30.

La Cave de l'Ourcq:
22 bis Rue de l'Ourcq, 75019 Paris. +33 1 42 41 08 05.
lacavedelourcq@gmail.com
Ein hübsches neues Lokal mit einer hervorragenden Feinkost-Abteilung, deren Schwerpunkt auf saisonalen und regionalen Produkten liegt, und besonders guter Bier-Auswahl. Empfehlenswert sind auch die Sandwiches.

Orte zum Vertiefen

Marin d'eau douce:
37 Quai de la Seine, 75019 Paris. +33 1 42 09 54 10.
www.marindeaudouce.fr

Paris Canal:
21 Quai de la Loire, 75019 Paris. +33 1 42 40 96 97.
www.pariscanal.fr
Empfehlenswerter Anbieter von Bootsfahrten den Canal Saint Martin hinunter. Die Strecke ist nicht lang, zieht sich aber ein wenig, da jede Menge Schleusen zu überwinden sind.

Le Centquatre:
104 Rue d'Aubervilliers, 75019 Paris. +33 1 42 05 38 40.

L'eau et les rêves:
3 Quai de l'Oise, 75019 Paris. +33 1 42 05 99 70. Mi–So 13–19 Uhr. www.penichelibrairie.com

Orthodoxe Kirche Saint Serge:
93 Rue de Crimée, 75019 Paris. +33 1 42 01 19 13. www.saint-serge.net

Buveurs d'encre:
59 Rue de Meaux, 75019 Paris. +33 1 42 00 48 63. www.buveurs-dencre.com

KP-Zentrale:
2 Place du Colonel Fabien, 75019 Paris. +33 1 40 40 12 12. 8–18 Uhr www.pcf.fr

Radverleih und -werkstatt AICV:
38 bis Quai de la Marne, 75019 Paris. +33 1 43 43 40 74. www.aicv.net.
Sympathischer Radverleih, immerhin ist der Radweg am Canal de l'Ourcq der längste der Île de France. In etwa einer guten Stunde immer am Canal entlang erreicht man beispielsweise den sehenswerten Park von Sevran, in dem eine alte Pulverfabrik versteckt in einem riesigen Wald liegt. Ein Sandwich in der Cave de l'Ourcq gekauft, und los geht's!

Libraire du Canal:
Nicht ganz auf der Route, aber empfehlenswert:
3 Rue Eugène Varlin, 75010 Paris. +33 1 42 08 72 78. www.lalibrairieducanal.fr

Le cabaret Sauvage:
Parc de la Villette, 211 Avenue Jean Jaurés, 75019 Paris. +33 1 42 09 03 09. www.cabaretsauvage.com
Der hölzerne „Magic mirror“, einer der besten Orte der Stadt für nordafrikanische Musik im Speziellen und World Music im Allgemeinen, versetzt einen beim Eintreten ins neunzehnten Jahrhundert, als mobile Bühnen wie dieser Teil jedes größeren Jahrmarktes waren. Dabei ist das Cabaret sauvage ein Nachbau aus dem Jahr 1997, der ursprünglich als Provisorium gedacht war, bald zur Dauereinrichtung wurde und heute nicht mehr aus dem Pariser Nacht- und Konzertleben wegzudenken ist.

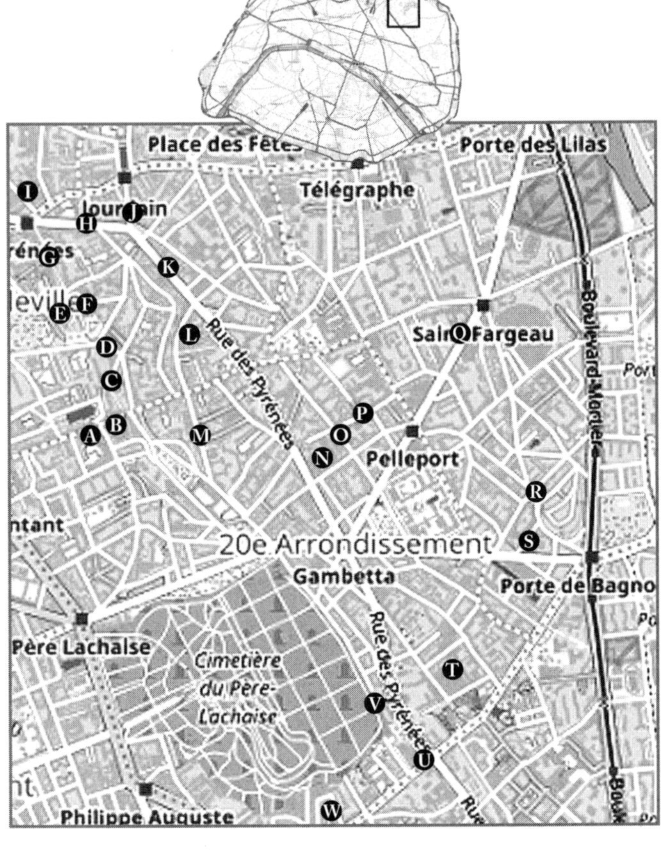

A	*Maison de Némo*	**M**	*Villa de l'Ermitage*
B	*C'est nous les gars …*	**N**	*Passage des Soupirs*
C	*Rue de la Mare*	**O**	*Boulangerie Liberté*
D	*110 Rue des Couronnes*	**P**	*Kirche mit Mesnager-Kreuzweg*
E	*Les Bols d'Antoine*	**Q**	*Le Troquet*
F	*Le vieux Belleville*	**R**	*Place Octave Chanute*
G	*Cour de la Métaire*	**S**	*Place Édith Piaf*
H	*Rue Dumay*	**T**	*Friedhof von Charonne*
I	*Rue de la Villette*	**U**	*La Flèche d'or*
J	*L'atelier à côté*	**V**	*Mur des fédérés*
K	*Les Rigoles*	**W**	*L'Abribus*
L	*Rue des Cascades Nr 60*		

Streetart in Belleville

Dreiunddreißig Jahre Straßenrausch

Ein weißer Mann, bekannt wie ein bunter Hund: Das Markenzeichen Jérôme Mesnagers ist längst zum Aushängeschild des Pariser Ostens geworden. An eine weithin sichtbare Feuermauer gepinselt, tanzen riesige weiße Figuren in der Rue de Ménilmontant im Kreis, nur ein paar Schritte von einem der Epizentren des Pariser Nachtlebens entfernt: „C'est nous les gars d'Ménilmontant" steht neben dem Bild, eine Anspielung auf einen Marsch, den Maurice Chevalier der am Hang liegenden Arbeitervorstadt gewidmet hat. Im Lied streben deren Bewohner sogar dann aufwärts, wenn sie bergab gehen. Vor etwa zwanzig Jahren kam ich zum ersten Mal an dieser Wand vorbei, um ein WG-Zimmer ganz in der Nähe zu besichtigen, und fand sie kitschig. Als ich das Zimmer bezogen hatte, sah ich bald überall kleine weiße Männchen: an geschlossenen Rollläden, Hausecken, Mauervorsprüngen, Fensterläden, manchmal allein, dann wieder im stummen Dialog mit anderen Malereien, vorzugsweise Dschungeltieren oder schwarzen Männern mit Hut und Regenschirm. Ich gewöhnte mich nicht nur an sie, sondern lernte sie im Lauf der Monate schätzen: als anarchische, spöttische, oft freche, aber stets heitere Liebeserklärungen eines unermüdlichen Stadtwanderers an Paris. Die Figuren, die immer wieder verschwinden, wenn ein Haus

Jérôme Mesnager

abgerissen, eine Fassade saniert, ein Rollladen neu gestrichen wird, bereichern das Straßenbild, stören es aber nicht. Sie drücken der Stadt zwar einen Stempel auf – aber nur als Tupfen auf dem I, als gewisses Etwas, das vorher fehlte. Sie sind pfiffige Pointen im an Poesie und Ésprit so reichen Pariser Straßenbild, die sich nicht in den Vordergrund drängen, sondern in das Bild der Stadt einfügen, als wären sie von Anfang an mit eingeplant gewesen.

In einem eleganten und teuren Designhotel mit kunstinteressiertem Betreiber, über das ich Jahre nach meiner Zeit in Belleville für eine Zeitung berichtet habe, sind mir die fröhlichen weißen Männchen aus der Arbeitervorstadt als exklusiver Wandschmuck wieder begegnet, und immer wieder stoße ich bei meinen Pariser Spaziergängen auf eine der vertrauten Figuren, die auch in unbekannten Gegenden sofort ein heimeliges Gefühl in mir aufkommen lassen – von der richtigen Hand ausgeführt, genügen ein paar Pinselstriche, um ein wenig Leichtigkeit und Lebensfreude ins Grau zu zaubern.

Vor 33 Jahren, im Jänner 1983, erblickte der Erste der weißen Männer das Licht der Welt. „Streetart" gab es damals als Begriff noch gar nicht, erst wenige Künstler hatten begonnen, Kunstwerke in den öffentlichen Raum zu pinseln. Mesnager war damals 21 und sollte zu einem der Pioniere der französischen Szene werden – etwa zeitgleich mit Keith Haring in den USA. Er hatte bereits eine Ausbildung zum Kunsttischler an einer renommierten Schule absolviert, zwei Jahre Comiczeichnung studiert und einige hundert Bilder gemalt. An Vorbildern wie Yves Klein oder dem Pop-Art-Künstler Robert Malaval bewunderte er, dass sie ihr ganzes künstlerisches Leben lang von für sie typischen Motiven oder Techniken begleitet wurden, von „Zeichen", wie er es nennt, die ihr Wesen widerspiegeln. Als er wenig später seinen ersten spontan entstandenen weißen Mann an einer Mauer im achtzehnten Pariser Arrondissement vor sich sah, wusste er, dass er damit ein solches „Zeichen" geschaffen hatte.

Wie viele von diesen Männern er wohl seither gemalt hat? Jérôme Mesnager grinst mich an, sagt „Zähl!", und deutet auf einen Tisch voller dicker Aktenordner, in denen er Fotos seiner über die ganze Welt verstreuten Werke sammelt. Ich sitze ihm an einem Nachmittag im März in seinem Atelier in Montreuil gegenüber, einer Vorstadt im Osten von Paris, ein paar Gehminuten von der Endhaltestelle der Métro-Linie 9 entfernt. Das außen unscheinbare, freilich mit einigen weißen Männern geschmückte Atelier ist eine 150 Quadratmeter große, lichtdurchflutete Werkstatt mit einem verwachsenen Hinterhofgarten, in der sich die Leinwände stapeln. Weiße Männer auf dem Kühlschrank, an den Wänden und eigentlich überall, wohin man blickt, vermitteln das Gefühl, in einem Universum gelandet zu sein, in dem die Pinselstrich-Anarchisten die Macht übernommen haben.

Hierher hat mich Jérôme Mesnager bestellt, als ich telefonisch um Tipps für eine Stadtwanderung entlang einiger seiner Werke gefragt habe, und obwohl ich die Gelegenheit für ein Interview nützen wollte, klappe ich nach wenigen Minuten bei Pastis und Kaffee das Notizbuch wieder zu. Es kommt mir plötzlich so banal vor, eine Fragenliste abzuarbeiten, dafür ist der Augenblick einfach zu schade. Vielleicht habe ich das Gespräch ja auch am falschen Ende begonnen, nämlich mit der Frage nach Spazierrouten, auf denen man möglichst viele seiner Werke entdecken kann. Schon hat Mesnager Stift und Papier genommen und zeichnet einen Weg auf, bei dem er sich immer mehr in Fahrt redet, bis er beinahe aufspringt, um die Stadt mit noch ein paar seiner Kunstwerke zu schmücken.

Jérôme Mesnager ist zunächst vor allem ein leidenschaftlicher und unermüdlicher Liebhaber von Paris, der voller Wissen über die Stadt steckt, mit deren Vergangenheit er sich genauso auseinandersetzt wie mit den Geschichten ihrer Bewohner. Seit Jahrzehnten durchwandert er unermüdlich immer wieder aufs Neue die Pariser Straßen, über die er immer noch ins Schwärmen geraten kann, als hätte er sie gerade zum ersten Mal in ihrer ganzen Schönheit gesehen.

Im Unterschied zu den „bloßen" Flaneuren hat er stets Pinsel und Farbe dabei, wenn er zu seinen Streifzügen aufbricht. „Ich male Bilder, die Welt ist meine Leinwand", hat er einmal in einem Interview gesagt, doch als ich nach einigen Minuten gemeinsamen Schwärmens über die Straßenzüge des Pariser Ostens doch noch zum „eigentlichen" Interview ansetzen möchte, habe ich den richtigen Zeitpunkt dafür bereits verpasst. „Ich war gerade zwei Wochen mit den Kindern Skifahren und kann jetzt einfach nicht mehr reden und Fragen beantworten, entschuldige", erklärt er und beginnt noch während des Redens zu malen, wobei er dazwischen immer wieder in einen Bildband mit Werken Michelangelos schaut. Er arbeitet gerade an einem Zyklus mit „klassischen" Vorbildern, die er mit seinen weißen Männchen nachstellt. Heute auf dem Programm: „Die Bekehrung des Paulus". Aus der Stereoanlage dröhnen Renaud, La Rue Kétanou, die Têtes Raides und andere Vertreter des „rock festif", des typisch französischen Chanson-Rock, der nicht ohne Akkordeon und Geige auskommt, seit den Achtzigerjahren des vorigen Jahrhunderts in etwa gleich klingt, aber eben auch so gut ins Ohr geht. Während der Straßenkünstler zur Abwechslung eine Leinwand bepinselt, was rasend schnell geht, blättere ich in den Alben mit seinen Werken aus vergangenen Jahrzehnten. Frankreich, Europa, Afrika, Asien – Jérômes weiße Männer sind auf der ganzen Welt zu besichtigen. Als er bereits beim nächsten Bild ist, spreche ich ihn auf die Chinesische Mauer an, von der es Aufnahmen in seiner Mappe gibt, natürlich verziert mit dem „Corps blanc". War es denn nicht ziemlich gefährlich, in einem Land wie China ein derartiges Monument ohne Genehmigung anzumalen? „Man darf niemals Angst haben, vor niemandem", lautet die knappe Antwort. Er habe noch nie im Leben ein Problem mit welcher Polizei auch immer gehabt, vielmehr gibt es auch unter den Polizisten einige echte Fans. Ein einziges Mal hatte er ein ungutes Gefühl: Ein Security-Mann des Élysée-Palastes machte ihm den Vorschlag, ihn in der Nacht in den Präsidentenpalast einzulassen, damit er dort den Keller „verzieren" könnte. Das lehnte er ab: „Die hätten doch sofort gewusst, dass ich es war, und dann? Das war eine Falle."

Er konzentriert sich wieder auf sein Bild, zwei Tanzende sind in wenigen Augenblicken entstanden, ich blättere in den Mappen mit 33 Jahren Straßenkunst. Nicht nur im Gespräch mit ihm meint man förmlich, die Energie knistern zu hören, die von ihm ausgeht, auch seine Bilder strahlen sie aus. Auf die Frage, ob er eigentlich Nachahmer habe, antwortet er: „Klar, ich finde die lustig. Meinen Stil können sie ja nachmachen, aber niemals meine Verrücktheit."

C'est nous les gars d'Ménilmontant

Folgen Sie dem weißen Mann!

Die stolze proletarische Vergangenheit von Belleville und Ménilmontant, den alten Arbeitervorstädten, von denen so viele Revolten und Revolutionen ausgingen, ist heute definitiv vorüber. Heute leben neben Migranten vor allem Künstler, Studenten und Bobos im Osten der Stadt, wo die Mieten vergleichsweise noch niedrig sind. Hier gibt es auch besonders viel Streetart, und hier passt sie auch her. Das Freche und Verbotene dieser Kunst, die nur dann gut ist, wenn sie mit ihrer Umgebung in den Dialog zu treten weiß, das anarchische Moment und der Freiheitsdrang, für den sie steht – hier kristallisiert das alles fast notgedrungen. Tagelang kann man im Pariser Osten unterwegs sein und dabei immer neue Bilder entdecken, die mitunter sprichwörtlich über Nacht dazukommen. Meinen Plan, ausschließlich Jérôme Mesnagers weißen Männern als Wegweiser durch Belleville zu folgen, musste ich bald ändern: Pariser Fassaden müssen alle zehn Jahre gereinigt oder gestrichen werden, und viele der Bilder, von denen er mir erzählt hat, sind heute nicht mehr vorhanden. Nicht weiter tragisch: Straßenkunst ist nun einmal vergänglich, und so entsteht auch immer wieder Platz für Neues, das zu entdecken sich lohnt. Ihnen wird es nicht anders gehen: Sie werden sicher nicht jedes der von mir beschriebenen Bilder noch an Ort und Stelle vorfinden – dafür jede Menge neue entdecken.

Maison de Némo, Rue de Ménilmontant

Ich beginne meinen Streetart-Spaziergang durch das zwanzigste Arrondissement mit einer stadtbekannten Fassade in der Rue de Ménilmontant, auf Nummer 38. Jetzt ist ein Supermarkt drin, früher war das Haus ein Kino. Was auch immer noch alles hineinkommt: Pariser nennen das Gebäude ohnehin nur „Maison de Némo", so heißt der Schöpfer des schwarzen Drahtseilartisten auf dem Fahrrad, der seit Jahrzehnten zum vertrauten Stadtbild gehört. Nur ein paar Schritte weiter stehe ich dann vor den berühmten weißen Tänzern: „C'est nous les gars d'Menilmontant", Mesnagers bekanntestes Bild hat die Jahre überdauert. Das Thema des Liedes – immer aufwärts marschieren, auch wenn es einmal bergab gehen sollte – passt gut zu meiner geplanten Route, auf der einige Höhenmeter vor mir liegen.

Sie führt durch ein kontrastreiches Viertel: Als Ménilmontant und Belleville 1860 eingemeindet wurden, strömten Arbeiter aus ganz Paris in die neuen Vorstädte, in denen man es sich noch leisten konnte, den Traum vom eigenen Häuschen auf einem kleinen Grundstück zu verwirklichen. Etwas anderes war damals auch kaum möglich: Der Untergrund der Hügel war zu instabil, um schwere Gebäude zu tragen. Das schnelle

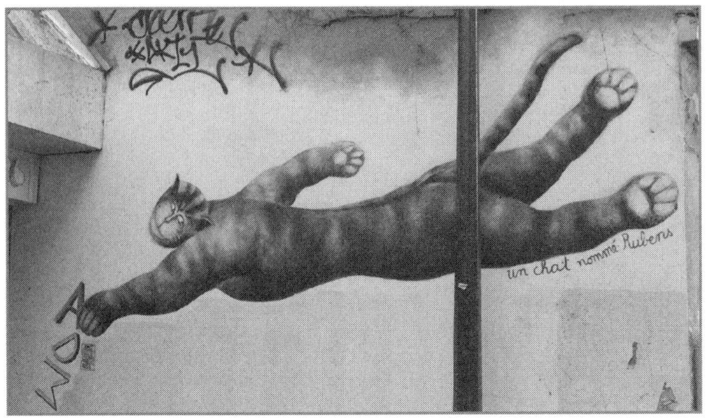

Rue de la Mare

Wachstum ging oft mit schlechter Bausubstanz einher, in der Nachkriegszeit zog die Stadt ein großflächiges, aber auch rücksichtsloses Sanierungsprogramm durch, bei dem ganze Viertel Bellevilles ausradiert wurden – wie man auch gegenüber dem Haus mit den weißen Tänzern sehen kann: Die alten Eisenbahngleise der Petite Ceinture führen an riesigen Riegeln mit Sozialwohnungen aus den 1960er-Jahren vorbei, die wohl bald ihrerseits Sanierungsfälle sein werden.

Auch hier ist die alte, nicht mehr genützte Bahn zu einem Stück öffentlicher Grünraum geworden: „La petite ceinture du 20e" steht auf einer Tafel neben einem einladend geöffneten Tor, durch das ich hinunter zu den Gleisen spaziere, vorbei an vollgesprayten Wänden und ein wenig Stadtwildnis. Es ist ein einladender kleiner Park geworden, der hier neu angelegt wurde: Ein Teil der Bahngleise wurde mit Beton aufgefüllt, damit man auch mit Rollstühlen, Kinderwägen oder Rollern vorankommt, auf einer hölzernen Terrasse entlang der alten Gleise stehen bequeme Holzliegen, die Böschung ist üppig grün überwuchert. Ich durchquere die nun endlich nicht mehr brachliegende, sondern sinnvoll genutzte alte Bahnstrecke und verlasse sie in Richtung Rue Henri Chevreau, ganz in der Nähe des kleinen *Théâtre*

Popul'Air, eine für den Pariser Osten typische Bühne, in dem es eine rege Konzert-, Theater- und Kleinkunstszene gibt.

Die Rue de la Mare lohnt einen ersten kurzen Abstecher in Sachen Streetart: Das an eine Wand geklebte Bild einer Frau, die von glitzernden Konfetti umgeben ist, stammt vom Straßenkünstler SOBR, der diesem Motiv mit wenigen Variationen treu bleibt. Besser gefällt mir die unförmige „Katze namens Rubens“ gleich gegenüber, die jedoch nicht signiert ist.

Zurück in der Rue Henri Chevreau, auf Nummer 31, überlege ich, von wem der Schwan und das Mädchen stammen könnten, die die Wand schmücken, ein hübsches Motiv. Auf Hausnummer 36 dann ein weiterer stadtbekannter Nemo, der eine Feuermauer verschönert: ein schwarzer Mann mit Hut, dessen Papierschiff von einem riesigen Ballon gezogen wird.

In der Rue des Couronnes lande ich vor dem Gitter des Parc de Belleville. Vor Jahrzehnten wurde hier Wein angebaut, ein paar Windmühlen standen oben am Hang, ein paar Häuschen säumten die Straße, in der Wortkünstler Georges Perec geboren wurde und aufwuchs. Tempi passati! Ehe ich den Park in Angriff nehme, wandere ich noch die Rue des Couronnes bis zur Nummer 110 hinauf. Philippe Hérard hat hier eines der Bilder seiner „Cent titres“-Serie an die Wand geklebt. Der Titel ist ein Wortspiel: Laut ausgesprochen, kann er entweder „ohne Titel“ oder „hundert Titel“ bedeuten, hat mir Philippe Hérard einmal beim Kaffee erklärt. Ich habe den Künstler kennengelernt, nachdem ich bei den Recherchen für diesen Spaziergang auf mehrere seiner Bilder gestoßen bin. Er wohnt zufällig keine zweihundert Meter von meinem Zimmer entfernt und trifft sich gern auf einen kurzen Tratsch. Im Gegensatz zu Jérôme Mesnager kam er als Spätberufener zur Streetart: Nach einer Ausbildung zum Grafiker arbeitete er zunächst in der Werbung, „doch das hat mich derart angekotzt, dass ich aufhören musste“, wie er sagt. Er begann zu malen, verkaufte seine Bilder gut, machte sich als Künstler selbstständig. Eine Zeit lang war er

Hérard Rue de Couronnes

erfolgreich, von einem Tag auf den anderen war Schluss damit, wofür er selbst keine Erklärung hat. Es folgte eine tiefe Krise, bis er auf die Lösung kam: „Wenn ihr nicht kommen wollt, um euch meine Bilder anzusehen, dann zeige ich sie euch einfach so." 2009 begann er, erste Bilder im öffentlichen Raum zu präsentieren. Und es funktionierte: Man wurde auf ihn aufmerksam, und heute zählt er zu den anerkannten Streetart-Künstlern von Paris. Er arbeitet auch auf Bestellung, hat aber nie aufgehört, „einfach so" Bilder an die Wand zu kleben, die er zuvor in seinem Atelier malt. Etwa in der Rue Couronnes 110, wo ich nun vor einem Bild stehe, auf dem ein einsamer Mann mit einem Haus, das er wie einen Rettungsring um den Bauch trägt, vor einem Berg scheinbar achtlos wie Schachteln weggeworfener Häuser steht. Nicht nur ein starkes, sondern auch ein recht großflächiges Bild – und das hat er einfach so fremden Leuten neben die Eingangstür geklebt? „Ja klar, so funktioniert Streetart. Die Bewohner des Hauses waren begeistert, muss man sagen, und auch der Eigentümer hat sich zumindest nicht aufgeregt. Ich habe aber auch schon anderes erlebt, manche Bilder werden sofort kaputtgemacht." Beeindruckt von der Mischung aus Frechheit und Großzügigkeit, mit der Hérard die Stadt schmückt, spaziere ich die Straße wieder hinunter bis zur Hausnummer 88, wo noch ein Bild der Serie zu sehen ist, die Hérard bekannt gemacht hat: zwei Männer, die durch einen Rettungsring miteinander verbunden sind und sich in einer prekären Lage befinden. Rettet der eine den anderen? Oder stürzen sie gemeinsam ins Verderben? „Ich mag die Uneindeutigkeit der Situationen, und ich mag es, wie zäh diese Figuren kämpfen“, meint der Künstler etwas kryptisch.

Ich schnaufe die Stiegen hinauf wie ein echter Gars d'Ménilmontant. Der Parc de Belleville mag auf den ersten Blick nicht mehr auf dem aktuellsten Stand der landschaftsplanerischen Ästhetik sein, ist aber voller Leben: Hier wird Tischtennis gespielt, gemeinsam im Gras herumgelegen, gemeinschaftlich in den offenbar weltweit in Mode gekommenen Hochbeeten gegärtnert. Nach ein paar Minuten erreiche ich den oberen Ausgang. Das elegante Restaurant *Moncœur Belleville* ist noch geschlossen, dafür trinke ich einen Kaffe in einem neuen veganen Lokal, das an der Stelle einer ehemaligen Bäckerei aufgemacht hat: *Les Bols d'Antoine*. Zu essen gibt es um diese Zeit noch nichts, doch ich bin ohnehin wegen der Aussicht hier, bis zum Eiffelturm schweift der Blick von hier oben.

Parc de Belleville

Ein paar Meter weiter sehe ich das Schild des Restaurants *Le vieux belleville* – ein schräger Ort, an dem zu Drehorgel- oder Akkordeonmusik Mitsingkonzerte veranstaltet werden, die Musiker teilen den Gästen Noten und Texte aus und los geht's mit „Je ne regrette rien" und Co. Das klingt zwar etwas zwanghaft, doch auch wenn Musiker wie der Drehorgelmann „Riton la manivelle" ihr Alt-Pariser Gehabe etwas übertreiben, kann man hier recht lustige Abende verbringen.

Um den Blick auf die Stadt noch länger zu genießen, gehe ich wieder in den Park hinein und halte mich rechts, wo mich ein Pfad am oberen Rand des Parks entlang in Richtung Rue Piat führt. Die Straße mit ihren ehemals kleinen Häuschen wird gerade massiv umgebaut, freilich geht man heute sensibler mit der teils morschen Bausubstanz um als noch in den 1960er-Jahren. In der Rue de Belleville angelangt, stehe ich nach wenigen Schritten auf Nummer 72 vor Edith Piafs Geburtshaus. Wer dieser berühmtesten Tochter Bellevilles aktiver gedenken will als allein durch das Lesen der Gedenktafel, der besuche den dienstäglichen Piaf-Abend im *Vieux Belleville* gleich ums Eck.

Während des Anstiegs auf der steil nach oben führenden Straße drehe ich mich öfters um – von hier oben finde ich den Blick auf den Eiffelturm einfach am schönsten. Ein berührendes Streetart-Kunstwerk entdecke ich in der *Cour de la Métaire*. In diesem schönen Hof mit den einladenden Kaffeehaustischchen wurden während der Nazi-Herrschaft Juden zur anschließenden Deportation versammelt. Ist der traurige Bub mit dem zu großen Rucksack, der sein Gesicht in den Händen verbirgt, eine Anspielung auf die furchtbare Geschichte des Hofes? Ich kann es mir nicht anders erklären. Das Bild könnte von Levalet stammen, einer weiteren Größe der Pariser Streetart-Szene.

Die Rue de Belleville lässt dunklen Gedanken keinen Raum, sie zelebriert an diesem Sonntagvormittag wieder verlässlich das Pariser Straßenfest, an das man sich nach ein paar Tagen so gewöhnt: Der Duft der Brathühner, die sich

Rue Dumay

vor mehreren Fleischereien an Spießen drehen, erfüllt die Luft, Bäcker, Fischer, Käsehändler und Feinkostläden haben geöffnet, die Menschen, die ihre Stadt an Wochenenden nicht verlassen, sondern genießen, spazieren entspannt durch die Straßen. Ich mache einen kurzen Abstecher in die Rue Jean-Baptist Dumay, die sich zu einem Hotspot der Streetart zu entwickeln scheint: Zwei Bilder von Philippe Hérard, eines an einem Rollladen, eines oberhalb eines leer stehenden Geschäfts, sind während meines Aufenthalts neu hinzugekommen. Außerdem ist hier neben Bildern von Mosko, der vor allem Zebras und Giraffen per Schablone an die Wände malt, ein besonders schöner weißer Mann Jérôme Mesnagers zu finden. Mesnager hat sicher Rilke wahrscheinlich nicht gelesen, aber die Figur, die sich an einer Feuermauer festklammert, an der tatsächlich noch Küchen- oder Badezimmerfliesen eines abgerissenen kleinen Häuschens kleben, wirkt auf mich wie die Illustration einer Stelle in seinem Roman „Malte Laurids Brigge“. Der hypersensible Ich-Erzähler zeigt sich darin tief berührt von den Spuren abgerissener Häuser: „Man sah ihre Innenseite. Man sah in den verschiedenen Stockwerken Zimmerwände, an denen noch die Tapeten klebten, da und dort den Ansatz des Fußbodens oder der Decke. […] Am unvergeßlichsten aber waren die Wände selbst. Das zähe Leben dieser Zimmer hatte sich nicht zertreten lassen. Es war noch da, es hielt sich an den Nägeln, die geblieben waren, es stand auf dem handbreiten Rest der Fußböden, es war unter den Ansätzen der Ecken, wo es noch ein klein wenig Innenraum gab, zusammengekrochen.“ Rilkes Erzähler läuft in Panik davon, Mesnagers Mann hingegen hängt frech an der Wand wie eine Personifikation des „zähen Lebens“, von dem Rilke schreibt.

Schräg gegenüber führt mich die Rue de la Villette in Richtung neunzehntes Arrondissement, auf Hausnummer 11 ist ein weiterer sehenswerter Mesnager hoch oben an einem alten Schlot zu bestaunen. „Man darf niemals Angst haben“, sagt der Künstler – an solchen Stellen versteht man, was er meint. Ich folge der netten kleinen Straße und biege dann in die geradezu dörfliche Rue des Solitaires. Vor einem Ensemble von pastellfarbenen Häusern mit pastellfarbenen Fensterläden an der Kreuzung mit der Rue des Annelets bleibe ich kurz stehen. Nie hätte ich gedacht, dass Paris so provençalisch aussehen kann. Noch dazu kommen mir ständig Menschen mit Körben voller Gemüse entgegen, das sie am nahen Markt auf der Place des Fêtes gekauft haben dürften. Auf dem leider wirklich hässlichen Platz ganz in der Nähe wird sonntags einer der besten Märkte der Stadt abgehalten, bei zahlreichen Gärtnereien aus der Region kann man hier wirklich „lokal“ einkaufen.

Ich spaziere weiter in Richtung Métro-Station Jourdain, die von schöner, im Vergleich zum übrigen Belleville auffallend unproletarischer Architektur umgeben ist. Die Gebäude aus dem späteren neunzehnten Jahrhundert verströmen ein wenig großbürgerliche Eleganz im ehemaligen Kleine-Leute-Viertel, es gibt eine vornehm aussehende Pâtisserie, sehr gute Bäckereien, schöne Käse- und Weinläden. Mich zieht es immer in die einzelnen Abteilungen der auf mehrere Adressen verteilten Buchhandlung *L’atelier d’à coté*. An diesem Viertel rund um die Jourdain-Kirche lässt sich geradezu exemplarisch studieren, was ein gutes Stadtviertel ausmacht: Rechte Winkel und gerade Linien sind eine Seltenheit. Straßen laufen spitzwinkelig zusammen, sodass Plätze die Form von Sternen haben. Die Gehsteige sind enorm breit und nehmen den größten Teil des Raumes zwischen den Häusern ein. Parkplätze sind dafür rar: In einer Stadt von einer Dichte wie Paris ist das wohl die einzig richtige Lösung, man braucht das Auto schließlich kaum. Eine Vielzahl kleiner Läden belebt die Straßen, was den Gedanken, mit dem Auto einzukaufen, völlig widersinnig erscheinen lässt. Auch ausreichend Bars und Cafés liegen in Gehweite. Alle haben Tische im Freien, auf den breiten Pariser Gehsteigen ist das auch kein Problem. Bäume säumen die meisten Straßen. In der Mitte eines kleinen Platzes steht ein Brunnen, rundherum ist Raum für die Menschen. Die Fassaden sind gepflegt. Ginge es nach mir, wäre ein Bummel durch das Jourdain-Viertel Pflichtprogramm der Ausbildung für jeden Stadtplaner. Und das Beste: Es gibt hier eigentlich nichts zu sehen, soweit das Auge reicht, außer Stadt gewordene Lebensqualität. Ist man wie ich auf der Suche nach Streetart, entdeckt man dann doch einige Sehenswürdigkeiten, zum Beispiel gleich beim Métro-Ausgang an den Wänden der Schule, die Mosko mit seinen Wildtieren und Sobr mit seinen Konfettibildern verziert haben. Zwei große Mesnager-Figuren entdecke ich an den Glastüren des Friseursalons *Ça décoiffe*.

Die Bar *Le zéphyr* ist eine Institution und mit ihren Wandmalereien auch ein schöner Anblick, ich gehe dennoch lieber ins viel weniger schicke, aber ungleich freundlichere *Les Rigoles*. Und wenn wir schon bei den Lehrbuchbeispielen sind: Auch dieses unscheinbare, ganz gewöhnliche Pariser Café ist ein solches. Zunächst ist es so weit wie möglich zur Straße geöffnet, die Fenster sind riesig, im Sommer gehen Café und Gehsteigterrasse nahtlos ineinander über. Der offene Innenraum ist nicht durch Nischen und Trennwände verstellt. Der

Herard Rue des Cascades

„Zinc", wie der Tresen genannt wird, bildet sein Zentrum, im Stehen kann man einen tadellosen Espresso um nur wenig mehr als einen Euro trinken. Die Bar ist ein Treffpunkt für unterschiedliche Berufsgruppen, ein Viertel-Schmelztiegel, wie es schöner nicht sein könnte. Als ich auf einen schnellen „Express" hineingehe, diskutieren zwei an den Zinc gelehnte Mitarbeiter einer Installationsfirma über den laufenden Auftrag, eine junge Frau, die eine Studentin sein könnte, schaut durch eine riesige schwarze Brille ins Leere, eine Lehrerin korrigiert an einem Tischchen Schülerarbeiten. Ein Mann mit elegant über die Schulter geworfenem Schal und etwas zu lauter Stimme ist ziemlich sicher Pensionist, genau wie die beiden älteren Damen, die sich zum Kaffeetratsch getroffen haben. Ich liebe vor allem das Steh-Frühstück in Bars wie dieser: Ein Korb mit Croissants steht auf dem Tresen, will man eines, stellt einem der Kellner einen kleinen Teller mit einer Serviette hin, zugreifen darf man selbst. Sehr viele Pariser frühstücken so in „ihrem" Café am Eck, automatisch und zwanglos lernt man so seine Nachbarn kennen. Hat man es eilig, geht alles ruckzuck, will man sich Zeit lassen, hetzt einen niemand. In die zwanglosen Gespräche kann man sich einklinken oder auch nicht. Natürlich steht und fällt die gute Stimmung mit den Kellnern hinter dem

Zinc, und hier im *Les Rigoles* sind sie genauso unaufdringlich und doch freundlich, wie es sein muss.

Eine Stiege führt die Rue Levert hinunter. Gleich gegenüber, an der sternförmigen Place Henri-Krasucki, gibt es ein schönes Café, noch lieber mag ich aber die *Bar littéraire* links neben der Stiege. Sie wird von einem sympathischen Stammpublikum besucht, ständig muss der Kellner seine Bekannten per Wangenkuss begrüßen, die Gespräche sind heiter, die Straßentischchen immer besetzt, ein guter Platz. Ich spaziere die Rue des Cascades entlang, vorbei an einem Mesnager-Männchen auf einem etwas kitschigen Landschaftsbild. Auf Nummer 60 ist mein Lieblings-Hérard: Wieder einer dieser melancholischen Männer, der sein Haus als Rettungsring trägt – oder ist es ihm nur zu klein? – und mit einem anderen Menschen spricht, der am Fenster lehnt. Das melancholische Bild ist während meiner paar Tage im Viertel Morgen für Morgen das Erste, was ich von Paris sehe, wenn ich den Fensterladen meines Zimmers genau gegenüber öffne.

Nach der Kurve mit dem alten Brunnenhäuschen auf Nummer 42, dem „Regard Saint-Martin“, geht es wieder bergauf: Die Stiege in der engen Rue Fernand Raynaud führt mich an Plakaten vorbei, die zum Protest gegen die geplante Verbauung einer Freifläche aufrufen. Wieder einmal macht sich der Pariser Widerspruchsgeist bemerkbar. In der Rue de l'Ermitage gibt es elegante moderne Holzhäuser, aber auch schöne Streetart von Levalet und Philippe Hérard. Geradezu idyllisch ist die Villa de l'Ermitage, ein kleines Sträßchen, an dessen unterem Ende ich vorbeigehe. Die schmale Straße ist eine einzige grüne Oase, obwohl eigentlich nicht einmal genug Platz für ordnungsgemäße Baumscheiben ist. „Je me révolte, donc nous sommes“, hat jemand auf eine kleine Schiefertafel in einem Blumenbeet geschrieben, „Ich lehne mich auf, also sind wir.“ Ein guter Spruch, der genau hierher passt. Nach wenigen Schritten erreiche ich die Rue de Ménilmontant, nur wenige

Höhenmeter oberhalb meines Ausgangspunktes – Umwege erhöhen bekanntlich die Ortskenntnis.

In der Rue Boyer befindet sich das Kulturzentrum *La Maroquinerie*, der letzte Rest der einst mächtigen Arbeitergenossenschaft „La Bellevilloise", deren Mitglieder in Dutzenden Geschäften günstig einkaufen konnten. Sie bot den Arbeiterfamilien aber auch die Möglichkeit, Instrumente zu lernen und in Orchestern zu spielen, organisierte Volkshochschulkurse, betrieb Kinos und Theater. 1939 musste die einst so mächtige Bellevilloise, die über 14 000 Mitglieder hatte, ihre Aktivitäten aus wirtschaftlichen Gründen einstellen. Am Eckhaus zur Cité de l'Ermitage, einer weiteren dieser blühenden Pariser Dorfstraßen, suche ich vergeblich nach einem spurlos verschwundenen Bild von Philippe Hérard, das ich im Internet gesehen habe – vielleicht hat es ja jemand so vorsichtig entfernt, dass es jetzt ein Wohnzimmer schmückt.

Eine der bekanntesten Straßen in Sachen Streetart ist die Rue du Retrait, in der neben vielen Bildern von Mosko, Némo und Jérôme Mesnager auch eines der aufwendigen Schablonen-Kunstwerke von „Artiste ouvrier" zu bewundern ist. Wichtig ist beim Spaziergang durch diese Straße, in der sich auch ein weiteres der vielen Theater des Viertels befindet, sich immer wieder umzudrehen, damit einem keines der vielen Kunstwerke entgeht.

Die Rue des Pyrénées, in die die Rue du Retrait mündet, zieht sich wie eine lange Lebensader durch das zwanzigste Arrondissement. Vor allem am späten Vormittag ist es nicht leicht, sie einfach nur zu überqueren, die vielen Lebensmittelgeschäfte kommen mir um diese Zeit noch eine Spur reizvoller vor als ohnehin schon, doch ein Mesnager-Männchen an der Glastür eines Schokoladengeschäfts auf Nummer 240 erinnert mich an meinen Plan und ich setze meine Suche fort, ohne irgendwo hängen zu bleiben. Die Passage des Soupirs, die mir von Jérôme wegen der vielen Straßenmalereien empfohlen wurde, ist zwar

Cité de l'Ermitage

nach wie vor eine hübsche kleine Straße, die Fassaden wurden aber von allen Kunstwerken gereinigt – bis auf überdimensionale Spermien, die sich in Bodennähe an einer Hausmauer entlangschlängeln und der „Seufzergasse“ eine etwas zweideutige Bedeutung verleihen.

Durch die Rue de la Chine kehre ich in die Rue de Ménilmontant zurück, die nach wie vor steil bergauf führt, doch der Gipfelsieg ist nahe. Ich fotografiere die mächtigen Gemeindebauten mit Backsteinfassaden und einer schönen Bäckerei im Erdgeschoß, als ich hinter mir eine Stimme höre: „Gehen Sie da nicht rein.“ Der ältere Herr in einer etwas zu großen Lederjacke, die grauschwarzen Haare streng nach hinten gekämmt, wiederholt: „Sie ist ja schön, aber viel zu teuer für die Gegend, gehen Sie nicht rein.“ Wir wechseln ein paar Worte. Er scheint eine schwierige Vergangenheit zu haben, hat einige Monate im Gefängnis verbracht und nennt sich selbst abwechselnd einen alten Anarchisten, ehemaligen Radaubruder, einen marginalen Typen. Überall regiere nur das Geld, schimpft er, und den kleinen Leute bleibe nichts mehr. Ich warte, bis der Mann, der sich für einen „marginalen Typen“ erstaunlich eloquent auszudrücken versteht, außer Sichtweite ist, dann gehe ich doch in die teure Bäckerei. Sie ist einfach zu schön, hat auch ein kleines Café-Restaurant und man kann den Bäckern bei der

Kirche Pelleport

Arbeit zusehen. Freilich, der Brunch, den es heute gibt, kostet 29 Euro, dennoch ist kein Tisch mehr frei …

An der Ecke mit der Rue Pelleport liegt eine moderne Kirche, in der gerade reger Betrieb herrscht. Die Messe ist längst vorüber. Ich mache einen Rundgang im Inneren der Kirche – nicht ganz zufällig: Der Kreuzweg wurde von Jérôme Mesnager gestaltet, der gequälte und gekreuzigte weiße Mann auf seinem Leidensweg ist ein berührender Anblick. Passender hätte man das offenbar beliebte Gotteshaus im alten Arbeiterviertel nicht dekorieren können.

Die Steigung wird jetzt deutlich sanfter, nach wenigen Minuten erreiche ich die Place Saint-Fargeau, höchste Zeit für eine Mittagspause. Müde von der nicht unanstrengenden Wanderung setze ich mich ins erstbeste Bistro, *Le Troquet*, und bestelle einen Croque Monsieur. Das ältere Paar an meinem Nebentisch verspeist selbst gemachte, mitgebrachte Sandwiches. Er hat sich ein Glas Bier dazu bestellt, sie einen Panaché, einen Radler. Ein Mittagessen, fast so billig wie zu Hause, und doch kommt man unter die Leute. In Österreich ist es undenkbar, sein Essen ins Café mitzubringen, ich finde das aber sympathisch. Hier ein einfaches Rezept für den Croque, ein typisches Bistro-Gericht:

CROQUE MONSIEUR

Zutaten für 4 Personen:
8 Scheiben Toastbrot
je 4 Scheiben Schinken und Emmentaler
100 g geriebener Hartkäse
Für die Béchamelsauce:
20 g Butter
20 g Mehl
30 cl Milch
Salz, Pfeffer, Muskatnuss

Der feine Unterschied zwischen dem „Croque" und einem gewöhnlichen Schinken-Käse-Toast: die Béchamelsauce. Für diese die Butter schmelzen, Mehl dazugeben und einige Minuten bei geringer Hitze unter ständigem Rühren anschwitzen, dann mit einem Schneebesen die Milch hineinrühren, aufkochen lassen, mit Salz, Pfeffer und (viel) geriebener Muskatnuss würzen. Auf der jeweils unteren Toastscheibe einen oder zwei EL Béchamelsauce verteilen, Schinken, Käse und zweite Toastscheibe darauflegen. Mit der restlichen Béchamelsauce übergießen und dem geriebenen Hartkäse bestreuen. Im vorgeheizten Backrohr bei 180 Grad Ober- und Unterhitze ca. 15 Minuten bräunen. Dazu gibt es Salat, der, wenn er nach Pariser Bistro schmecken soll, mit Dijon-Senf-Vinaigrette angerichtet wird. Mit einem Spiegelei darauf wird aus dem „Croque Monsieur" ein „Croque Madame". Dass gerade so einfache Gerichte von der Qualität der Zutaten leben (Brot beim Bäcker kaufen, Beinschinken beim Fleischer!), versteht sich von selbst.

Ich genieße die ausgiebige Pause, bestelle mir wie meine Tischnachbarn ein kleines Bier zum Essen – so ein „demi" ist ja nur ein Viertelliter, das geht auch zu Mittag –, trinke noch einen Kaffee und lese in Ruhe meine Zeitung. Durch die unspektakuläre Rue Haxo und die hübsche Rue Étienne-Marey geht es in Richtung Süden weiter. Die Place Octave-Chanute wirkt wie ein verträumter Dorfplatz, doch es kommt noch besser: Wieder einmal erreiche ich über eine Stiegenanlage eines dieser unerwarteten Pariser Dörfer auf einem kleinen Hügel mit kleinen Häuschen aus den 1920er-Jahren und gepflegten Vorgärten. Hier wurde früher einmal Gips abgebaut. Als die Vorstadt Charonne, auf deren Gebiet sich die Siedlung befindet, von Paris „geschluckt" wurde, kaufte die Genossenschaft „Campagne à Paris" den Hügel und ließ Häuser für Arbeiter und kleine Angestellte errichten. Heute wohnen hier eher wohlhabendere Menschen. Ich durchquere die Siedlung, die wie die ehemalige Genossenschaft passend „Land in Paris" heißt, und gelange durch die Rue de la Py mit ihren großzügigen historischen Gemeindebauten zur Place Édith Piaf, die zwar nicht besonders schön ist, aber natürlich gut ins zwanzigste Arrondissement passt.

Auf dem Weg ins Zentrum des alten Dorfes Charonne, das ich über die Rue Pelleport, die Rue de l'Indre und die Rue des Prairies erreiche, vermisse ich die Straßenkunst, die den Norden des Bezirks prägt – gerade diesen nicht sonderlich reizvollen Straßen würde sie guttun. Ich wähle den Chemin du Parc de Charonne und bummle durch den Friedhof zur alten Kirche, die leider gerade wegen Renovierungsarbeiten geschlossen ist. Unterhalb der Kirche beginnt die Rue Sainte Blaise, eine hübsche alte Straße, die mich auf einen Schlag wieder zurück zu meinem Thema bringt: Sie ist seit wenigen Jahren ein neuer Fixpunkt der Pariser Streetart-Szene: Patrick Emourgeon, den ich zufällig in Jérômes Atelier kennengelernt habe, betreibt hier seine Streetart-Galerie *Lithium*. Und wie das nun einmal so ist bei dieser Kunst, die nicht dafür gemacht ist, um in welche Rahmen auch immer zu passen: Längst ist sie aus der kleinen Galerie auf die Straße hinausgeschwappt, die Häuser und Türen ringsum sind verziert mit immer wieder neuen Bildern altbekannter und brandneuer Künstler – ein wunderbarer

Ort, um in dieses Universum einzutauchen, neue Namen kennenzulernen und im Gespräch mit Patrick sein Wissen zu erweitern. Heute ist er allerdings beschäftigt, ein schneller Kaffee muss genügen: Ein wenig später am Nachmittag beginnt eine Vernissage mit Bildern der jungen franko-bengalischen Künstlerin Sifat, deren abstrakte, grafische Bilder Einflüsse von Kandinsky und Picasso, Keith Haring und Roy Liechtenstein, aber auch eindeutig von Kalligrafie und „exotischen" Alphabeten beeinflusst sind.

Vorbei am *La Flèche d'Or*, einem bekannten, nicht übertrieben properen Konzertsaal in einem alten Bahnhof der Petite Ceinture, spaziere ich die Rue de Bagnolet entlang und biege bei der Rue de la Réunion in Richtung Père Lachaise. Ich möchte der *Mur des Fédérés*, an der bei der Niederschlagung der Pariser Kommune 1871 die letzten Aufständischen erschossen wurden, einen Besuch abstatten. Auch diese blutige Episode gehört zum Pariser Osten: Paris revoltierte gegen die Kapitulation Frankreichs nach dem Deutsch-Französischen Krieg, getragen wurde das 72 Tage dauernde Experiment einer selbst verwalteten sozialistischen Stadt vor allem von der Bevölkerung der proletarischen Bezirke. Tausende wurden bei der blutigen Eroberung der Hauptstadt durch die Regierungstruppen auf den Barrikaden und im Häuserkampf getötet, Tausende nach kurzem Prozess erschossen, Zehntausende in Strafkolonien in Übersee verbannt. Es ist der am wenigsten romantische Teil des an berühmten Toten, kuriosen Grabdenkmälern und romantisch überwucherten Sektionen so reichen Friedhofs: Mein Weg – nach dem seitlich gelegenen Eingang in Richtung rechts oben – führt an vielen KZ-Gedenkstätten vorbei.

Nachdenklich verlasse ich den Friedhof und schlendere noch ein wenig durch einen kleinen Park der Mauer entlang, in dem einige Schautafeln die Artenvielfalt der Pariser Grünräume erklären.

Bei der Vorbereitung dieses Spaziergangs habe ich die Straßen südlich des berühmten Friedhofs nach Mesnager-Figuren abgesucht, wurde aber an keiner der von ihm genannten Stellen in der Rue des Vignoles und ihren vielen netten Nebenstraßen fündig. Anfangs war ich enttäuscht, heute ist mir das nicht unrecht: Es war ein abwechslungsreicher, aber auch langer Weg, müde lasse ich mich auf der Terrasse des *Café L'Abribus* auf einen Stuhl fallen und bestelle eine „Tarte poire amandine chocolat", Wasser und Kaffee. Rezept bekomme ich keines, weil angeblich zu viel los ist, aber das macht nichts: Ich habe selbst eines, das ich uneingeschränkt empfehlen kann. Als ich das erste Stück der sehr guten Tarte probiere, fällt mein Blick zufällig auf die Auslage der Buchhandlung *Equipages* schräg gegenüber: Ein Mesnager-Männchen winkt von dort zu mir herüber.

TARTE POIRE AMANDINE CHOCOLAT

Zutaten:

1 Mürbteig aus 100 g Butter, 200 g Mehl, 50 g Zucker, 1 Prise Salz und 1 Ei
100 g geriebene Mandeln
100 g Zucker
100 g Butter
2 Eier
150 g Kochschokolade
3 Birnen
eine Handvoll gehobelte Mandeln zur Verzierung

Für den Mürbteig die Butter in kleine Stücke schneiden und mit Mehl, Zucker und Salz zwischen den Fingerspitzen einer Hand verreiben, bis die Mischung wie feuchter Sand aussieht. Dann das Ei dazugeben, rasch verkneten. In Frankreich „fräst" man den Teig: Man drückt ihn mit der Hand ganz flach auf den Boden der Arbeitsfläche oder der Rührschüssel, damit garantiert keine Butterstückchen unverknetet bleiben. Wieder zu einer Kugel rollen, den Vorgang wiederholen. Der Teig sollte – zur Kugel geformt und mit Frischhaltefolie umwickelt – vor der Weiterverarbeitung mindestens eine Stunde im Kühlschrank rasten.

In einer Schüssel die geriebenen Mandeln, Zucker und die geschmolzene Butter verrühren, die verquirlten Eier dazugeben, gut mischen. Eine gebutterte Tarte-Form mit dem Teig auslegen. Die Schokolade im Wasserbad schmelzen und den Teig damit bestreichen. Die Birnen schälen, in Spalten schneiden und kreisförmig darauflegen. Die Mandelmasse darüber gießen. Mit gehobelten Mandeln bestreuen, 30 bis 40 Minuten bei 160 Grad Ober- und Unterhitze backen. Funktioniert auch mit Kompottbirnen.

Orte zum Verweilen

Les bols d'Antoine:
10 Rue des Envierges, 75020 Paris. +33 6 83 38 18 18.

Moncœur Belleville:
1 Rue des Envierges, 75020 Paris. +33 1 43 66 38 54.
www.moncoeurbelleville.com

Le Vieux Belleville:
12 Rue des Envierges, 75020 Paris. +33 1 44 62 92 66.
www.le-vieux-belleville.com

Les Rigoles:
334 Rue des Pyrénées, 75020 Paris. +33 1 46 36 65 58.
www.resto-lesrigoles.fr

Bistro littéraire Les Cascades:
82 Rue des Cascades, 75020 Paris. +33 1 46 36 56 92. bar.cascades.free.fr

Boulangerie/Pâtisserie Liberté:
150 Rue de Ménilmontant. 75020 Paris. +33 1 46 36 13 82.
www.libertepatisserie-boulangerie.com

La Boca Loca:
3 Rue du Télégraphe, 75020 Paris. +33 6 24 54 52 02. Mi–So. 12–15 Uhr, 19–23 Uhr. Sehr gutes, aber nicht ganz billiges argentinisches Restaurant unweit der Route.

Le Troquet: *177 Avenue Gambetta, 75020 Paris. +33 1 40 30 51 07.*

L'Abribus Café: *56 Rue de Bagnolet, 75020 Paris. +33 1 43 71 78 18.*

Orte zum Vertiefen

Théâtre le Popul'air:
36 Rue Henri Chevreau, 75020 Paris. +33 1 46 36 74 15.
www.theatrepopulair.over-blog.com

Librairie l'atelier à côté:
3 Rue Constant-Berthaut, 75020 Paris (und gegenüber).
+33 1 46 26 62 77. www.librest.com

La Maroquinerie:
23 Rue Boyer, 75020 Paris. +33 1 40 33 35 05.
www.lamaroquinerie.fr

Théâtre de Ménilmontant:
15 Rue du Retrait, 75020 Paris. +33 1 46 36 98 60.
www.menilmontant.info

Galerie Lithium:
6 Rue Saint-Blaise, 75020 Paris. +33 6 72 71 88 31.
https://www.facebook.com/Galerie-Lithium-1620343614896797/

La Flèche d'Or:
102 bis Rue de Bagnolet, 75020 Paris. +33 1 43 14 20 64.
www.flechedor.fr

A	*Villa du Bel-Air*	J	*Cour Shaddock*
B	*Cité de l'immigration*	K	*Passage de Chantier*
C	*Square Charles Péguy*	L	*Bassin de l'Arsenal*
D	*ehemaliger Frachtenbahnhof Reuilly*	M	*Les Nautes*
E	*Mineralwasserbrunnen Jardin de Reuilly*	N	*Sportplatz Lycee Charlemagne*
F	*Avenue Ledru-Rollin*	O	*Paris Historique*
G	*Le Train bleu*	P	*Le Peloton*
H	*Marché d'Aligre*	Q	*Jardin des Rosiers*
I	*Bistrot du peintre*	R	*Le Loir dans la Théière*
		S	*Hotel de Sully*

Immigranten, Aristokraten und alte Gleise

Bis vor Kurzem war es noch verboten. Doch dann machten es so viele so hemmungslos in aller Öffentlichkeit, dass der Stadtverwaltung wohl gar nichts anderes übrigblieb, als den „illegalen", aber auch sehr beliebten Spazierweg auf der Petite Ceinture, der bei der Villa du Bel-Air beginnt, auch offiziell zu einem solchen zu machen: Wo früher an schönen Tagen unzählige Spaziergänger völlig ungeniert über den niedrigen Zaun neben der alten Bahntrasse kletterten, wird derzeit ein öffentlicher Zugang zur Petite Ceinture errichtet, die Bahnstrecke selbst gerade zum schmalen, aber langgestreckten Park umgebaut. Die Eröffnung ist für den August 2019 geplant. Manche bedauern das: Zum einen war es eben ein besonderes Pariser Vergnügen, am hellichten Tag über eine Absperrung zu klettern, danach festzustellen, wie viele andere das auch tun, und dabei wie selbstverständlich mit anderen Spaziergängern ins Gespräch zu kommen. Zum anderen befürchten viele Anrainer der Gebäude, die unmittelbar an den Gleisen liegen, um ihre Ruhe und Sicherheit. Und schließlich muss ein „richtiger" Spazierweg den schwierigen Spagat zwischen Sicherheitsnormen, Denkmalschutz und Barrierefreiheit zustande bringen – ein besonders kompliziertes Vorhaben also, das jedoch, soweit es die Bezirksvorstehung des zwölften Arrondissements präsentiert, eine aussichtsreiche Flanier- und Erholungsmeile verspricht,

Petite Ceinture

auf der es auch Gemeinschaftsgärten und einen Naturlehrpfad geben wird. Und Hand aufs Herz: So nett es auch war, mit anderen Spaziergängern ins Gespräch zu kommen – der kollektive Gesetzesbruch verbindet schließlich –, so wenig komfortabel war das Spazieren auf Eisenbahnschwellen und Schotter.

Wenn Sie dieses Buch in Händen halten, sollte es schon möglich sein, den Spaziergang über die Gleise in der Rue des Meuniers unweit der Métrohaltestelle Porte de Charenton zu beginnen und dann direkt in die – hier etwas später beschriebene – Coulée verte hinüberzuwechseln. Falls sich die Arbeiten jedoch verzögern sollten oder Sie Lust auf eine Unterbrechung haben, dann machen Sie es wie ich heute und beginnen Sie den Weg an der Porte Dorée: Im dort gelegenen ehemaligen Kolonialmuseum, einem imposanten Bau aus den späten 1920er-Jahren, befindet sich seit dem Jahr 2004 die *Cité nationale de l' histoire de l'immigration*. Das Museum, das sich mit der Geschichte der Einwanderung nach Frankreich beschäftigt, lohnt den Besuch, wenn auch die Ästhetik der Zwischenkriegszeit bei vielen zwiespältige Gefühle auslösen wird: Das Fassadenrelief offenbart einen ungebrochen kolonialen Blick auf die Welt, in der die Rollen der Diener und der Herrschenden klar vergeben sind, und auch die Fresken im Inneren, die „gute“ weiße Ärzte und Lehrer in Szene setzen, die den „Wilden“ den Fortschritt bringen, stimmen nachdenklich. So gesehen, ist der einstige *Palais Colonial*, der später zum „Museum für Übersee-Frankreich“ wurde, tatsächlich der richtige Ort für ein Immigrationsmuseum, wenn dieses auch seit seiner Eröffnung unter chronischem Finanzierungsmangel leidet.

Dass Frankreich in Sachen Immigration in Europa eine Sonderstellung einnimmt, erklären bereits einige Tafeln im Eingangsbereich: Während in Italien, Belgien, Deutschland, Irland oder Spanien Menschen vor dem Elend flüchteten und ihr Glück im Ausland suchten, machten in Frankreich niedrige Geburtenzahlen Immigration schon früh zu einer wirtschaftlichen Notwendigkeit. Zunächst kamen Belgier, dann Italiener, Deutsche und andere Europäer, später Zuwanderer aus den Kolonien beziehungsweise den aus ihnen hervorgegangenen unabhängigen Staaten. Eine Ausstellung im ersten Stock, in der es um Zäune, Mauern und sonstige Grenzen geht, führt thematisch von der Chinesischen Mauer über Hadrianswall und Klagemauer bis zu den neuen Grenzwällen, die gerade im Westjordanland zwischen israelischen und palästinensischen Gebieten errichtet werden. Sie zeigt aber auch das Mittelmeer als Todeszone, Fotos von Menschen im Wasser oder in den Wäldern des Balkans sowie die verlassenen Häuser der Geflohenen in den Kriegsgebieten des Nahen Ostens. Sehenswert ist auch die Dauerausstellung, die viele bekannte Franzosen als Migranten „outet“, darunter – wenig überraschend – viele Sportler, aber auch der im damals preußischen Köln geborene Jacques Offenbach.

Das Immigrationsmuseum ist kein Platz, an dem man ganze Tage verbringen kann, dafür ist es zu bescheiden dimensioniert. Doch selbst wenn man sich da und dort mehr Material wünschen würde, ist es unbestreitbar ein Ort des kollektiven, fundierten Nachdenkens über eine der großen Herausforderungen, denen sich die Gesellschaften Europas derzeit stellen müssen.

Coulée Verte

Stadteinwärts stoße ich nach wenigen Schritten in der Avenue Daumesnil bereits auf eine der stählernen Brücken der Petite Ceinture. Nur wenige Schritte sind es zur Rue Rottembourg Nr. 21, wo ich über den Square Charles Péguy die „Coulée verte" erreiche – Sie haben es womöglich, wenn alles nach Plan läuft, einfacher. Die Pariser sind zurecht stolz auf diesen besonderen „Grünstreifen", eine alte Bahntrasse, die bereits 1993 als Spazierweg ins Zentrum eröffnet wurde, gut fünfzehn Jahre vor dem berühmteren New Yorker High Line Park. Einst führte die Strecke zu einem Frachtenbahnhof an der Place de la Bastille, doch unter Präsident Mittérrand musste dieser der neuen Oper weichen. Hier draußen zwischen den Wohnblöcken des zwölften Arrondissements beginnt der Weg zunächst noch recht unspektakulär, wird aber rasch immer reizvoller. Ein Schild weist darauf hin, dass Jogger die Spaziergänger nicht behindern sollen. Der Weg führt durch Tunnel mit schönen Ziegelgewölben, die nicht mit kaltem Neonlicht, sondern freundlich gelb beleuchtet sind, und vorbei an Boule-Bahnen durch eine grüne Wildnis, die gerade genug gepflegt wird, um die Wege frei passierbar zu lassen, und dabei doch so gut wie unberührt wirkt – ein herrliches Gefühl ist das. Besprayte Mauern und verlassene Bahnhaltestellen tun ihr Übriges zur Romantik dieser grünen Achse im Herzen der Stadt.

Nach dem Jardin de Reuilly

Ein kurzer Abstecher empfiehlt sich bei der Rue Lambardie, wo man die Coulée verte über eine Stiege verlassen kann: Die nahe Heiliger-Geist-Kirche in der Avenue Daumesnil ist ein echter, auch vielen Parisern unbekannter Geheimtipp. Es handelt sich bei dieser zwischen 1928 und 1935 erbauten Kirche um eine etwas verkleinerte Replik der Hagia Sophia – und zwar aus Stahlbeton. Der schmale, hoch aufragende Eingangsturm aus Backstein täuscht: Nach wenigen Schritten in den Innenraum weitet sich das reich mit Fresken geschmückte Innere der Kirche spektakulär, mit offenem Mund und in den Nacken gelegtem Kopf spaziert man unter der 33 Meter hohen Kuppel hindurch. Die golden-bunten Fresken und der nackte Beton erzeugen eine zwar etwas düstere, aber auch magisch anmutende Stimmung.

Zurück auf der Coulée Verte erreiche ich nach einem Tunnel deren hässlichsten Abschnitt – der doch gleich zwei besonders klangvolle Namen trägt: Die Rue Brahms und die Allée Vivaldi ziehen sich durch ein Ensemble von klobigen Protzbauten aus den Achtzigerjahren. Doch mitten in der sterilen Stadtlandschaft findet sich das für Paris obligate gallische Dorf: Das von Gemeinschaftsgärtner-Hochbeeten umgebene Hauptgebäude des früheren Frachtenbahnhofs von Reuilly ist nicht nur hübsch anzusehen, sondern dient als „Carrefour des Associations parisiennes“ (CAP) den in Paris so verbreiteten gemeinnützigen Vereinen als Treffpunkt und als Raum für Vorträge und Debatten. Heute Abend auf dem Programm: Ein Vortrag mit anschließender Diskussion zum Thema „Klimawandel und Migration“ – genau passend zum Museumsbesuch von vorhin und gleichzeitig ein Thema, das uns noch lange beschäftigen wird.

Ich spaziere an einem eher kühlen Frühlingstag die Bahntrasse entlang stadteinwärts, doch sollten Sie sommers unterwegs sein, könnte der Jardin de Reuilly zur wichtigen Labestelle werden. Hier kann man prickelndes Mineralwasser gratis von einem Brunnen zapfen, eine Trinkflasche sollte man aber auf jeden Fall dabeihaben. Eine Brücke führt über den erstaunlich sattgrünen Rasen des Parks, der Weg verläuft durch ein gleichsam durchgeschnittenes modernes Gebäude, ein toller Anblick.

Je weiter man ins Zentrum kommt, umso dichter wird die urbane Landschaft der Umgebung und desto näher rücken die Wohnhäuser – es muss seltsam sein, im dritten oder vierten Stock zu wohnen und Fußgänger nur wenige Meter vom Wohnzimmerfenster entfernt vorbeispazieren zu sehen. Kurios ist der Anblick eines in den späten Achtzigerjahren erbauten Polizeikommissariats am Eck zur Rue Rambouillet: Wie eine Stein gewordene Werbung für Deodorants heben Dutzende unterhalb des Dachs angebrachte riesige Statuen im obersten Stockwerk die Ellbogen. Es handelt sich um Reproduktionen von Michelangelos Statue „Der sterbende Sklave“. Angeblich wollten die Architekten Manuel Nuñez Yanowski und Miriam Teitelbaum damit ausdrücken, dass die darin arbeitenden Beamten Sklaven des Gesetzes sind. Nun ja.

Je weiter ich ins Zentrum komme, desto verspielter wird die Dachlandschaft. Die ganze schwere Pracht der Belle Époque lässt sich aus erhöhter Perspektive gut betrachten, man vermeint förmlich, Jacques Offenbach im Hintergrund zu hören, diesen preußischen Immigranten, ohne dessen Melodien das Pariser neunzehnte Jahrhundert so völlig anders in der kollektiven Erinnerung verankert wäre. Bei der Avenue Ledru-Rollin, einer von Haussmann durch die alte Stadt gehauenen Schneise, verlasse ich den Spazierweg, um einen Abstecher in Richtung Gare de Lyon zu unternehmen. Ich gehe die Rue de Lyon entlang in Richtung Bahnhof, eine todschicke, teure Straße voller eleganter Boutiquen. Einen reizvollen Kontrast dazu würde die Rue Crémieux bieten, eine putzige Straße mit für Paris untypischen mitteleuropäisch-bunten Häuschen, die so gar nicht in die Umgebung passen will. Mittlerweile sollte man sie allerdings meiden: Sie wurde von Influencern als Selfie-Hintergrund populär gemacht, weshalb die Straße nun von unzähligen Nachahmern gestürmt wird. Die Anrainer sind völlig überfordert mit den Menschenmassen, sogar eine Straßensperre für Nicht-Bewohner ist im Gespräch. Es ist also sicher besser, die von dieser besonders hirnlosen Variante des Overtourism geplagten Menschen in Ruhe zu lassen.

In der Nähe des Bahnhofs umfängt mich dann die schwere, wuchtige Symphonie aus ockerfarbenem Sandstein und blauschwarzem Schiefer des Pariser neunzehnten Jahrhunderts. Im Bahnhof werfe ich einen Blick ins Restaurant *Le Train bleu*, ein Bahnhofsrestaurant, wie es sie auch nur in Paris gibt: unglaublich elegant, aber auch absurd teuer. Es gibt auf der Karte nur eine einzige Vorspeise unter zwanzig Euro – ob die Kürbissuppe das Geld wert ist, werde ich nie erfahren.

Die Rue Abel führt mich, diesmal unter der Coulée verte René-Dumont hindurch, zum Marché d'Aligre, einem besonders netten Pariser Markt, in dessen Zentrum eine runden Halle mit verlockenden Auslagen liegt. Auch der „normale“ Straßenmarkt quillt nur so über, dahinter wird täglich außer montags einer der seltenen innerstädtischen Flohmärkte abgehalten. Ein Hauch von Wochenende liegt hier auch während der Woche in der Luft, aber ebenso ein Duft nach Brathuhn, der mich so hungrig macht, dass ich auf den geplanten Apéro in der Weinbar

Bistrot du Peintre

Le Baron Rouge, einer stadtbekannten Institution, verzichte. Durch die Rue d'Aligre gelange ich zur Rue du Faubourg Saint-Antoine, die in den letzten Jahren von den großen Ketten erobert wurde. Oft bilden die Logos teurer Marken einen merkwürdigen Kontrast zur an sich bescheidenen Architektur der alten Vorstadt, einem der Zentren der Revolution von 1848: 65 Barrikaden blockierten im Faubourg den Vormarsch der Regierungstruppen, eine nach der anderen wurde blutig erobert. Bis vor wenigen Jahren prägten vor allem Tischler und auvergnatische Wirte und Kohlenhändler den Faubourg. Einige Spuren der alten Tradition kann man noch sehen, etwa in der Passage de la main d'or, wenige Schritte stadteinwärts, wo über dem Eingang eines elegant gewordenen Restaurants noch „Bois – Charbon – Vins – Liqueurs" steht: Holz, Kohle, Wein und Schnaps, eine ehemalige auvergnatische Wärmestube.

Der Square Trousseau, an dem ich nun vorbeigehe, war wohl schon immer elegant, wovon schwere, aber gediegene Fassaden zeugen. Hier hat niemand Stuck aus Gips an die Häuser geklebt, die Schnörkel sind aus Stein gehauen. Ich biege in die Avenue Ledru Rollin, die ich heute schon aus der Vogelperspektive gesehen habe, halte mich auf Nr. 109 trotz der schönen Wandfliesen nicht in einer sehenswerten Bäckerei auf, da ich mein Ziel schon vor Augen habe: das *Bistrot du Peintre*, eines der schönsten Belle-Époque-Restaurants, das man sich nur vorstellen kann. Die Vertäfelungen, das viele Bugholz, die prachtvollen Fenster – alles ist im Original erhalten und doch ist es weder besonders teuer noch tut man hier auf vornehm. Die Kellner tragen Jeans und T-Shirt und bringen das seltene Kunststück zuwege, ihre Gäste bei aller lässigen Ungezwungenheit freundlich und aufmerksam zu betreuen. In diesem Restaurant habe ich mich noch bei jedem meiner Besuche wohlgefühlt und stets hervorragend gegessen. Da das Wetter heute für meinen Geschmack allzu erfrischend ist, bestelle ich mir ein wärmendes Gericht: Geschmortes Schulterscherzel mit Karotten und Püree, auch das zählt zu den französischen Klassikern, schmeckt hier großartig und zergeht förmlich auf der Zunge.

Küchenchef ist seit eineinhalb Jahren eine dynamische junge Frau namens Géraldine, die mir gern ihr denkbar unkompliziertes Rezept überlässt.

PALERON DE BŒUF BRAISÉ AUX CAROTTES

Zutaten:
1 Schulterscherzel
Öl zum Anbraten
2–3 Zwiebeln
5–6 Karotten
Thymian, Lorbeer, Petersilie, zusammengebunden
Salz, Pfeffer

Für das Püree:
1,5 kg mehlige Kartoffeln (zum Beispiel Agria)
250 g Butter
1 l Milch
Salz, Muskatnuss

Das Fleisch salzen, rundherum im Öl scharf anbraten, grob gewürfelte Zwiebeln und in Scheiben geschnittene Karotten dazugeben, anschwitzen. Das Wasser halb hoch angießen, den Kräuterstrauß dazugeben. Bei maximal 150 Grad Ober- und Unterhitze etwa drei Stunden lang im Backrohr schmoren lassen, das Fleisch dabei immer wieder übergießen.

Das Fleisch vor dem Servieren in Scheiben schneiden, den Bratensaft abschmecken, wenn gewünscht, einige kalte Butterstücke hineinrühren. Mit Karotten anrichten und mit etwas Bratensaft übergießen, dazu gibt es Püree: Dafür die Kartoffeln kochen, schälen, durch die Flotte Lotte drehen oder stampfen. Butter schmelzen, Kartoffelbrei dazugeben, mit der heißen Milch verrühren und würzen. Der von Joël Robuchon propagierten Methode, genauso viel Butter wie Kartoffeln zu verwenden, kann Géraldine wenig abgewinnen!

Auf der anderen Seite der Avenue Ledru Rollin beginnt die Welt von Cédric Klapisch, der mit Filmen wie „Chacun cherche son chat“ das *Pause Café* und das Viertel rundherum berühmt gemacht hat. Das ist auch wirklich pittoresk, die etwas überkandidelten Läden schrecken mich aber eher ab. Tischler gibt es nur noch wenige. Ich spaziere die Rue de Charonne entlang, werfe einen Blick in die Rue de Lappe, eine der zentralen Partymeilen des Bastille-Viertels, die untertags friedlich vor sich hinzudösen scheint. Das *Bistrot les Sans Culottes* sieht malerisch verwittert aus, ich gehe auf einen Kaffee an der Bar hinein. Auch innen versetzt es einen ins vorvorige Jahrhundert, wobei ich nicht ganz sicher bin, ob alles hier drin wirklich so alt ist, wie es aussieht, oder „auf alt“ gestaltet wurde. Weder der Wirt noch die Angestellte, die eine zweifellos uralte Kaffeemaschine bedient, haben Lust darauf, meine Fragen zu beantworten. Dennoch hat das Lokal, in dem abends die Hölle los sein dürfte, einen ganz eigenen Charme.

Zurück in der Rue du Faubourg Saint-Antoine mache ich mich daran, ein paar der für die Gegend typischen Innenhöfe zu erkunden und zögere nicht, als das Tor auf Nummer 75

Passage du Chantier

gerade für einen Paketboten geöffnet wird, hinter ihm hineinzuschlüpfen: Mehrere grüne Innenhöfe reihen sich hier aneinander, man wohnt hier von der manchmal allzu belebten Rue du Faubourg Saint Antoine völlig abgeschirmt. Etwas belebter ist der Innenhof des Nebenhauses, die *Cour Shaddock* auf Nummer 73. In alten Werkstätten arbeiten Künstler und Werbegrafiker. Der Innenhof auf Nummer 74 ist gerade eine Baustelle: Eine ehemalige Manufaktur mit sehenswertem Schlot wird in ein Wohngebäude umgewandelt, wohl eines der nicht ganz billigen Sorte. Die Passage auf Nummer 66 ist der letzte Ort, der die Handwerkstradition des Viertels noch erahnen lässt. In der Passage du Chantier werden noch Möbel restauriert, es gibt aber auch Kunst und Design zu kaufen.

Ich gehe vorn an der Bastille-Oper vorbei und werfe einen Blick auf die Juli-Säule, die man im Andenken an die Revolution von 1830 errichtet hat. Auch dieser Platz verändert sich gerade grundlegend, während ich an diesem Buch arbeite: Sieben große Pariser Plätze wurden und werden gerade umgestaltet. Die Vorgabe an die Arrondissements, mit der die Stadt die entsprechenden Förderungen verknüpfte: Es müssen nach dem Umbau mindestens fünfzig Prozent mehr Platz für Fußgänger und Radfahrer zur Verfügung stehen. Den Rest entschieden die Bezirke gemeinsam mit den Bürgern in teils recht langwierigen Beteiligungsverfahren. An der Place de la Nation lässt sich das Ergebnis bereits bestaunen: Aus einem riesigen Kreisverkehr wurde ein riesiger Park. Ähnliches steht an der Bastille bevor: Der Kreisverkehr wurde unterbrochen, es wird viel mehr Platz für Fußgänger geben. Bürgermeisterin Anne Hidalgo wählte übrigens das Beispiel des Bastille-Kreisverkehrs, um die Notwendigkeit des Umbaus zu veranschaulichen: Mitten in der vielspurigen, unübersichtlichen Verkehrshölle stellte sie vor Journalisten die rhetorische Frage: „Wo soll hier ein Platz sein? Ich sehe keinen."

Wie der fertige Platz dann einmal aussieht, wird man in den nächsten Monaten langsam erkennen können, ich suche mir einen Weg an den Bauzäunen vorbei und biege in den Boulevard de la Bastille, wo ein Weg hinunter zum Bassin de l'Arsenal führt. Wo heute ein verträumter Park die Besucher des Pariser Jachthafens empfängt, befand sich bis 1789 noch ein Teil der weitläufigen Bastille-Festung. Erst nach der Revolution wurde das aktuelle Becken angelegt. Als 1825 mit dem Canal Saint-Martin eine neue Wasserstraße durch Paris eröffnet wurde, entwickelte sich das Bassin zu einem wichtigen Handelshafen, vor allem Wein, Holz und Getreide wurden hier abgeladen. So gesehen, passt es genau zu meinem Weg von heute Vormittag, die Coulée verte war schließlich auch einmal eine Strecke für Güterzüge. Das Hafenbecken ist im Gegensatz zur Bahnstrecke nach wie vor in Verwendung, wenn auch für eine ganz andere Art von Booten. Ich überquere das Bassin über den Fußgängersteg, am anderen Ufer geht es über ein paar Stufen wieder hinunter zum Wasser. Schöne Jachten liegen vor Anker; würde hinter den Masten nicht die Juli-Säule hervorschauen, könnte man glatt vergessen, dass man sich mitten in Paris befindet. Am Wasser gehe ich Richtung Seine, unter den imposanten Stahlträgern des Pont Morland hindurch, und bleibe überwältigt von der Aussicht stehen: Unvermutet kommt die prächtige Kehrseite von Notre-Dame in mein Sichtfeld, rechts davon die Île Saint-Louis, unmittelbar vor mir liegen Restaurant-Schiffe vor Anker. Auf den Stufen sitzen Pariser mit Kaffeebechern und Sandwiches – ein friedlicher Ort mit überwältigender Aussicht mitten in der Stadt, von Touristen unentdeckt, sieht man von den Passagieren des Canauxrama-Bootes ab, das gerade an mir vorbeifährt. Der nächsten Brücke sieht man ihre ehemalige Verwendung noch an, einmal mehr bewege ich mich auf einer alten Verkehrsachse, die ihre ursprüngliche Bestimmung verloren hat: Bis 2016 führte hier die vierspurige Schnellstraße am Seine-Ufer hindurch, eine lärmige Hauptverkehrsroute mitten durch den Stadtkern. Bürgermeisterin Hidalgo musste einen zähen Kampf gegen die Autolobbys führen, um die Stadtautobahn, die der damalige Premierminister Georges Pompidou 1967 persönlich am Steuer seines Porsche eingeweiht hatte, in eine Fußgängerzone umzuwandeln. Ihr Argument, die Verkehrsberuhigung sei aus Umweltschutzgründen notwendig, wurde von ihren poltischen Gegnern erfolgreich juristisch bekämpft, da sich unmittelbar nach der Sperre für den Autoverkehr keine signifikante Verbesserung der Luftqualität nachweisen ließ. 2018 wurde die Sperre für ungültig erklärt, doch Hidalgo gab nicht auf und verfügte eine neuerliche Sperre der Straße, diesmal mit der Begründung, eine Schnellstraße sei mit dem Prädikat „Weltkulturerbe“, mit dem die Unesco die Seine-Ufer ausgezeichnet hatte, unvereinbar. Diesmal folgten die Richter der Argumentation der streitbaren Bürgermeisterin, die Schnellstraße ist definitiv Geschichte.

Ich spaziere bis zum Café *Les Nautes* am Wasser entlang, einem offenbar sehr beliebten Treffpunkt mit rammelvoller Terrasse am Wasser. Es wurde in einem ehemaligen Hafengebäude eröffnet und hat sowohl am unteren Seine-Ufer als auch am deutlich höher gelegenen Quai einen Eingang. Vom Innenraum, in den ich einen Blick werfe, kann man die Aussicht auf die aus dem siebzehnten und achtzehnten Jahrhundert

Blick nach dem Pont Morland

stammenden Fassaden der Île Saint-Louis genießen. Den verlockenden Bummel die Seine entlang hebe ich mir jedoch für ein anderes Mal auf. Ich kehre dem Fluss den Rücken und gelange durch die Rue du Fauconnier zur schönsten Marmeladenfabrik der Welt, dem spätgotischen Hôtel de Sens, einem der prächtigsten dieses an schönen Stadtschlössern so reichen Viertels. Nach der Revolution von 1789 wurden die vormaligen Eigentümer der vielen Adelssitze beziehungsweise „Hôtels particuliers" enteignet und die Gebäude für Industrie und Handwerk genutzt. Die gut sichtbare Kanonenkugel in der Fassade des Schlösschens erinnert hingegen an die Revolution von 1830.

Einen Blick werfe ich noch zum Sportplatz des Lycée Charlemagne gleich nebenan. Die alte Mauer, neben der die Schüler des noblen Gymnasiums Basketball trainieren, ist ein Stück der Stadtmauer Philippe Augustes und stammt aus dem zwölften Jahrhundert, was die jungen Sportler relativ kaltzulassen scheint. Durch die Rue du Figuier und die Rue Charlemagne gehe ich weiter stadteinwärts und genieße die Schönheit dieses uralten Viertels und seiner steinernen, cremefarbenen Hausfassaden. Die Auslagen sind voll elegantem Wohndesign, angesagter Mode und edler Antiquitäten, alles unglaublich teuer. In der Rue François-Miron stehen zwei pseudo-mittelalterliche

Fachwerkhäuser, die viele für die ältesten der Stadt halten. Wer es genauer wissen will, der betrete wie ich die Maison d'Ourscamp schräg gegenüber. Hier ist die Association „Paris Historique" zu Hause, ein sehr aktiver privater Denkmalschutzverein, wo man viel Wissenswertes über die Stadtgeschichte erfahren kann, etwa über die Loi Malraux von 1962. Kulturminister André Malraux rettete damals genau den Teil des Marais, den ich gerade durchquert habe, vor den seit Langem feststehenden Plänen, das als nicht sanierbar geltende Viertel weitgehend zu schleifen. Eine von Le Corbusier geplante Verbauung sollte die alten Häuser ersetzen. Unter dem Stichwort „Îlot 16" findet man diese Pläne leicht im Internet: Riesige, im Raster angeordnete Türme mit kreuzförmigem Grundriss würden heute anstelle der Adelsschlösschen und alten Steinhäuser stehen. Malraux stellte jedoch klar, dass nicht nur einzelne Gebäude schützenswert sind, sondern auch Ensembles, die zwar womöglich kein einzelnes besonderes Baudenkmal umfassen, aber das Stadtbild ausmachen. „Sie sind die Kulissen eines Traums, den Paris der Welt schenkte", so der ehemalige Abenteurer, Schriftsteller, Spanienkämpfer und Resistance-Veteran, der zum Minister Charles de Gaulles geworden war. Malraux bewahrte das Marais vor dem Abriss, aber auch das Erscheinungsbild vieler weiterer Stadtviertel, die für uns nach wie vor das „eigentliche" Paris ausmachen.

Achthundert Jahre ist der Gewölbekeller alt, in den mich Madame Blavy von „Paris Historique" führt, da kann man schon etwas ehrfürchtig werden. Zisterziensermönche aus einem Kloster ein Stück weit nördlich von Paris lagerten darin Lebensmittel, die zum Verkauf auf den Pariser Märkten bestimmt waren. Den sehenswerten Fachwerkinnenhof des heute denkmalgeschützten Gebäudes haben die Mitglieder des Vereins in unzähligen Arbeitsstunden ehrenamtlich restauriert. Als die drohende Schleifung des Straßenzugs abgewendet war, galt das Ourscamp-Haus als einziges in der Straße als dennoch zu baufällig für eine

Marais Fassade

Restaurierung. Der Verein schlug der Stadt vor, diese Arbeit im Gegenzug zu einer günstigeren Miete selbst zu erledigen. Die Stadt willigte ein. 25 Jahre dauerten die Arbeiten, das Resultat kann heute besichtigt werden. Genauso stolz wie auf die gelungene Rettung des Hauses ist der Verein auf die zahlreichen juristischen Erfolge, die er gegen Abrissprojekte feiern konnte. Mir kommt angesichts der Leidenschaft, mit der von den Freiwilligen des Vereins das architektonische Erbe der Stadt gegen die krude Investorenlogik verteidigt wird, ein Spruch G. K. Chestertons in den Sinn: „Die Menschen liebten Rom nicht, weil es großartig war. Rom war großartig, weil die Menschen es liebten." Wenn es nur so einfach wäre … Gerade das Marais, ein ehemaliges Kleine-Leute-Viertel, führt einem vor Augen, wie mit der Aufwertung der alten Viertel auch ein Bevölkerungsaustausch einhergeht, mittlerweile als „Gentrifizierung" bekannt. Die von Malraux als „Kulissen eines Traums" bezeichnete Stadtlandschaft droht heute, wo mehr und mehr Wohnungen ausschließlich an Touristen vermietet werden, tatsächlich zur Kulisse zu werden – ein Albtraum. Umso wichtiger sind wohl Läden wie die Épicerie Izraël, nur ein paar Schritte stadteinwärts. Ein nur auf den ersten Blick chaotischer, ausgezeichnet sortierter Feinkostladen, vollgeräumt mit Spezialitäten aus dem Nahen Osten, in dem ich immer wieder ein Gläschen Ras el Hanout oder wenigstens ein paar Oliven kaufe.

In der Rue du Pont Louis-Philippe kann man ermessen, welcher Brutalität es bedurft hätte, die bereits in den 1920er-Jahren geschmiedeten Abrisspläne umzusetzen. Ich kann mich kaum sattsehen an den Auslagen dieser Straße, in denen man alte Musikinstrumente und teures Design bewundern kann, die edlen Speisesäle des Restaurants *Julien*, die schicken Leihräder des Fahrrad-Cafés *Le Peloton* oder die bombastischen Crèmetorten der Pâtisserie *Merveilleux*, deren Stammhaus in Lille steht. Mich führt mein Weg regelmäßig ins Papiergeschäft *Papier Plus*, einen verwinkelten Laden mit einer geschickt eingepassten Wendeltreppe, in dem ich vornehm in Seidenpapier gewickeltes Briefpapier kaufe, das sich zu Hause in meiner Schreibtischlade stapelt.

Ich kehre dem Pantheon, auf das man von der Straße aus einen guten Blick hat, den Rücken und spaziere in Richtung Rue des Rosiers, der Hauptstraße des jüdischen Paris. 2014 wurde auf Nummer 10 ein neuer Park eröffnet, der *Jardin des Rosiers-Joseph-Migneret*. Sein Name erinnert an einen Résistance-Kämpfer, der zahlreiche jüdische Kinder vor der Ermordung durch die Nazis rettete. Eine Tafel im Eingangsbereich hält die Namen deportierter Kinder aus dem Marais fest, die noch zu klein für die Schule waren, weswegen es keinen anderen Ort gibt, an dem ihrer gedacht wird. Ich lese die Namen der Kleinkinder und Babys sowie die Altersangaben. Begreifen kann man angesichts dieser Schicksale nichts, nur trauern. Der neue Park ist ein guter Ort, um kurz innezuhalten, doch trotz der bedrückenden Erinnerung an die gar nicht so weit zurückliegende Barbarei in unmittelbarer Nähe ist er ein heiterer Ort. Durch die Zusammenlegung mehrerer Innenhöfe ist mitten im dicht bebauten Marais eine grüne Ruheoase mit verschiedenen Niveaus und Bereichen entstanden, wie sie schöner nicht sein könnte. Ein herrlich gewachsener alter Feigenbaum hat es mir besonders angetan, auch

Gemeinschaftsgärten gibt es, von einer weiteren der unzähligen Pariser Associations betrieben. Ein entspannender, friedlicher Ort, der einen die Shoppingwelt da draußen eine Weile vergessen lässt. Innerlich zur Ruhe gekommen, verkraftet man auch den Schock leichter, dass das traditionsreiche Restaurant Jo Goldenbergs schräg gegenüber, das jahrzehntelang für seine mitteleuropäisch-jüdische Speisekarte berühmt war, heute eine Filiale des Baumarktes *Le Roy Merlin* ist.

Unverwüstlich scheint dagegen das nach dem Siebenschläfer aus Alice im Wunderland benannte Café-Restaurant *Le Loir dans la Théière* zu sein. Seit knapp zwanzig Jahren komme ich regelmäßig hierher, Veränderung ist mir noch nie eine aufgefallen: Noch immer stehen die gleichen alten Ledermöbel drin, man isst unverändert gute Quiches und Tartes zu Mittag, die Schlange am Sonntag ist stets abschreckend lang – ein „Geheimtipp" ist dieses Lokal jedenfalls schon lange nicht mehr, es dürfte in sämtlichen US-amerikanischen Paris-Reiseführern stehen, Pariser sieht man hier kaum. Macht nichts: Kommt man nachmittags vorbei, ist es nicht schwer, einen Tisch zu finden, und man wird auch nicht wie mittags von Wartenden mit ungeduldigen Blicken bombardiert, wenn man noch ein wenig in der Zeitung oder in seinen Notizen blättert. Immer wieder spektakulär ist der Anblick des Kuchenbuffets, in dessen Zentrum die „Tarte au citron meringuée" thront. Dieses Kultdessert des Hauses für eine Person zu bestellen, wäre ein schwerer Fehler: Zwei Erwachsene werden locker satt von dem zitronigen Eischaum- und Zuckerberg, der da von seinem Mürbteigboden in schwindelnde Höhen wächst. Das Rezept dafür ist streng geheim, in Internetforen wird vermutet, dass es ohnehin auf einen Irrtum oder Unfall zurückgehen muss, da kein vernünftiger Pâtissier derartig viel Eischaum auf einen einzigen Tarteboden gekippt hätte. Wie dem auch immer sei: Hier ein Rezept, das bestimmt auch üppig genug ist, aber mit nur einem Bruchteil der Ei- und Zuckermenge der Loir-Tarte auskommt.

TARTE AU CITRON MERINGUÉE

Zutaten:
1 Mürbteig aus: 100 g Butter, 200 g Mehl, 50 g Zucker, 1 Prise Salz, 2 Dotter, etwas Wasser

Für die Zitronencreme und Meringe:
3–4 Zitronen
2 Eier, 2 Dotter und 4 Eiklar
300 g Zucker
1 EL Maizena
1 Prise Salz

Für den Mürbteig die Butter in kleine Stücke schneiden und mit Mehl, Zucker und Salz zwischen den Fingerspitzen einer Hand verreiben, bis die Mischung wie feuchter Sand aussieht. Dann die Dotter und etwas Wasser dazugeben, rasch verkneten. In Frankreich „fräst" man den Teig: Man drückt ihn mit der Hand ganz flach auf den Boden der Arbeitsfläche oder der Rührschüssel, damit garantiert keine Butterstückchen unverknetet bleiben. Wieder zu einer Kugel rollen, den Vorgang wiederholen. Der Teig sollte – zur Kugel geformt und mit Frischhaltefolie umwickelt – vor der Weiterverarbeitung mindestens eine Stunde im Kühlschrank rasten.

Den Mürbteig 15–20 Minuten bei 180 Grad Ober- und Unterhitze blind backen: Die gebutterte Form damit auslegen, den Teig mit der Gabel anstechen, mit Backpapier und trockenen Hülsenfrüchten belegen, damit er flach bleibt. Auskühlen lassen. Die fein geriebene Schale der Zitronen mit ihrem Saft vermischen. Die Eier mit den zwei Dottern und 150 g Zucker schaumig schlagen, Zitronensaft und Maizena dazugeben. Bei mittlerer Flamme rühren, bis die Creme spürbar eindickt. Auf dem gebackenen Tarteboden verteilen. Die Eiklar zunächst mit der Prise Salz schlagen, dann weitermixen und dabei den restlichen Zucker langsam dazugeben, bis der Schnee glänzend wird. 10–15 Minuten im Rohr goldbraun backen.

Place de Vosges

In der Rue Rue Pavée bleibe ich kurz vor Hausnummer 10 stehen: Es handelt sich um eins der wenigen Beispiele für eine Jugendstil-Synagoge, erbaut aus Stahlbeton, entworfen von niemand anderem als dem Architekten der Pariser Métro-Eingänge, Hector Guimard. Vollendet wurde der von aschkenasischen Immigranten in Auftrag gegebene Bau im Juni 1914. Nur ein paar Schritte sind es noch bis zur Rue Saint Antoine Nummer 62, wo ich einen der schönsten Pariser Durchgänge jedes Mal aufs Neue genieße: das Hôtel de Sully, in der Übergangszeit zwischen Renaissance und Barock erbaut und von einer Heiterkeit und Harmonie, die das Durchqueren des kleinen Parks automatisch zum Lustwandeln werden lassen. Wenige Augenblicke später stehe ich unter den Arkaden der Place des Vosges – für mich der beste Weg, um auf diesen erhebenden Platz zu gelangen. Wir verdanken ihm einem weiteren Immigranten: Henri IV. begann seine Karriere schließlich als zugereister Protestant aus dem damals souveränen Béarn, der sich noch dazu per Scheinehe auf den Königsthron schwindelte. Ein guter Schlusspunkt für meinen Spazierweg von der Cité nationale de l'histoire de l'immigration ins aristokratische Herz der Stadt.

Orte zum Verweilen

Le Bistrot du Peintre:
116 Avenue Ledru Rollin, 75012 Paris. +33 1 47 00 34 39.
www.bistrodupeintre.com

Le Baron Rouge:
1 Rue Théophile Roussel, 75012 Paris. +33 1 43 43 14 32.
Weinbar und -handlung am Marché de l'Aligre, sehr beliebt zum Apéro

Les Nautes: *1 Quai des Célestins, 75004 Paris. +33 1 42 74 59 53.*
www.lesnautes.paris

Le Peloton: *17 Rue Pont Louis Philippe, 75004 Paris. +33 6 24 58 02 15.*
www.bikeabouttours.com
Café mit Fahrradverleih. Oder umgekehrt!

Le loir dans la Théière:
3 Rue des Rosiers, 75004 Paris. +33 1 42 72 90 61.

Vins des Pyrénées:
25 Rue de Beautreillis, 75004 Paris. +33 1 42 72 64 94.
www.vinsdespyrenees.com
Nicht weit von der Route gelegenes Restaurant, vor über hundert Jahren als Weinhandlung gegründet. Verlässlich gute Küche aus dem französischen Südwesten, abends voll und fröhlich.

Marché des Enfants Rouges: *39 Rue de Bretagne, 75003 Paris.*
Einige Minuten zu Fuß von der Place des Vosges entfernt liegt einer der ältesten Märkte der Stadt mit überdachten Ständen und sehr gutem Bio-Angebot. Hier kann man sehr gemütlich Couscous oder einfache Bio-Gerichte in entspannter Atmosphäre essen.

Orte zum Vertiefen

Musée national de l'histoire de l'immigration:
293 Avenue Daumesnil, 75012 Paris. +33 1 53 59 58 60.
www.histoire-immigration.fr

Carrefour des Associations Parisiennes:
181 Avenue Daumesnil, 75012 Paris. +33 1 55 78 29 30.
www.cap.poledoc.fr

Épicerie Izraël:
30 Rue François Miron, 75004 Paris. +33 1 42 72 66 23.

Papier Plus:
9 Rue du Pont Louis-Philippe, 75004 Paris. +33 1 42 77 70 49.
www.papierplus.com

Maison Ourscamp/Paris historique: *44–46 Rue François Miron, 75004 Paris. +33 1 48 87 74 31.*
www.paris-historique.org

Merci: *111 Boulevard Beaumarchais, 75003 Paris.*
www.merci-merci.com
Fairtrade und Nachhaltigkeit werden in diesem Concept-Store großgeschrieben, der auf drei Etagen in einer alten Tapetenfabrik Platz gefunden hat. Es gibt zwei Cafés und eine Kantine, das Sortiment reicht vom Biogrillanzünder bis zum bolivianischen Recycling-Fairtrade-Trinkglas.

Musée Carnavalet:
16 Rue des Francs Bourgeois, 75003 Paris, +33 1 44 59 58 58.
Sehr sehenswertes Museum für Pariser Stadtgeschichte – derzeit laufen Renovierungsarbeiten, die Ende 2019 abgeschlossen sein sollen.

La petite Ceinture

La petite Ceinture:
Stück für Stück wird die alte Eisenbahnstrecke vom Drogen- und Obdachlosentreff zum Naherholungsraum. In einschlägigen Internetforen beklagen „Urban Explorers“ den Verlust ihrer alten Abenteuerspielplätze, doch es gibt noch ein wenig Trost für alle, die den noch ursprünglichen rauen Charme der verfallenden Bahnstrecke entdecken wollen: Im Parc des Buttes Chaumont im neunzehnten Arrondissement befindet sich unweit des Eingangs bei der Rue de Crimée ein leicht zu findender Zugang. Man hält sich nach dem Eingang links und folgt einfach dem Trampelpfad, der vom Spazierweg kurz vor der Brücke im Park abbiegt, in Richtung Gleis. Eine Lücke im Zaun steht stets offen, nach wenigen Schritten erreicht man die Gleise und findet sich inmitten eines urbanen „Lost place“. Die Brückenpfeiler sind voll sehenswerter Graffiti, es liegt aber auch viel Müll sowie die Überreste von Obdachlosenlagern herum, viele davon tragen Brandspuren, und auch einige Ratten wuseln durch die Abfälle – was viele Pariser nicht von einem kleinen Abenteuerspaziergang abhält. Betreten ist natürlich verboten!

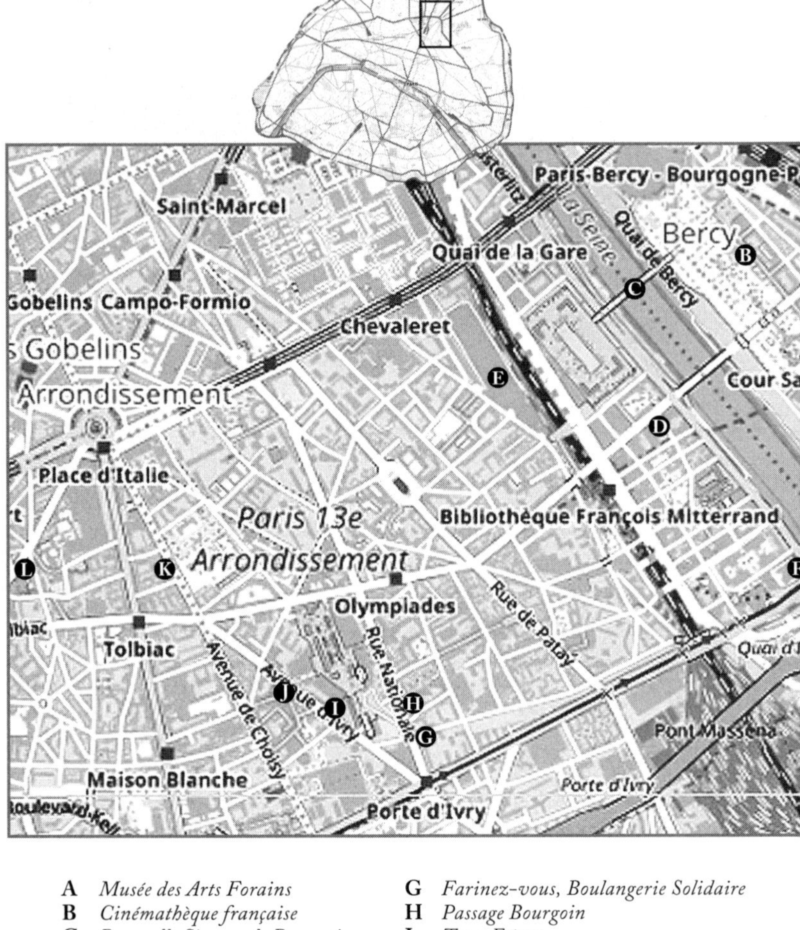

A	*Musée des Arts Forains*	G	*Farinez-vous, Boulangerie Solidaire*
B	*Cinémathèque française*	H	*Passage Bourgoin*
C	*Passerelle Simone de Beauvoir*	I	*Tang Frères*
D	*Les frigos*	J	*Empire des thés*
E	*Station F*	K	*Mondole-kiri*
F	*Ecole nationale d'Architecture*	L	*Le Temps des Cerises*

Alte und neue Dörfer im Südosten

Die Gallier waren gar nicht die Ersten: Schon in der Jungsteinzeit, lange vor den Parisii, siedelten Menschen im Großraum Paris. Im längst eingemeindeten Vorort Bercy im Südosten der Stadt wurden bei Grabungen in den 1990er-Jahren Boote entdeckt, deren Baujahr auf etwa 4200 v. Chr. geschätzt wird. Mit Booten beziehungsweise einem Seine-Hafen war die Geschichte des Ortes auch später verbunden: Ludwig XIV. persönlich erteilte einem Winzer aus dem Burgund die Erlaubnis, am Hafen von Bercy ein Weinlager zu errichten. Er setzte damit eine Entwicklung in Gang, die das vormals verträumte Dorf am Stadtrand von Paris im Lauf der Jahrzehnte zum größten Weinkeller der Welt machen sollte. Weinfässer aus ganz Frankreich wurden per Schiff nach Bercy geliefert, wo sie wesentlich billiger als innerhalb der Pariser Zollgrenzen abgeladen und gelagert werden konnten, bevor ihr Inhalt in Flaschen gefüllt und verkauft wurde. Man handelte in Bercy aber nicht nur mit Wein, sondern trank ihn auch: Unzählige Herbergen, Tanzlokale und Wirtshäuser machten das vom historistischen Groß-Architekten Viollet-le-Duc in Form gebrachte, 43 Hektar große Weinlager zu einer weitläufigen Partymeile für die Pariser Gesellschaft des neunzehnten Jahrhunderts. In den 1960er-Jahren war Schluss mit dem feuchtfröhlichen Treiben: Da die Winzer ihren Wein zunehmend selbst abfüllten und

Museum im ehemaligen Weinkeller

die Kundschaft für Weinfässer ausblieb, legte man den Keller von Paris trocken und riss einen Großteil der Lagergebäude ab. Der Pariser Osten sollte aufgewertet werden, die Zeugnisse seiner von Handwerk und Gewerbe geprägten Vergangenheit empfand man dabei als Hindernis. Ein großzügiger Park, ein „Sportpalast" und zahlreiche neue Wohn- und Bürogebäude wurden auf dem Gebiet errichtet, nur wenige Reste der alten Kellerstadt sind übrig geblieben. Während ich durch das „Cour Saint-Émilion" genannte Ensemble gleich bei der Métro-Station spaziere, das die Schleifung des Viertels überlebt hat, will es mir nicht recht gelingen, die Atmosphäre von damals vor dem geistigen Auge wiedererstehen zu lassen. Die kleinen Häuschen mit ihren wie neu wirkenden Sandsteinfassaden wurden zu einem Einkaufszentrum umfunktioniert, einige Ketten mieteten sich ein, nicht zufällig hat der Club Med hier ein größeres Büro. Alles wirkt neu, glatt und steril, mit dem Weindunst hat sich auch die Seele des Ortes verflüchtigt. Immerhin gibt es eine Filiale des hundert Bäckereien in zwanzig Ländern umfassenden Brot-Imperiums von Éric Kayser. Das ist zwar nicht gerade die in Paris noch so häufige, sympathische kleine Bäckerei ums Eck, aber die Qualität der Brote und

Musée des Arts Forains

Törtchen ist genauso unbestreitbar hoch wie ihre Präsentation gekonnt. Also schnell noch ein Pain au chocolat aux amandes vor der Führung, die mich gleich ums Eck erwartet: Ein weiterer erhaltener Teil des ehemaligen Wein-Umschlagplatzes, die ehemaligen „Chais Lheureux“, ist vor einigen Jahren zum *Musée des Arts Forains* umgewandelt worden, einem Jahrmarktmuseum, das auf die private Sammlung eines gewissen Jean-Paul Favand zurückgeht. Der ehemalige Schauspieler, der früh seine Leidenschaft für alte Jahrmarkt- und Zirkusobjekte entdeckte und im Lauf der Jahre vom Sammler zum Antiquitätenhändler wurde, ging mit seinem Museum einen anderen Weg als die Betreiber des auf Hochglanz polierten Einkaufszentrums: Er ließ einen Teil des alten Pflasters entfernen und begrünte den Bereich zwischen den Lagerhäusern, wo nach wie vor Schienen an die ehemalige Bestimmung des Ortes erinnern. Eine verwunschene Stimmung umfängt mich bereits im Eingangsbereich, während ich auf Béatrice warte, die mich durch das Museum führen wird. Wie in einem Märchenland wuchern üppige Pflanzen zwischen alten Steinen, Kronleuchter hängen in Baumkronen, ein Einhorn und allerlei andere Fabeltiere, Märchenfiguren und sonstige Fratzen lugen aus Fenstern oder sitzen auf Ästen. Der Eindruck einer versunkenen, von der Natur überwucherten Vergangenheit täuscht allerdings. Es sind nach wie vor tadellos funktionierende Jahrmarktattraktionen aus vergangenen Jahrhunderten, die hier von Jean-Paul Favand und seinen Mitarbeitern liebevoll restauriert und in Schuss gehalten werden. Ein venezianisches Bootsrennen wird durch eine beeindruckende Son-et-Lumière-Show zu einem Spektakel. Lebensgroße venezianische Marionetten spielen eine Opernszene vor. Karussellpferde, -meerjungfrauen, -kühe und -schweine aus aller Herren Länder können bewundert und teilweise benützt werden. Ein interessantes Detail: „Englische Pferde – oder auch Kentauren – erkennt man daran, dass sie in die andere Richtung schauen als alle übrigen, da englische Karusselle als einzige in Europa im Uhrzeigersinn laufen", erklärt Béatrice. Oder war es umgekehrt? Ich vergesse nachzufragen, da wir bereits bei einem riesigen Orchestrion gelandet sind, das mit dieser speziellen Jahrmarktmusik wehmütig-nostalgische Feierstimmung verbreitet, während sich ein Stapel Lochkarten wie von Zauberhand selbst in eine dafür vorgesehene Lade faltet. Mein persönliches Highlight finde ich im Pavillon gleich nebenan: das prachtvolle Fahrradkarussell, das Woody Allen in „Midnight in Paris" auf Fitzgeralds Party zum Einsatz kommen lässt. Eine Gruppe Gäste nimmt es gerade in Betrieb. In im wahrsten Sinne des Wortes schwindelerregendem Tempo rasen die alten Räder im Kreis, zum sichtlichen Vergnügen der Strampelnden. Ich besichtige noch einen hölzernen Zirkus, dessen Spiegelwände die Tanzfläche endlos erscheinen lassen, und werfe einen Blick in einen Pavillon voller weiterer Jahrmarktfiguren, der gerade für einen Firmenempfang hergerichtet wird: An dieser Tafel in dieser Umgebung zu dinieren, muss ein exquisites Vergnügen sein, doch welche Firma ihren Mitarbeitern dieses Erlebnis verschafft, erfahre ich nicht.

Auf meinem Weg stadteinwärts durchquere ich wenig später den großzügigen Parc de Bercy, während ich die Bilder aus dem be- und verzaubernden Museum nachwirken lasse. Ich komme an der *Cinémathèque française* vorbei: 1935 gründete der vom Kino begeisterte Journalist Henri Langlois gemeinsam mit dem Regisseur Georges Franju dieses älteste Kinoarchiv der Welt, das sich vor allem als Gedächtnis des französischen Films versteht, aber auch laufend historische und aktuelle Filme zeigt. 40 000 Filme, 23 000 Filmplakate, 500 000 Fotos, Zigtausende Requisiten, Bücher und Zeitschriften werden hier aufbewahrt und restauriert, über 1000 Filme im Jahr vorgeführt. „Das Kino wurde anderswo erfunden, doch geboren wurde es in Paris", schreiben die beiden Cineasten Jean Douchet und Gilles Nadeau in „Paris-Cinéma". Paris und das Kino, darüber wurden bereits ganze Bibliotheken geschrieben. Kaum eine Stadt, mit Ausnahme vielleicht von New York, diente häufiger als Filmschauplatz, kaum wo ist das Netz an Kinos und die Begeisterung für die „7e Art" genannte Kunst größer. Vor einigen Jahren ist die einst im Westen der Stadt angesiedelte Institution ins von Frank Gehry geplante American Center übersiedelt.

Schräg gegenüber, auf der anderen Seite des Parks, führen Stufen nach oben. Von diesem Aussichtspunkt über die Seine

Cinémathèque française

Finanzministerium

kann man deutlich erkennen, wie die vor Jahrzehnten begonnene Aufwertung des Pariser Ostens umgesetzt wurde und noch wird: Rechts von mir, gleich bei der nächsten Seine-Brücke, befindet sich das Finanzministerium. Wie ein überdimensionierter Brückentorso oder wie ein Sperrriegel liegt der Bau an der alten Pariser Zollgrenze und ragt über das Ufer in die Seine hinein. Mit dem Boot erreicht man von hier aus das Parlament in nur sieben Minuten. Die Übersiedlung des Finanzministeriums war Teil der von François Mitterrand initiierten „Grands Travaux", vielleicht auch nur ein Kollateralschaden davon. Als der Präsident mit dem Habitus eines republikanischen Königs den Ausbau des Louvre zum heutigen „Grand Louvre" dekretierte, unterirdischer Trakt und Glaspyramide im Hof inklusive, musste das in einem Teil des Gebäudes untergebrachte Finanzministerium weichen – und zwar hierher, in den damals noch sehr unattraktiven Pariser Osten. Es dürfte den Beamten nicht ganz leicht gefallen sein, den Richelieu-Flügel im Herzen der Stadt freizumachen und nach Bercy zu gehen. Ihren Kollegen im noch zentraler, auf der Île de la Cité gelegenen Justizpalast blühte ein ähnliches Schicksal: Sie sollten eigentlich noch weiter stadtauswärts am linken

Seine-Ufer in einen neuen Justizpalast ziehen, doch nach hartnäckigem Widerstand der Bewohner und Institutionen des neuen Stadtteils am Flussufer wurde der neue Justizpalast von Renzo Piano nun an der nordwestlichen Stadtgrenze errichtet. Langsam, aber sicher bereitet sich Paris auf die Zeit des „Grand Paris“ vor: Immer mehr Institutionen rücken an den einstigen Stadtrand, an dem in den kommenden Jahrzehnten die Stadt mit ihrer Banlieue zusammenwachsen soll.

Dem Finanzministerium gegenüber befindet sich ein die längste Zeit „Truc vert“, „grünes Dings“ genanntes Gebäude: Die *Cité de la Mode et du Design*, auch als *Les Docks* bekannt, ist ein von einer grünen Struktur gleichsam überwucherter alter Speicher direkt an der Seine. Hier werden die führenden Köpfe der Pariser Mode- und Textilindustrie ausgebildet, auch einen „Master of Science in International Luxury Management“ kann man in den 2012 eröffneten Docks erwerben. Der eigentliche Blickfang, zu dem die elegant geschwungene Holzbrücke führt, an deren Ende ich stehe, ist aber die „neue“ französische Nationalbibliothek, ein weiteres von Mittérrands Prestigeprojekten neben Bastille-Oper, Grand Louvre und Grande Arche de la Défense: „Très Grande Bibliothèque“ hieß das Projekt. Der Präsident wollte mitten auf einem von der französischen Staatsbahn nicht mehr benötigten Betriebsgelände nichts weniger als die bedeutendste Bibliothek der Welt errichten. Die Kritik am monumentalen Bauwerk stand dem Ehrgeiz des Unternehmens von Anfang an um nichts nach, Angriffsflächen bot die von Dominique Perrault geplante Bibliothek schließlich zur Genüge: Bücher und Wasser vertragen sich schlecht, was den Standort direkt am Flussufer problematisch macht, und auch der gewählte Ausweg – nämlich Hoch- statt Tiefspeicher zu bauen, die wie aufgestellte, geöffnete Bücher die vier Ecken des Gebäudes markieren – birgt Tücken. Die Büchertürme sind aus Glas, und auch Sonnenlicht schadet dem

Papier. Hölzerne Bücherschränke mussten eingebaut werden, die Klimaanlage verschlingt täglich Unsummen.

Die vom österreichischen Architekten Dietmar Feichtinger geplante, aus zwei Wellen bestehende Passerelle hingegen gilt unbestritten als eine der schönsten Seine-Brücken. Sie führt mich, vorbei am eleganten Strom-Schwimmbad „Piscine Joséphine Baker", direkt auf die riesige Plattform aus Tropenholz, aus deren Ecken die vier achtzig Meter hohen Büchertürme wachsen. Ich gehe ein paar Schritte weiter, um einen Blick in den Innenhof des Gebäudes zu werfen. Tief unten, im zweiten Kellergeschoß, wurzeln Kiefern, die an einen Klostergarten erinnern sollen. Sie wurden als bereits ausgewachsene Bäume aus einem normannischen Wald nach Paris verpflanzt, ihre höchsten Wipfel reichen bis knapp an den unteren Rand der Plattform. Es war aufwendig, die alten Bäume zu übersiedeln. Drei Jahre lang wurden sie in einer Baumschule zwischengelagert und mit Hormoninjektionen behandelt, die das Wurzelwachstum anregen sollten. Sie mussten mit starken Tauen befestigt werden, um den von den Türmen ausgelösten Wirbelstürmen zu trotzen. Zehn Kiefern wurden dennoch in

Nationalbibliothek

den ersten zehn Jahren entwurzelt. Beim Blick über den Garten von diesem Gebäude nicht beeindruckt zu sein, ist kaum möglich. 60 000 Quadratmeter Holzboden wurden rund um den Gartenschacht verlegt, Radfahren und Rollschuhlaufen sind natürlich verboten. Die Würde des Ortes bleibt jedoch nur gewahrt, solange es nicht regnet. Bei Nässe wird die Holzplattform ziemlich rutschig, und da die Türme für stetigen und gelegentlich auch böigen Wind sorgen, verwandelt sich die Bibliothek an so manchem Herbst- oder Wintertag in einen großen Eislaufplatz mit unfreiwilligen Sportlern und ungewollten Akrobatikeinlagen. Ich kenne das Phänomen aus eigener Erfahrung: Vor etlichen Jahren verbrachte ich viele Vormittage in dieser Bibliothek und hatte ausreichend Gelegenheit, die Fallwinde und ihre Auswirkungen auf die Menschen, die die riesige Plattform bei Regen und Sturm möglichst schnell hinter sich bringen wollten, zu beobachten, wenn ich nicht gerade selbst mit dem wieder einmal umgedrehten eigenen Schirm kämpfte. Ich begriff damals, warum man diese Bibliothek als „geronticide" bezeichnete, als „Altenmörderin": Die gesunden Geister, die sich in der Nationalbibliothek fit halten wollen, sollten wirklich in gesunden Körpern stecken – auch wegen der langen Fußwege von den Métro-Stationen und wegen der Stiegen des Sockels, auf dem die Bibliothek steht. Vom Seine-Ufer aus lässt er sie wie eine aztekische Opfer-Pyramide aussehen. Opfer gab es in der Anfangszeit der Bibliothek tatsächlich: Von den beiden Schmalseiten der Plattform aus transportierten schräge Förderbänder die Besucher nach unten, doch entweder wurden auch diese bei Nässe zu rutschig oder sie waren zu schnell, auf jeden Fall mussten die Eingänge nach mehreren Unfällen umgebaut werden. Das Durchschnittsalter der Bibliotheksbenützer ist seit ihrer Übersiedlung aus dem Stadtzentrum deutlich gesunken, von 39 auf 35 Jahre.

Durch den neuen Haupteingang – auch dieser ist dank vieler steiler Stufen durchaus sportlich gehalten – betrete ich das unverändert cool-noble Innere der Bibliothek, mit roten Teppichböden, viel Sichtbeton, Holz und Metall, elegant designtem Mobiliar und einem schönen Blick in die Kronen der noch immer weit unten wurzelnden Kiefern. Studierende bevölkern die Lesesäle, die Bücher sind in Freihandaufstellung angeordnet. Die wirklichen Schätze lagern aber weiter unten in der wissenschaftlichen Abteilung, und werden dort wie in einem Tresorraum vor Unbefugten geschützt. Hinein darf nur, wer mindestens Doktorand ist, und auch das nur nach einem bestimmten Ritual: Tasche oder Rucksack werden in der Garderobe abgegeben, das Arbeitsmaterial in einem durchsichtigen Plastikköfferchen verstaut, ehe es nach der Chipkartenkontrolle durch zwei Stahltüren in eine riesige Halle aus Beton geht, in der eine lange Rolltreppe in die Tiefe führt. Beim langsamen Öffnen der schweren Türen – einmal Drücken, einmal Ziehen – habe ich mich immer wie ein Ruderer im Bauch einer Galeere gefühlt. Unten angekommen, muss ein zweites Mal die Chipkarte gesteckt werden, noch einmal rudert man durch zwei Stahltüren. Immerhin trommelt niemand den Takt.

Gut tausend Leser benützen täglich die thematisch geordneten Lesesäle, die rund um den – von einer Glaswand geschützten – normannischen Garten angeordnet sind. Es herrscht konzentriertes Schweigen. Bei den Kaffeeautomaten in den Pausenräumen kauen die Leser an ihren mitgebrachten oder in der überteuerten Cafeteria gekauften Sandwiches, lesen dabei Zeitung oder schauen ins Leere. Vielleicht ist Einsamkeit die Kehrseite der Wissenschaft, vielleicht wird sie auch durch die kalte, einschüchternde Architektur verstärkt. Und doch: Arbeiten kann man da unten hervorragend. Es gibt kaum ein Buch, das man nicht bekommt, das Personal ist zuvorkommend, die Wartezeiten minimal. Wo früher Gras zwischen nicht mehr benötigten Gleisen wuchs, befindet sich heute zwar vielleicht nicht die allerbedeutendste Bibliothek der Welt, aber eine ausgezeichnete auf jeden Fall.

Jean-Paul Réti

Während ich an die Zeit denke, die ich dort unten im Keller verbracht habe, komme ich an den beiden Globen des italienischen Meisters Vincenzo Coronelli vorbei, die er für Ludwig XIV. angefertigt hat. Mit ihren je vier Metern Durchmesser sorgen sie für märchenhaft blauen, königlichen Glanz in der Bibliothek, die seit der Revolution nicht mehr dem Monarchen, sondern dem Volk gehört.

Dank Eric Kaysers sättigender Viennoiserie finde ich es nicht weiter tragisch, dass ich vor meinem nächsten Treffen nicht mehr zum Essen komme. Ich bin mit Jean-Paul Réti verabredet, der mich durch die Frigos führen wird. Wie ein alter Stockzahn steht das 1921 erbaute, von wilden Graffiti verzierte Kühlhaus inmitten des eleganten Neubauviertels „Paris rive Gauche", dem es eigentlich hätte weichen sollen. Das massive Gebäude war notwendig geworden, als die großen Weidegebiete im Nordosten des Landes vom Ersten Weltkrieg verwüstet waren. Erstmals musste Frankreich Rindfleisch im großen Stil importieren, hier im Osten der Hauptstadt war genügend Platz und die entsprechende Infrastruktur vorhanden. 1971 verloren die Frigos ihre Funktion, da der Großmarkt von Paris nach Rungis übersiedelte. Die französische Eisenbahngesellschaft SNCF kaufte das Gebäude um einen symbolischen Franc. Bald kamen Hausbesetzer, wenig später dann „richtige"

Mieter. Künstler und Handwerker erkannten das Potenzial des nicht mehr benötigten Kühlgebäudes, seine sechzig Zentimeter starken, beidseitig durch je dreißig Zentimeter Kork isolierten Betonmauern ermöglichten die Koexistenz unterschiedlicher Berufe: Schneider, Musiker, Bildhauer, Journalisten, Fotografen, Schauspieler, Instrumentenbauer und viele andere mieteten sich offiziell ein. Hier konnten sie arbeiten, ohne einander zu stören. Für Infrastruktur wie Wasser und Toiletten mussten sie selbst sorgen, auch Fenster hatte der Bau ursprünglich keine.

1992 wurden dann die Pläne für ein „Nouveau Quartier Latin" rund um die Nationalbibliothek beschlossen. Paris kaufte das wertvoll gewordene Grundstück mit dem alten Kühlhaus um ein Vielfaches zurück. Der vermeintlich nutzlose Betonkoloss sollte abgerissen werden, die mit der Gestaltung des Areals beauftragten „Starchitects" scharrten in den Startlöchern. Doch die Stadt rechnete nicht mit der Hartnäckigkeit des von Jean-Paul Réti gegründeten „Verein zur Weiterentwicklung von 91 quai de la Gare", wie damals die Adresse lautete. „Ich wusste, dass wir gewinnen", sagt Monsieur Réti heute selbstbewusst. Der ganz in schwarzes Leder gekleidete Bildhauer hat mich in sein Skulpturenlager geführt, den letzten seit den 1920er-Jahren völlig unveränderten Kühlraum, der so von anderen Räumen umgeben ist, dass Réti keine Fenster einbauen lassen konnte. „Wir haben immer unsere Miete gezahlt, und als Mieter haben wir unsere Rechte. Die Stadt hat hingegen ihre Erhaltungspflichten nicht eingehalten. Zuerst haben sie unser Geld genommen, dann wollten sie uns loswerden." Réti, ein geübter Redner mit angenehm sonorer Stimme, betont immer wieder die Einzigartigkeit der Frigos: „Wir haben hier 87 Werkstätten, in denen 120 Leute arbeiten – und das rund um die Uhr. Da niemand hier wohnt, ist das möglich, auch wenn es laut wird. Rechnet man Kurse dazu, hat das Gebäude 3000 Nutzer, dazu kommen etwa 30 000 Besucher im

Jahr. Vor allem aber gibt es hier unterschiedliche Berufe und eine echte Durchmischung. Wir lassen uns auch nicht auseinanderdividieren: Ein Künstler steht nicht über den anderen, er hat keine Sonderrolle. Ein Künstler ist jemand, der arbeitet und von seiner Arbeit lebt, wie alle hier." Der Bildhauer, der stählerne Wandskulpturen schweißt, kommt oft selbst nicht zum Arbeiten, da er ständig von Architekten kontaktiert und besucht wird. In letzter Zeit kamen Gäste aus Boston, Kansas City, Odessa und Berlin, auch die Doktorarbeit eines jungen Architekten über die Frigos wurde vor Kurzem an einer italienischen Uni angenommen. „Nur Paris ist nicht stolz auf uns", meint Réti lapidar. „Es war nicht ihre Idee, deswegen würden sie uns am liebsten totschweigen." „Sie", das sind Politiker auf allen Ebenen, deren Vorstellungskraft von einem Gebäude wie diesem anfangs einfach überstrapaziert wurde. Oder die unter dem Einfluss einer Immobilienlobby stehen, die kleine Handwerker, Künstler oder Kunsthandwerker langsam, aber sicher aus der Stadt drängt. „Man baut Museen für die Toten. Doch für diejenigen, die die Schaukästen der Zukunft füllen sollten, gibt es keinen Ort", meint der Bildhauer. „Und wo soll bitte ein Klavierbauer hingehen? Hinaus aufs Land, wo niemand ein Klavier kauft?"

Jean-Paul Réti ist ein Kämpfer, das hört man in fast jedem seiner Sätze mitschwingen. Als junger Mann hat er sich für den Erhalt der später abgerissenen Hallen-Pavillons eingesetzt, viele seiner späteren Kämpfe hat er gewonnen. „Wir haben die Mauern gerettet", meint er zu seinem zum Lebenswerk gewordenen Einsatz für die Frigos. Wie ein Sieger fühlt er sich aber nicht – eher wie ein Bergsteiger, dem knapp unter dem Gipfel bewusst wird, dass der Sauerstoff nicht reicht. Der Gipfel, das ist die Rechtssicherheit, die es nach all den Jahren der Streitereien nun für die langjährigen Mieter gibt. Die Frigos sind definitiv gerettet, doch der Preis dafür ist hoch: Die Stadt Paris erhöht die Mieten, was für etwa ein Drittel der aktuellen

Frigos

Frigo-Nutzer das Aus bedeutet. Legal kann man da gar nichts machen, weiß Réti, doch ans Aufgeben denkt er nicht: „Leben heißt Widerstand leisten", sagt er nur und spricht von seinem Vater, der in der Résistance gekämpft und ihm beigebracht hat, für seine Ideale einzustehen. „Hat man sich einmal engagiert, kann man doch nicht einfach wieder aufhören. Man darf nicht nur die eigene Karriere verfolgen, sondern muss auch etwas für die anderen tun." Wir sind inzwischen zu einem Spaziergang aufgebrochen. Das Studio des Tierfotografen Jean-Michel Labat ist eine der ersten Türen, an die Jean-Paul Réti klopft. Jean-Michel arbeitet für Magazine wie Geo und ganz offensichtlich ist er ein Meister des richtigen Augenblicks: Von einem großflächigen Foto eines Pelikans, der gerade auf der Meeresoberfläche landet, kann ich mich lange nicht losreißen, doch das ganze Atelier ist mit faszinierenden Aufnahmen zugepflastert, die Momente einfrieren, die man mit freiem Auge nie wahrnehmen hätte können.

Die beiden Freunde und Kollegen tauschen Neuigkeiten aus, während ich die Fotos betrachte, dann geht es weiter zu Nicole Fellous, die gerade mehrere der filigranen Drahtskulpturen, die sie in tagelanger Feinarbeit zusammenlötet, für eine

Ausstellung einpackt. Mit ihr streitet Jean-Paul, hörbar routiniert, über Künstler wie Jeff Koons – für Réti „Commercial art“, die er verabscheut. Die beiden schaffen es jedoch, ihre Meinungsunterschiede auf eine Weise auszutragen, die niemanden kränkt. Zwei Türen neben dem Atelier mit den zarten Skulpturen findet gerade eine Bandprobe bei voller Lautstärke statt – doch die Musik fährt mir erst ins Zwerchfell, als mein Begleiter die Tür öffnet. Auf den Gang dringt kein Mucks. Auch andere Musiker wie der Komponist Simon Cloquet oder bekannte Bands wie die François Laudet Bigband schätzen die absolute Ungestörtheit, die sie nur hier finden. In einem Raum, in dem zu Zeiten der ursprünglichen Aktivität der Frigos dreißig Frauen tagein, tagaus Hühnereier für die Brot- und Backindustrie trennten, malt heute Jean-Pauls Freund Guillaume Bilder von Kränen. Die dicke Farbschicht auf der Tischplatte, die er zum Mischen seiner Farben nützt, zeugt von den Jahren, die er schon hier arbeitet: Guillaume gehört zur ersten Generation der Frigo-Mieter und hofft, dass er auch nach der drohenden Mieterhöhung bleiben kann. Ich bin beeindruckt von der kreativen Vielfalt im Inneren des alten Kühlhauses, aber schließlich nicht böse, dass wir die Theaterprobe verpasst haben, die mir der engagierte Skulpteur noch unbedingt hätte zeigen wollen – so spannend das Innenleben dieses Gebäudes ist, so sehr kann ich nun eine Pause vertragen.

Vorbei an den Foodtrucks hinter dem Eingang der Nationalbibliothek und einem Gebäude, dessen glänzend schwarze Fassade mich an Darth Vader denken lässt, steige ich ein paar Stufen hinunter zur Rue Chevaleret und mache ein paar Schritte in Richtung Rue Charcot. „Station F“ steht auf einer riesigen, über 300 Meter langen Halle aus den 1920er-Jahren, die das Zeug zum neuen Pariser Wahrzeichen hat. Ähnlich wie der Eiffelturm, mit dem sie – wenn auch in der Waagrechten – die Länge gemeinsam hat, handelt es sich bei diesem 1929 errichteten ehemaligen Postbahnhof um eine Ingenieursleistung, bei der ein Visionär vorführte, was sein bevorzugtes Baumaterial zu leisten in der Lage war. Während Eiffel Stahlgerüste in die Landschaft stellte, erfand sein jüngerer Kollege Eugène Freyssinet den Spannbeton, der geradezu filigrane Bogenkonstruktionen ermöglicht. Als die Post 2006 den Standort aufgab, erkannte der Telekom-Unternehmer Xavier Niel, der zu den reichsten Männern Frankreichs zählt, das Potenzial des mittlerweile denkmalgeschützten Baus. Er investierte 250 Millionen Euro in Kauf und Umbau der Halle, die heute der weltgrößte Startup-Inkubator ist: 3000 Start-up-Arbeitsplätze für 5000 Menschen sind in der Halle untergebracht. Mich interessiert jetzt aber definitiv das auch nicht eben kleine Restaurant um einiges mehr, über dessen Terrasse ich den ehemaligen Bahnhof betrete. Begrüßt werde ich von einem weißen Mann: Inmitten einer etwas verwirrenden Restaurant-Landschaft, die sich als „Foodmarket“ namens Felicità bezeichnet schweben über zwei alten Eisenbahnwaggons riesige Ballons, einen davon hat Jérôme Mesnager mit seinen unverkennbaren Maskottchen verziert. Mir ist es gerade ein wenig zu voll und laut hier drin, ich bleibe auf der Terrasse, wo ich einen Pizza-Stand entdeckt habe, und spaziere erst danach durch das Ensemble aus Caffetteria, Trattoria, Hamburger-Bar und was es noch alles hier drin gibt. Mir etwas zu groß, doch die Pariser scheinen es zu lieben.

Nach einem Kaffee mitten im fröhlichen Getöse des Foodmarket setze ich meinen Weg durch das neue Viertel fort. Den Frigos gegenüber in Richtung Seine wurden ehemalige Getreidemühlen, die „Grands Moulins“, zur Universität umgebaut. Ein schöner Park liegt ihr gegenüber, ich lasse bei meinem Bummel die vielfältige Architektur des Viertels auf mich wirken, in dem keine großen, monotonen Wohnblöcke errichtet wurden, sondern unterschiedliche Häuser auf relativ kleinen Parzellen. Auch die Erdgeschoße sind belebt, statt Garageneinfahrten gibt es Buchhandlungen, eine Kinderkrippe, Schnellrestaurants.

Die Olympiades

An der Seine spaziere ich stadtauswärts bis zur Architektur-Universität, die aus einer umgebauten Druckluft-Fabrik entstanden ist. Von dort führt mich der Weg über einige Stufen hinauf zur Avenue de France, wo das Viertel noch weiter gebaut wird: Die Überplattung der Bahnlinie, die zur Gare d'Austerlitz führt, ist derzeit Baustelle. Auch auf diesem Weg zeigen Frankreichs Architekten, was sie können – die Gebäude haben ungewohnte Formen, streben nicht einfach gerade, sondern ständig ihre Gestalt verändernd nach oben. Ungewöhnliche Wohnungsgrundrisse und Balkone dürften auf diese Weise entstehen, manch eines der Gebäude, die alles sind außer banal, würde ich gern einmal von innen besichtigen. Dennoch erfreulich, dass inmitten dieser Leistungsschau zeitgenössischer Architektur der Beton-Dinosaurier der Frigos erhalten bleiben konnte, auch seine Mieter tun dem Viertel sicher gut. Nach der Straßenbahnhaltestelle steige ich neben einem aufgelassenen Bahnhof der Petite Ceinture die Stufen hinunter, die zur Rue Regnault führen. Der Weg führt mich die alte Bahntrasse entlang, die streckenweise in einem tiefen, wild bewachsenen Canyon verschwindet, doch auch hier wird sich bald einiges ändern: Eine neue Métro-Station für die südliche Verlängerung der Linie 14 ist hier bereits am Entstehen, bald wird man von hier mit der Métro direkt zum Flughafen Orly fahren können.

Nach wenigen Minuten erreiche ich die Rue du Château des Rentiers, wo ich eine „solidarische" Bäckerei entdecke, in der beschäftigungslosen Jugendlichen eine Ausbildungsstätte geboten wird. Sehr gute Rosinenschnecken produzieren die jungen Leute dort. Ich mache noch ein paar Schritte die Straße hinauf und finde mich – nur einen Steinwurf von der neuen Métro-Station – in einer Dorfstraße wieder: Passage National und Passage Bourgoin heißen zwei Straßen mit winzigen Häuschen und Vorgärten, die vor üppiger Vegetation geradezu überquellen – wohl erneut eines dieser ehemaligen Kleine-Leute-Viertel, das so aussieht, als wäre es zufällig von der radikalen Modernisierung verschont geblieben, die das dreizehnte Arrondissement in den 1960er- und 1970er-Jahren besonders stark verändert hat. Dreißig von fünfzig geplanten Wohnhochhäusern wurden damals gebaut, unmittelbar hinter der Passage wachsen bereits die Türme des „Olympiades"-Ensembles aus dem Boden.

„Les Olympiades", das ist in Paris ein Synonym für Chinatown. Eigentlich sollten die acht Wohntürme mit ihren gehobenen, lichtdurchfluteten Wohnungen die obere Mittelklasse anziehen – die kam aber nicht. Offenbar erinnerte die Architektur potenzielle Käufer doch zu sehr an Banlieue-Siedlungen, der Verkauf der Wohnungen zog sich in die Länge, der Bau des geplanten Sportzentrums inmitten des Viertels, ein zentrales Werbeargument der Vermarkter des Wohnprojekts, wurde Jahr für Jahr hinausgeschoben und letztendlich ganz abgesagt. Inzwischen war eine unerwartete Gruppe von Interessenten auf den Plan getreten: Flüchtlinge aus Südostasien – Vietnamesen, Chinesen, Kambodschaner und andere, die zuerst vom Indochina-, später vom Vietnamkrieg heimatlos gemacht wurden – kamen zu Zehntausenden nach Frankreich. Im dreizehnten Arrondissement fanden sie eine von Einwanderung geprägte Gesellschaft vor, die aus den verschiedenen früheren Immigrationswellen hervorgegangen war und auch die neuen Immigranten problemlos aufnehmen sollte. „Chinatown“ ist also der falsche Begriff, da er eine Einheitlichkeit vorspiegelt, die es nicht einmal innerhalb der chinesischen Migranten gibt: Die chinesische Gemeinde von Paris setzt sich aus vielfältigen ethnischen und linguistischen Gruppen zusammen, wie ich einem Buch mit „soziologischen Spaziergängen“ entnehme.

Ich beginne meinen Besuch in diesem Eigentlich-nicht-Chinatown ganz unten im Keller: Die Olympiades wurden auf einer riesigen Betonplatte errichtet, die über den alten Frachtenbahnhof der Gobelins gelegt wurde. Von der Rue Regnault sind noch die Gleise zu sehen, die nach unten führen. Ich folge ihnen und lande in einer Tiefgarage, die ihresgleichen sucht. Hier unten befindet sich der „chinesische“ Großmarkt, auf dem sich die Besitzer unzähliger französischer Asia-Shops und -Restaurants mit Lebensmitteln, Geschirr und Kochgerät eindecken. Vor den Eingangstoren der Lagerhallen, die entlang der alten Gleise aufgereiht sind, stapeln sich Zwanzig-Kilo-Säcke mit Reis und Kisten mit asiatischem Gemüse, Staplerfahrer dösen, wenn sie gerade eine kurze Pause haben, vor sich hin, Lieferwägen werden be- und entladen. Ein faszinierendes, geschäftiges Treiben herrscht da im Dunkel der Tiefgarage bei grellem Neonlicht. Wieder an der Oberfläche angekommen, spaziere ich die Olympiades entlang durch die Avenue d'Ivry, eine asiatische Hauptstraße voller fremder Schriftzeichen und prallem, geschäftigem, kosmopolitischem Straßenleben. Tatsächlich hat die Atmosphäre viel von einem Schmelztiegel, eine bunte Menge wogt in der Straße hin und her. Ich betrete den ersten der beiden großen chinesischen Supermärkte der Stadt, den *Paris Store*, überlege kurz, ob ich mir ein Säckchen getrockneter Instant-Quallen kaufen soll, verlasse das Geschäft aber bald wieder, da ich *Tang Frères*, wo ich vor Jahren schon einmal war, als noch beeindruckender in Erinnerung habe. Ich werde nicht enttäuscht: Hinter dem etwas versteckten Eingang in einer

Buddhistischer Tempel

Garageneinfahrt öffnet sich ein riesiger asiatischer Einkaufstempel, dessen Lebensmittelabteilung allen Klischees entspricht, die man unter Umständen mitbringt: Die Fleischabteilung ist voll von Innereien und Tierteilen wie Kuheuter oder Hahnenkamm, die in der europäischen Küche selten auf den Teller kommen, von vielen der Früchte kenne ich weder den deutschen noch den französischen Namenein köstlicher Duft nach Exotik und Urlaub in Fernost erfüllt den Raum, in dem man nicht zu lange herumstehen und in die Luft schauen sollte, will man von der Menge nicht ständig angerempelt werden. Etwas mehr Zeit verbringe ich in der Geschirrabteilung und der großartigen Auswahl an Dampftöpfen, Tongeschirr und handgeschmiedeten Hackmessern, die es für wenig Geld zu kaufen gibt.

Über einige Stufen erreiche ich den obersten Punkt der Olympiades und überblicke die Anlage, von der Einfahrt in die Großhandelsgarage, durch die ich vorhin spaziert bin, bis zu den asiatischen Pavillons am anderen Ende der „Dalle", der Betonplatte, aus der die Hochhaustürme wachsen. Die geschwungenen, „chinesisch" aussehenden Dächer der Pavillons sind purer Zufall – sie wurden zu einem Zeitpunkt gebaut, als noch niemand mit der starken Zuwanderung aus Südostasien rechnete. Neben der Stiege ist der Tempel der „Amicale des Teochew“ geöffnet, in dem ich freundlich empfangen werde. Ein wenig hilflos stehe ich einer Reihe mit bemalten, lebensgroßen Statuen gegenüber, die verschiedene menschliche Gefühlslagen zwischen manisch und depressiv darzustellen scheinen. Auch mit dem quietschbunt-güldenen Buddha-Altar kann ich wenig anfangen und stelle fest, so gut wie nichts über den Buddhismus zu wissen. Etwas peinlich berührt von meiner eigenen Ignoranz und auch etwas müde verlasse ich den Tempel, meide das Einkaufszentrum und gelange über eine Stiegenanlage weiter rechts wieder zur Avenue d'Ivry hinunter, wo ich in der riesigen Garageneinfahrt hinter mir einen weiteren, mit Lampions geschmückten Tempel sehe, der zwar eigenartig deplatziert wirkt, aber doch ganz gut zur in die Jahre gekommenen Betonlandschaft dieser Anlage passt. Auf der Suche nach einem Rückzugsort betrete ich den Teeladen *L'Empire des Thés*. Angenehme Musik umfängt mich, ich werde von einer freundlichen Verkäuferin beraten, die mir einen jungen Grüntee als Kaffeeersatz empfiehlt. Wieder zur Ruhe und zu Kräften gekommen, verlasse ich ein wenig später das indochinesische Viertel. Ich bin in der Butte aux Cailles zum Abendessen verabredet, einem weiteren Rest des alten Paris, das von der Brachialmodernisierung der 1960er-Jahre genauso verschont geblieben ist wie von der Stadterneuerung unter Baron Haussmann. Die Stollen ehemaliger Kalkbergwerke im Hügel unter dem Viertel machen die Errichtung größerer Gebäude nur mit hohem technischen Aufwand möglich, wodurch die Siedlung ihr im Lauf des neunzehnten Jahrhunderts gewachsenes Erscheinungsbild bewahren konnte. Die Butte aux Cailles ist ein bekanntes Ausgehviertel, vor dessen Bars sich Abend für Abend fröhliche Runden bei Bier aus dem Plastikbecher und lautem Gelächter versammeln. Man kann aber auch durch ruhigere Gassen streifen und die nach den Hochhaustürmen so heimelige Dorfatmosphäre genießen. Ich wandere die Avenue d'Ivry hinauf, die an einer belebten Kreuzung

Butte aux Cailles

in die Avenue de Choisy mündet, und biege beim empfehlenswerten Restaurant *Mondo Kiri* in die Rue des 2 deux Avenues, überquere die Avenue d'Italie und setze meinen Weg durch die Rue du Moulinet fort. Diese bringt mich direkt zur Passage Boiton, mitten ins alte Viertel. Gleich ums Eck, in der Rue de la Butte-aux-Cailles, gibt es seit Jahrzehnten ein kleines Honiggeschäft. Unter der fachmännischen Anleitung des Imkers Jean-Jacques Schakmundès verkoste ich einige Honige und arbeite mich vom süßen Blüten- über einen aromatischen Lavendel- bis zum kräftigen Macchia-Honig aus Korsika vor. Von dem nehme ich dann auch ein Gläschen mit. Ein paar Schritte weiter bin ich schon am Ziel, dem *Temps des Cerises*, einem aus einer Arbeiter-Kooperative hervorgegangenen Restaurant. Leider zu früh gefreut: Noch hat das traditionsreiche Gasthaus nicht offen, ich tröste mich mit einem Bummel durchs Viertel, vorbei an Strickcafés und Streetart. Das Warten hat sich dann aber gelohnt – hier das Rezept einer ausgezeichneten Blanquette de Veau.

BLANQUETTE DE VEAU

Dieses traditionelle Gericht aus Großmutters Küche hätte ich zwar in dem Lokal, das seine rebellische Tradition so hochhält, nicht vermutet, doch Küchenchef Hédris gelingt es wunderbar. Er verwendet andere Gemüsesorten als die im „klassischen" Rezept üblichen – Karotten, Lauch und Zwiebel –, für meinen Geschmack eine sehr gelungene Variation.

Zutaten

Karotten, Halmrüben (Navets), Steckrüben (Rutabagas), Pastinaken, Stangensellerie, Fenchel, Zwiebel
Öl zum Anschwitzen
1,5 kg Kalbfleisch (Schulter, Wade)
Thymian, Petersilie, Lorbeer, zusammengebunden
½ l Weißwein
1 l Wasser
Salz
Ca. 300 g Champignons
70 g Butter
70 g Mehl
½ l Obers
Muskatnuss
Zimt

Das Gemüse in kleine Würfel (Brunoise) schneiden und in Öl anschwitzen. Das Kalbfleisch klein schneiden und mit dem Gewürzstrauß dazugeben. Mit Wein und Wasser aufgießen, sodass alles bedeckt ist. Zwei Stunden köcheln lassen, zur Halbzeit salzen.

In Scheiben geschnittene Champignons darauflegen, ohne umzurühren, und eine weitere halbe Stunde köcheln lassen.

In einem weiteren Topf die Butter schmelzen, Mehl einrühren und einige Minuten anschwitzen. Fleisch und Gemüse mit einem Schaumlöffel aus dem Topf heben, die Flüssigkeit abseihen, die

Einbrenn damit ablöschen, gut umrühren. Das Obers dazugeben, aufkochen lassen, mit Salz, Muskatnuss und Zimt würzen.

Fleisch und Gemüse in die Sauce geben, etwa zwanzig Minuten bei schwacher Hitze köcheln lassen.

Orte zum Vertiefen

Musée des Arts Forains – Pavillons de Bercy:
53 Avenue des Terroirs de France, 75012 Paris. +33 1 43 40 16 22.
www.arts-forains.com

École du Vin de France:
48 Rue Baron le Roy, 75012 Paris. +33 1 43 41 33 94.
www.ecole-duvin.fr
In der französischen Wein-Schule kann man mehrtägige Önologie-Kurse besuchen, es gibt aber auch Nachmittagskurse.

Cinémathèque française:
51 Rue de Bercy, 75012 Paris.
www.cinematheque.fr

BNF (Nationalbibliothek):
25 Rue Emile Durkheim, 75013 Paris, +33 1 53 79 59 59.
Di-Sa 9-20, So 13-19, www.bnf.fr

Les Frigos:
19 Rue des Frigos, 75013 Paris.
www.les-frigos.com

Farinez'vous, boulangerie solidaire:
19 Rue du Château des Rentiers, 75013 Paris. +33 1 45 83 98 48.
www.farinez-vous.com

Les Abeilles (Imkerei Jean-Jacques Schakmundes):
21 Rue de la Butte aux Cailles, 75013 Paris. +33 1 45 81 43 48.
www.lesabeilles.biz

Orte zum Verweilen

Boulangerie-resto Eric Kayser:
41 Cour Saint Émilion, 75012 Paris. +33 1 43 46 08 89.
www.maison-kayser.com/fr/

La Felicità Food Market:
5 Parvis Alan Turing, 75013 Paris.
www.felicita.fr

La Mer de Chine:
159 Rue du Château des Rentiers, 75013 Paris. +33 1 45 84 22 49.
Ein einsames, nicht sonderlich gemütliches Restaurant mitten in den seelenlosen Blocks Chinatowns, das aber weithin berühmt ist für die hervorragende kantonesische Küche, die hier serviert wird. Wagemutige essen frittierte Entenzungen, es gibt aber auch Gerichte wie geschmortes Rindfleisch mit fünf Gewürzen, die den mitteleuropäischen Gaumen nicht überfordern. Gegen Mitternacht soll es richtig voll werden: Da kommen die Köche der chinesischen Restaurants des Viertels zum Essen hierher.

Mondol Kiri:
159 Avenue de Choisy, 75013 Paris. +33 1 53 79 75 96.
www.mondolkiri.fr
Mein Lieblingsrestaurant in „Indochina-Town“: Hier wird kambodschanisch gekocht, was sich vor allem am Einsatz frischer Kräuter und Früchte bemerkbar macht. Raffiniert und erfrischend, freundlich und nicht einmal teuer.

Empire des Thés:
101 Avenue d'Ivry, 75013 Paris. +33 1 45 85 66 33.
www.empiredesthes.fr

L'Oisive-Thé:
1 Rue Jean Marie Jégo, 75013 Paris. +33 1 53 80 31 33.
www.loisivethe.com
Strickcafé der Buttes aux Cailles.

Le Pré Salé:
22 Rue du Moulin des Prés, 75013 Paris. +33 1 45 81 42 37.
Eines der nettesten und besten Restaurants auf der Butte aux Cailles: ein kleiner, freundlicher Raum, hervorragende Küche, sehr gute Beratung.

Le Temps des Cerises:
18-20 Rue de la Butte aux Cailles, 75013 Paris. +33 1 45 89 69 48.
www.letempsdescerisescoop.com

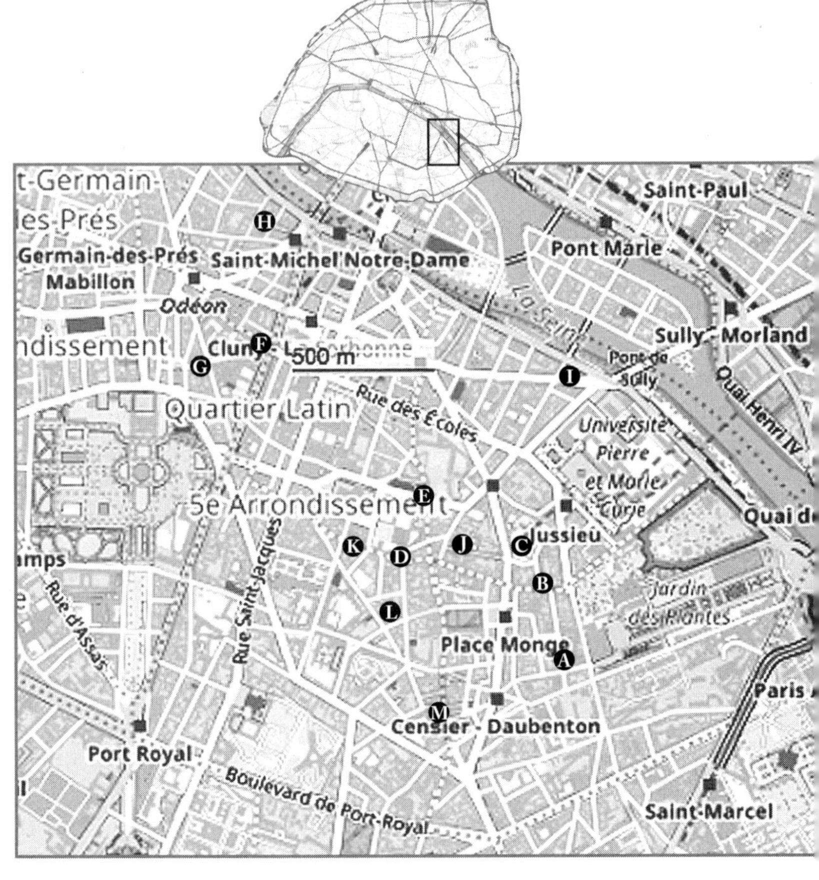

A	*Mosquée de Paris*	**H**	*Un regard moderne*
B	*Librairie Rozen*	**I**	*La Tour d'Argent*
C	*Arènes de Lutèce*	**J**	*Patricks Innenhof*
D	*Place de la Contrescarpe*	**K**	*Irisches Kulturinstitut*
E	*Lycée Henri IV*	**L**	*Streetart: Levalet*
F	*Gibert Joseph*	**M**	*Café Fernando*
G	*Le Polidor*		

Stein und Geist

Der „Bauch von Paris“ konnte in den 1970er-Jahren – wenn auch auf schmerzhafte Weise und mit Spätfolgen – aus dem Organismus der Stadt geschnitten werden. Ihr Gehirn hingegen steht seit Jahrhunderten unverrückbar fest: Die „Montagne Sainte-Geneviève“, ein nach der Stadtheiligen von Paris benannter und vom Pantheon gekrönter Hügel am linken Seine-Ufer, ist das unverrückbare Nervenzentrum der Stadt. Im Mittelalter hieß der Stadtteil schlicht „Université“, nach der rund um die Sorbonne gebräuchlichen Gelehrtensprache setzte sich die Bezeichnung „Quartier Latin“ durch. Latein sprach man dort eigentlich schon immer, schließlich war der Hügel das Zentrum des antiken Lutetia: Wo sich heute das Pantheon erhebt, stand einmal ein römischer Tempel, unweit davon das Forum, die Thermen und das Amphitheater. Über die Jahrhunderte zog das Gelehrtenviertel Wissenschaftler und Schriftsteller aus aller Welt an. Es genügt, „Rive Gauche“ oder auch „Left Bank“ zu hören, und schon zieht vor dem inneren Auge vieler eine Liste von Autoren vorbei, die untrennbar mit dem Quartier Latin verbunden sind – François Villon, Arthur Rimbaud, Paul Verlaine, Ernest Hemingway, F. Scott Fitzgerald, Anaïs Nin, Henry Miller, James Joyce, Djuna Barnes, Gertrude Stein, aber auch Rainer Maria Rilke und unzählige andere. Viele der mittelalterlichen Gassen des Viertels sind

Pariser Moschee

heute zur Hochsaison von Menschenmassen verstopft und von Souvenir- und Fastfoodläden ver- beziehungsweise entstellt, doch einige der interessantesten Plätze sind auch heute noch erstaunlich ruhig.

So ist etwa die Pariser Moschee, an der Ecke Rue Daubenton/Rue Geoffroy Saint-Hilaire gelegen, ein guter Ausgangspunkt für die Wanderung durch ein Viertel, das nach wie vor zu den bedeutendsten intellektuellen Zentren der Welt zählt. Die älteste Moschee Frankreichs wurde in den 1920er-Jahren im maurischen Stil erbaut, als sichtbares Zeichen der Anerkennung für den Kampf und die Opfer der nordafrikanischen Soldaten, die für das koloniale „Mutterland" in den Ersten Weltkrieg gezogen waren. Die Moschee verfügt neben dem Gebetsraum über ein Restaurant und einen Teesalon. Schon beim Durchqueren des begrünten Innenhofes kommt Urlaubsstimmung auf: Man sieht und hört nichts mehr von der Außenwelt und kann sich im üppig dekorierten Teesalon in aller Ruhe einem Thé à la menthe und dem einen oder anderen Stück honigtriefender nordafrikanischer Pâtisserie widmen – oder, wie ich, einer Tasse Kaffee. Ein idealer Ort, um die Batterien wieder aufzuladen oder in aller Ruhe Notizen durchzusehen und

Jardin des Plantes

mithilfe des Stadtplans einen Spaziergang vorzubereiten. Dieser führt mich zunächst gleich gegenüber in den Jardin des plantes. Dieses Ensemble aus Französischem, Englischem und Botanischem Garten, zu dem auch ein Zoo, Gewächshäuser und mehrere Gebäude des Naturgeschichtsmuseums gehören, stammt aus dem siebzehnten Jahrhundert. Rilkes „Panther", aber auch Prosagedichte von Baudelaire und vielen anderen haben dem Jardin des Plantes und seinem Zoo einen Platz in der Literaturgeschichte gesichert. Traurige Berühmtheit erlangte er im Winter 1870/71, als Paris durch preußische Truppen von der Außenwelt und vor allem von der Versorgung durch Lebensmittel abgeschnitten war: Nachdem alle Haus-, Nutz- und Stadttiere vom Esel bis zur Ratte verspeist waren (oder sich vor den plötzlich gefährlich gewordenen Menschen versteckten), schlachteten die hungernden Pariser die Tiere des Zoos. Ein vornehmes Restaurant servierte am Weihnachtstag Elefanten-Consommé, getrüffelte Antilopen-Terrine, Känguru-Ragout und mit Zwiebeln, Knoblauch und Portwein geschmorte Elefantenfüße. Etwas unpräzise notierte der nach dem Ende der Herrschaft Napoleons III. aus der Verbannung zurückgekehrte Victor Hugo im Jänner 1871 in sein Tagebuch: „Wir haben heute Morgen ein Elefanten-Beefsteak gegessen."

Längst hat der Jardin des Plantes seinen Frieden wiedergefunden. Gefährlich ist es hier nur an Sonntagen, an denen man achtgeben muss, nicht von Jogger-Kohorten niedergetrampelt zu werden. Ich möchte vor allem einen Blick in den Englischen Garten werfen, wo ein kleiner Pavillon auf einem Hügel einen guten Aussichtspunkt bietet. Zunächst zwischen majestätischen Zedern, später durch eine spiralförmig angelegte Hecke führt der Weg zur kleinen Gloriette hinauf, in Richtung Gipfel zielende Trampelpfade quer durch die Hecken-spirale erlauben die eine oder andere Abkürzung. Der hübsche kleine Pavillon ist derzeit allerdings eingezäunt und wartet auf seine Restaurierung. Ich finde eine Stelle, an der ich auf seinen Steinsockel klettern kann, sehr weit schweift der Blick dann aber trotzdem nicht.

Über den Ausgang in der Rue Cuvier spaziere ich in die Rue Lacépède, vorbei am Nudelrestaurant *Le Jardin des Pâtes* mit einem gemütlichen Innenhof. Zu früh! An der Buchhandlung *Rozen* vorbeizugehen, gelingt mir dagegen nicht: Alte Charlie-Hebdo-Ausgaben vor dem Eingang laden zum Blättern ein und machen Lust, auch im Inneren des Ladens ein wenig zu schmökern. Er ist auf illustrierte Bücher spezialisiert, von Architektur über Design bis Kunst und Fotografie, und man kann sich verlieren in den unzähligen Bildbänden über Pollock, Cartier-Bresson und viele andere – eine schöne Einstimmung auf das Bücherviertel, in dem ich den Tag verbringen möchte. Die Rue de Navarre führt mich zunächst aber in die Arènes de Lutèce, das antike Amphitheater Lutetias. Im neunzehnten Jahrhundert wurden seine unter einem Erdhaufen verborgenen Reste freigelegt, daraufhin wollte man die Ruine auch gleich abtragen. Victor Hugo schrieb an den Pariser Stadtrat: „Es ist unmöglich, dass Paris, die Stadt der Zukunft, auf den lebenden Beweis verzichtet, dass sie auch die Stadt der Vergangenheit war. Die Vergangenheit bringt die Zukunft. Die Arena ist das antike Wahrzeichen der Großstadt. Sie ist ein einzigartiges

Denkmal. Der Stadtrat, der sie zerstörte, würde sich in gewisser Weise selbst zerstören. Bewahren Sie die Arena von Lutetia. Bewahren Sie sie um jeden Preis. Sie setzen damit eine nützliche Handlung, und was noch mehr zählt, Sie geben damit ein großartiges Beispiel. Ich drücke Ihnen die Hände. Victor Hugo.“

Die Arena blieb erhalten. Eine Großstadt war das alte Lutetia wohl tatsächlich gewesen: 18 000 Menschen konnten bei Gladiatorenkämpfen und ähnlichen Spektakeln dabei sein. Im Gegensatz zu damals strahlen die Reste der Arena heute Beschaulichkeit und Ruhe aus. Am belebtesten ist sie an Wochenenden, wenn auf der Fläche, auf der sich einst Gladiatoren gegenseitig niedermetzeln mussten, Boule oder Fußball gespielt wird. Auch ein Kinderspielplatz und ein verträumter Park gehören zum Gelände. Ich durchquere die Arena und verlasse sie in Richtung der belebten Rue Monge. Gegenüber dem Ausgang wird gerade eine steinerne Stiegenanlage mit Blumentöpfen begrünt, die Stufen führen in die Rue Rollin, eine stille, lange vor Haussmann erbaute Straße mit alten Häusern. René Descartes lebte während seiner Pariser Aufenthalte hier, lese ich an einer Hausmauer. Am Ende der Straße biege

Arena von Lutetia

Henri IV.

ich links ab: Ich kann der Versuchung nicht widerstehen, eine kleine Zeitreise auf die Place de la Contrescarpe zu unternehmen. „Je m'appelle Jacques Martineau. J'ai 25 ans. Je suis pianiste. Je suis français. Je suis né à Marseille. J'habite à Paris, Place de la Contrescarpe." – Mit diesen Lehrbuchsätzen begann ich vor Jahrzehnten Französisch zu lernen, bis heute habe ich nicht damit aufgehört. Leider ist der hübsche Platz untertags meist von Touristenmassen und abends von feiernden Menschen überfüllt. Heute geht es: Es ist Montag, der langweiligste Tag der Woche in Paris. Da sehr viele Läden sonntags geöffnet haben, verschiebt die halbe Stadt ihren Ruhetag auf den Montag. Manche Gegenden wirken da etwas ausgestorben, die Place de la Contrescarpe hingegen tut die relative Ruhe gut. Ich drehe eine Runde um den Brunnen, denke an den alten Jacques Martineau und biege in die Rue Descartes. Der strenge Rationalist verbrachte zwar nur wenig Zeit seines Lebens in der Hauptstadt, hat das französische Denken aber entscheidend geprägt. Ich wandere die Rückseite des Lycée Henri IV. entlang, in dessen Gebäude der Glockenturm und einige andere Bauteile des Klosters Sainte-Geneviève integriert sind. Es ist eines der beiden wichtigsten Elite-Gymnasien Frankreichs. Das zweite, das Lycée Louis-le-Grand, liegt nur einen Steinwurf entfernt. „Elite" hat auf Deutsch einen etwas seltsamen Klang, während man in Frankreich kein Problem damit hat, sich zur Förderung intellektueller Höchstleister zu bekennen, zum Wohle der Nation natürlich. Für „égalité" sorgt Wettbewerb: Öffentliche Posten, aber auch Plätze in den für Spitzenkarrieren unumgänglichen Grandes Écoles werden durch streng anonymisierte Wettbewerbe, sogenannte „Concours", vergeben. Wer Karriere machen will, egal ob in Wissenschaft, Politik oder Wirtschaft, muss sich bereits zu Beginn seiner Ausbildung den ersten Concours stellen, auf die viele weitere folgen. So sollen stets die Besten für die gerade zu vergebenden Posten gefunden werden. Französische Maturanten, die an einer der prestigereichen Grandes Écoles studieren wollen, absolvieren nach der Matura einen zweijährigen Vorbereitungslehrgang („classe prépa"), um das nötige Wissen zu pauken und ihre Schreibtechniken zu perfektionieren: Wer sich schriftlich nicht brillant ausdrücken kann und die nach genau festgelegten Regeln aufzubauenden Textsorten nicht auch formal perfekt beherrscht, hat beim Concours keine Chance. Die Classe prépa an der „richtigen" Schule zu absolvieren, kommt einer Erfolgsgarantie gleich, da hier die erfahrensten und in Hinblick auf das Auswahlsystem dadurch automatisch auch besten Lehrer unterrichten. Normalerweise muss man eine Adresse im richtigen Schulsprengel haben, um in das richtige Lycée aufgenommen zu werden, entsprechend teuer werden im Quartier Latin, wo es viele Gymnasien mit sehr gutem Ruf gibt, selbst kleinste Abstellkammern vermietet. Für Henri IV. und Louis-le-Grand gilt eine Sonderregelung: Bei diesen beiden Schulen entscheiden ausschließlich die Direktoren, wen sie aufnehmen.

Frankreichs System der Elitenförderung wird immer wieder kritisiert, sorgt es doch trotz rühmlicher Ausnahmen unter anderem dafür, dass diese Eliten unter sich bleiben und vor allem diejenigen gefördert werden, die von vornherein das richtige Rüstzeug mitbringen. Andererseits sind die

Spitzenleistungen, die das Land in vielen Disziplinen hervorbringt, unbestreitbar. Nicht zufällig verstehen es französische Intellektuelle besonders gut, ihre Gedanken zu strukturieren und in lesbare Form zu bringen, nicht zufällig wurde aber auch der Poststrukturalismus in Frankreich erfunden. Michel Foucault war Absolvent von Henri IV., Jacques Derrida von Louis-le-Grand.

Das steinerne Epizentrum des französischen Geistes sieht nicht aus wie ein Ort der fröhlichen Wissenschaft. Als heiterstes Gebäude sticht noch die Kirche Saint-Étienne-du-Mont heraus, die einen für französische Verhältnisse ungewöhnlichen Stilmix aufweist: Ihre Bauzeit erstreckte sich von der Gotik über die Renaissance bis zum Barock. Das Pantheon hingegen finde ich abweisend und kalt, streng wirken die Fassaden der gegenüberliegenden Bibliothèque Sainte-Geneviève und von Louis-le-Grand, an denen ich in der Rue Cujas vorübergehe. Eine einmalige Tradition der Offenheit weist hingegen das Collège de France auf, das unmittelbar hinter dem elitären Lycée liegt: Die besten Köpfe unterschiedlicher Disziplinen betreiben dort Grundlagenforschung und halten öffentliche Vorlesungen über ihre Erkenntnisse, Inskriptionspflicht besteht nicht. Unter den Lehrenden finden sich zahlreiche Nobelpreisträger sowie brillante Köpfe, die im klassischen Schema keine Nische gefunden haben – als „Ort der Heiligsprechung der Häretiker“ bezeichnete folglich Pierre Bourdieu das vom Renaissance-König Franz I. im Jahr 1530 als Konkurrenz zur Sorbonne gegründete Collège.

In der Rue Toullier mache ich kurz halt, um Rainer Maria Rilkes Wohnhaus zu besichtigen, auf Nummer 11. Zufällig ist gerade eine Wohnung frei, 24 Quadratmeter im ersten Stock. Ich rufe die Nummer auf dem Plakat im Fenster an: 950 Euro beträgt die Miete für ein „Studio“ auf dem Gipfel des Geistesolymps, immerhin ist das Warmwasser bereits inkludiert. Es wird mittlerweile Mieter gefunden haben, so viel ist sicher.

Die Sorbonne sehe ich nur von außen – ohne Student oder Professor zu sein, ist das Betreten der altehrwürdigen Universität nur bei den recht seltenen Führungen gestattet, für die man sich lange vorher auf eine Warteliste eintragen muss. Ein anderes Mal also, nicht weiter schlimm. Nach dem Marsch vorbei an den steinernen Institutionen finde ich es ohnehin angenehmer, am freundlichen Vorplatz der Sorbonne in der Sonne zu sitzen und das hier endlich einmal etwas quirligere Studentenleben zu genießen, wenn auch nur als Zaungast. Ein erfreulicher Anblick sind auch die Buchhandlungen am Platz und in seinen Seitengassen: Die Auslagen sind voll mit philosophischen Titeln, in Wühlkisten darunter kann man günstige, etwas vergilbte Ausgaben der gesammelten Werke von Cicero, Tacitus oder Sophokles erwerben. Ich würde das gern als Beweis für den hohen Stellenwert sehen, den die alten Klassiker in Frankreich nach wie vor genießen, doch sind die Preise der Bücher in den Wühlkisten meist noch in Francs angegeben – allzu groß dürfte der Ansturm darauf also nicht sein.

Ich bummle den Boulevard Saint-Michel hinunter in Richtung der Buchhandlung *Gibert Joseph*. Sie wurde 1929 vom älteren der beiden Söhne des Literaturprofessors und Buchhändlers Joseph Gibert gegründet, während der jüngere der beiden Brüder das Stammhaus übernahm, das heute *Gibert Jeune* heißt. Die beiden voneinander unabhängigen Häuser sind Flaggschiffe großer Filialnetze geworden, und beide sind sie doch wunderbare Buchhandlungen geblieben, in denen man ganze Tage verbringen könnte. In beiden werden übrigens gebrauchte Bücher neben die neuen ins Regal geschlichtet. Oft bekommt man so ganz aktuelle Literatur zum deutlich reduzierten Preis, auch wenn die Secondhand-Bücher noch wie neu aussehen. Ich habe einmal einen Verkäufer gefragt, wie das möglich ist: Fehlkäufe, unpassende Geschenke, unverlangte und -gelesene Presseexemplare – viele Bücher kommen

Buchhandlung Gibert Joseph

offenbar sehr schnell und noch so gut wie neu wieder ins Geschäft, das sie für einen geringen Betrag zurückkauft. Natürlich gibt es auch „echt“ gebrauchte Bücher voller Eselsohren, Notizen und Widmungen, was störend oder auch amüsant sein kann. Die käuferfreundliche Politik hat ihre Nebenwirkungen: Ich habe schon oft den einen oder anderen ungeplanten Büchergroßeinkauf stundenlang quer durch Paris geschleppt. Heute erlege ich mir mehr Disziplin auf, beschließe aber spontan, eine Bildungslücke zu schließen, als mein Blick auf eine gebrauchte Ausgabe von Eugène Ionescos „Cantatrice chauve“ fällt, das ich nie gelesen habe. Kaum ein Theaterstück passt besser zu diesem Spaziergang: Seit dem Jahr 1957 wird es, zusammen mit „La Leçon“, täglich außer montags im nahen *Théâtre de la Huchette* gespielt, das in der vom Massentourismus völlig überschwemmten Rue de la Huchette wie ein Fels in der Brandung an der Tradition festhält.

Wieder einmal verbringe ich mehr Zeit als geplant bei *Gibert*, blättere in Reiseführern und Krimis und lese aus Neugier ein paar Seiten der französischen Übersetzung von Maja Haderlaps „Engel des Vergessens“, noch so einer dieser Zufallsgriffe. Das Klischee von der angeblichen Selbstbezogenheit

Frankreichs lässt sich gerade in Buchhandlungen trefflich widerlegen: In keine andere Sprache wird so viel internationale Literatur übersetzt wie ins Französische.

Für einen kurzen literarischen Abstecher ins benachbarte sechste Arrondissement, auf den ich bei *Gibert* Lust bekommen habe, ist ein traditionsreiches Restaurant in der nahen Rue Monsieur-le-Prince (allein der Name!) der richtige Ausgangspunkt. Doch als ich die Tür zum vertrauten Speisesaal des *Polidor* öffne, pralle ich zurück: Ein Flachbildfernseher ist das Erste, was mir beim Eintreten auffällt – darf das wahr sein? Nach einer kurzen Schrecksekunde bemerke ich, dass hier nicht etwa die Nachrichten oder ein Fußballspiel übertragen werden. Vielmehr erklärt gerade der Küchenchef, wie er seine Tarte aux pommes zubereitet, dann führt der Chef des Hauses zu den Herden der Rinderzüchter, von denen er das Fleisch bezieht. Doch nicht uninteressant, das Polidor-TV, das auf diese Weise Transparenz herstellt. Außerdem ist der Bildschirm, soweit ich das bei meinem Besuch feststellen kann, die einzige Neuerung in diesem jahrhundertealten Restaurant, selbst die Toiletten „à la turque“ gibt es noch. In den geschichtsträchtigen Räumlichkeiten tagte ab 1948 das „Collège de ‘Pataphysique“, eine Schriftstellervereinigung mit absurden Statuten, die unter anderem für den Druck der ersten Stücke Ionescos sorgte. Zu den führenden Köpfen zählten Boris Vian und Raymond Queneau, die den Rang „Transzendentaler Satrapen“ innehatten.

Die Leitung des *Polidor* ist dennoch auf dem Boden geblieben und serviert ungerührt von der eigenen ruhmreichen Geschichte solide bürgerliche Küche. *Plat du jour* am Tag meines Besuchs: Blutwurst mit Püree – mehr Luxus brauche ich heute nicht, um mich wie ein Satrap verhätschelt zu fühlen. Während ich mich diesem Lieblingsgericht aus Kindheitstagen widme, das allerdings mit einer etwas gewöhnungsbedürftigen Tomatensauce serviert wird, die etwas zu viel

Polidor

Lorbeer abbekommen hat, nimmt ein sympathisches Paar am Nebentisch Platz, ziemlich sicher Vater und Tochter, und es gibt Grund zum Feiern: Die beiden bestellen Champagner, der stilvoll in zwei flachen Schalen serviert wird – ein schönes Ritual, wie man es bei uns viel zu selten sieht.

Leider sorgt eine große Gruppe, die genau in dem Moment eintrifft, als ich nach dem Rezept fragen will, für etwas Hektik. Hier ein anderes, oft bewährtes: die in Frankreich so beliebte Kombination von Blutwurst und Apfel, die ich bei aller Verbundenheit mit dem *Polidor* auch besser finde als die Tomaten-Lorbeer-Sauce:

BOUDIN AUX DEUX POMMES

Zutaten:
800 g Kartoffeln
200 g Butter
¼ l Milch
Salz, Pfeffer, Muskatnuss
1 Zwiebel
2 Äpfel
Honig
Majoran
1 kg Blutwurst
Öl

Für das Püree die Kartoffeln schälen und in Salzwasser kernig weich kochen, zerdrücken. 150 g Butter in kleine Stücke schneiden und mit den Kartoffeln verrühren, heiße Milch dazumischen, mit Salz, Pfeffer und Muskatnuss abschmecken.

Die Zwiebel nicht allzu fein schneiden, in der restlichen Butter glasig werden lassen. Die geschälten, gewürfelten Äpfel dazugeben, einige Minuten dünsten, salzen und pfeffern. Sehr gut machen sich darin auch ein Löffel Waldhonig und eine Prise Majoran. Die Blutwurst in einer Eisenpfanne vorsichtig in etwas neutralem Öl erhitzen, entweder im Ganzen oder, etwas eleganter, geschält und in Scheiben geschnitten. Mit dem Püree und dem Apfelchutney servieren. Statt Püree sind auch Bratkartoffeln eine beliebte Variante.

Nicht überall ist die Zeit so stehen geblieben wie im *Polidor.* In der Rue de l'Odeon, die ich nun hinuntergehe, befand sich auf Hausnummer 12 die von Sylvia Beach gegründete Buchhandlung *Shakespeare and Company.* Die Buchhändlerin gab 1922 die erste Ausgabe des „Ulysses" heraus, das Haus in der Rue de l'Odeon war eines der bedeutendsten Zentren englischsprachiger Literatur und geistige Heimat von Autoren wie

Hemingway, Fitzgerald, Gertrude Stein oder Ezra Pound. 1941 wurde die Buchhandlung geschlossen, eine Gedenktafel erinnert noch an die große Vergangenheit.

Eine ähnliche Tafel würde auch dem Haus gegenüber gut stehen, Rue de l'Odeon Nummer 7: Die an dieser Adresse im Jahr 1915 von Adrienne Monnier gegründete Buchhandlung *Maison des amis de livres* wurde vom französischsprachigen literarischen Tout-Paris frequentiert. In einem berührenden Text nannte Jacques Prévert die Buchhändlerin eine Gärtnerin, ihr Geschäft in der Rue de l'Odeon ein Treibhaus, in dem die Ideen in aller Freiheit und in komplexem Durcheinander wucherten, wetteiferten, aufblühten. Auch deutschsprachige „Pariser" Autoren wie Walter Benjamin gingen hier ein und aus.

Nichts scheint aus dieser Zeit übrig geblieben zu sein, die Rue de l'Odeon und ihre heutigen Passanten sind modisch und geschniegelt. Nachdem ich den Boulevard Saint-Germain unter dem finsteren Blick der Danton-Statue überquert habe, erreiche ich die Cour du Commerce Saint-André, einen malerischen Durchgang, in dem sich mit dem *Procope* eines der ältesten Kaffeehäuser Europas befindet, flüchte allerdings vor den hier gerade einfallenden Menschenmassen in Richtung der ebenfalls gut besuchten Place Saint-André-des-Arts, in der mein Blick auf ein unauffälliges, architekturhistorisch aber interessantes Gebäude in der Rue Danton fällt, in dessen Erdgeschoß sich ein Café namens *Le Clou de Paris* befindet. Das 1903 errichtete Jugendstilgebäude ist der älteste Stahlbetonbau der Stadt.

Literarisch geht es in der Rue Gît-le-Cœur weiter, wo ich die Buchhandlung *Un regard moderne* besuche, die so aussieht, als hätte jemand mit der Machete Gänge in einem ausschließlich aus Büchern bestehenden Dschungel freigehauen. Am Ende eines dieser Gänge findet man den Herrn über die bis an die Decke reichenden Bücherstapel, Jacques Noël. Man sollte einen guten Grund haben, ihn zu stören. Stöbernde Passanten haben in diesem nur scheinbar völlig chaotischen Laden, der auch für seine umfassende Sammlung nicht jugendfreier Comics aus den 1970er-Jahren bekannt ist, nichts verloren: Sie würden ja ohnehin nichts finden, das System des Bücherlabyrinths kennt nur er. Gut, dass ich in Paris stets eine Liste mit Büchern dabeihabe, die ich nirgends finde, doch bei meiner Suche nach einem längst vergriffenen Abenteuerroman komme ich auch hier nicht ans Ziel.

Ein paar Schritte an der frischen Luft sind befreiend nach der staubigen, papierenen Enge. Schon stehe ich am Quai des Grands Augustins oberhalb der Seine, wo sich ein Bouquinistenladen an den anderen reiht. Die offenen Bücherkisten sind ein beliebtes Fotomotiv und gehören zum Pariser Klischeerepertoir wie das Moulin Rouge oder das Croissant zum Frühstück, dennoch fallen sie keineswegs in die Kategorie „Touristenkitsch“: Wenn manche der Stände, je mehr man sich dem Boulevard Saint-Michel nähert, auch vor allem Plastik-Eiffeltürme und billige Nachdrucke alter „typisch Pariser“ Werbeplakate verkaufen, so sind doch viele ernst zu nehmende Buchhändler darunter.

Ich genieße den Weg am Wasser entlang, in Richtung Notre-Dame, da können mich keine vierzehn Millionen Touristen im Jahr stören, so schön ist das. Sehr englisch ist das Angebot hinter dem Boulevard Saint-Michel, die Nachfolger von Sylvia Beach betreiben hier die Buchhandlung *Shakespeare and Company* weiter, und nach wie vor ist diese ein wichtiger Treffpunkt für anglophone Expats in der französischen Hauptstadt. Ich bleibe auf dem Bouquinisten-Quai, hier kann man wenigstens halbwegs zügig seiner Wege gehen und nach Belieben beim einen oder anderen Stand stehen bleiben, die alle ihre Spezialität haben, ob Comics, Geschichte, alte Krimis oder pornografische Literatur aus vergangenen Jahrhunderten – für jeden ist etwas dabei.

Un regard moderne

Gegenüber drängen sich hingegen die Massen in den Fußgängerzonen der Rue de la Huchette und Rue Saint-Séverin, die zu den ältesten Straßen von Paris zählen und mit der im Kern spätromanischen, im Lauf der Jahrhunderte oftmals umgebauten Kirche Saint-Julien-le-Pauvre und der spätgotischen Kirche Saint-Séverin auch echte Sehenswürdigkeiten aufweisen. Ein für mich unerklärliches Paradoxon ist aber die Tatsache, dass die zahllosen Touristen, die das Viertel während eines großen Teils des Jahres schlicht unpassierbar machen, ausgerechnet diese beiden Kirchen so gut wie völlig ignorieren.

Beim Pont de la tournelle dreht Paul Landowskis 1928 eingeweihte, hoch aufragende Sainte-Geneviève-Statue Notre-Dame den Rücken zu: Die Pariser Stadtpatronin blickt nach Osten in Richtung der Gefahr, die der Stadt durch Attila und sein Barbarenheer drohte und die sie der Legende nach durch ihre Gebete abgewehrt haben soll. Die Strenge der Statue stimmt mich immer etwas unbehaglich, auch wenn sie ihre Hände schützend über ein Kind hält, das Paris symbolisiert und dessen Wahrzeichen, ein Schiff, in Händen trägt. Gegenüber befindet sich das berühmte Restaurant *La Tour d'Argent*. Mit 350 000 Flaschen verfügt es über den größten, berühmtesten und mythenumranktesten Weinkeller der Hauptstadt. Vor den plündernden Nazis versteckte man einen Großteil der wertvollen, oft viele Jahrzehnte alten Flaschen, indem man einen Teil des Kellers zumauerte. Ausgetrickst wurden die Kellermeister ihrerseits durch den Millionär J. P. Morgan, der in den 1920er-Jahren bei einer Besichtigung eine Flasche Cognac aus dem Jahr 1805 stahl, die zu kaufen ihm die Restaurantleitung nicht gestattet hatte. Die über vierhundertjährige Geschichte, auf die sich das Haus beruft, dürfte hingegen eine reine Erfindung sein. Fest steht, dass hier 1890 eine Spezialität erfunden wurde, für die *La Tour d'Argent* noch heute bekannt ist: die „Blutente", „le canard au sang". Für dieses Gericht mit dem expliziten Namen, das im Speisesaal des Restaurants mit seinem einzigartigen Blick über die Seine und das Zentrum der Stadt pro Woche etwa 250 mal auf den Tisch kommt, werden die zum Festmahl bestimmten Enten nicht konventionell geschlachtet, sondern elektrisch betäubt und danach erstickt, damit das Blut im Fleisch bleibt, was für einen besonderen Geschmack sorgt. Bestellt man das Gericht, kommt ein eigener „Entenmeister" („maître canardier") an den Tisch und präsentiert zunächst das noch rohe Geflügel. In der Mitte des Saals wird es ausgelöst, die Keulen kommen anschließend auf den Grill, die Brust wird gebraten. Das eigentliche Spektakel ist die Sauce, für deren Herstellung die Karkasse mithilfe einer eigens entwickelten „Entenpresse" aus Silber ausgedrückt wird. Der so entstandene Saft wird mit dem Herzblut der Ente, Innereien, Cognac und Madeira vermischt, bekommt dadurch die Konsistenz von flüssiger Schokolade und soll unvergleichlich schmecken, was man sich angesichts des Prozederes und des Preises wohl auch erwarten darf. Die Blutenten werden seit 1890 nummeriert, bereits im Jahr 2003 kam das Millionste Entengerippe in die Silberpresse.

Um einiges günstiger, aber auch nicht gerade billig ist die Aussicht vom nahen Institut du Monde Arabe, dem von Jean

Stadtmauer

Nouvel geplanten arabischen Kulturinstitut direkt an der Seine, in dem ich mit dem Lift ganz nach oben fahre, um den Blick zu genießen. Auch hier gäbe es ein Restaurant mit herrlicher Aussicht, aber die Preise sind abschreckend hoch.

Mein Weg führt mich nun wieder zurück in Richtung Pantheon: Ich bin mit Patrick Emourgeon, den ich in Jérôme Mesnagers Atelier kennengelernt habe, zum Kaffee verabredet. Patricks Streetart-Galerie war vor ihrer Übersiedlung ins zwölfte Arrondissement hier im Quartier Latin beheimatet, und er hat mich eingeladen, mir sein altes Viertel zu zeigen. Etwas müde wandere ich die Rue Cardinal-Lemoine hinauf. An der Ecke zur Rue Clovis, unweit meines heutigen Ausgangspunktes, ragt ein Stück der Stadtmauer Philippe Augustes neben einem Haus in den Gehsteig hinein. Schön, dass dieses Stück Mittelalter so stehen bleiben darf.

Vor der Hausnummer 75 wartet bereits Patrick – vor einem Hotel? „Ja, das ist ein Hotel. Ich habe einmal, als die Tür offen stand, den Innenhof gesehen und bin hineingegangen, einfach so, und habe mich an einen der Kaffeetische im Grünen gesetzt. Ich habe darauf gewartet, dass mich jemand wegschickt, aber da kam niemand. Ich hatte ein Buch dabei und begann zu lesen, und sogar einen Kaffee habe ich bekommen,

Patrick mit Speedy Graphito

als ich gefragt habe, ob das möglich wäre. Seitdem komme ich immer wieder, um zu lesen oder zu schreiben, dieser Innenhof ist ein Ort, an dem ich zur Ruhe komme und mich auf meine Texte konzentrieren kann.“ Im Inneren des Hofes angekommen, ist mir völlig klar, wie Patrick das meint. Pflanzen, alte Fassaden, Pflastersteine und ein paar Tische machen ihn zum harmonischen, friedlichen Ort, an dem die Gedanken frei fließen können. Patrick bestellt Kaffee und erzählt mir von seiner Vergangenheit. Er ist gleichzeitig der Beweis und der Gegenbeweis für die Gedanken, die mir beim Abklappern all der ruhmreichen Bildungsinstitutionen heute Morgen gekommen sind. Er selbst ist in einem Dorf im Burgund aufgewachsen, in dem niemand vor ihm zur Matura angetreten war. Sein Lehrer erkannte, dass Patrick studieren musste, und stritt heftig mit seinem Vater, um ihn vom ungewöhnlichen Weg seines Sohnes zu überzeugen, der diesen schließlich ans prestigereiche Pariser Science-Po-Institut führte. Die Geschichte des Jungen aus bildungsfernem Milieu, der trotz des anfänglichen Widerstands seiner Eltern zum Mitarbeiter von Ministern wurde, zahlreiche Kulturprojekte umsetzte und später eine leitende Position in einem Wissenschaftsverlag innehatte, steht für die Durchlässigkeit eines Systems, das geistige Spitzenleistungen unabhängig von der

Herkunft zu erkennen und zu fördern imstande ist. Patrick führt sozusagen nebenbei auch ein Leben als „Homme de lettres“, publiziert Lyrik und schreibt Essays, die unter anderem in Le Monde erscheinen. Dass er seine bürgerliche Karriere an den Nagel gehängt hat und sich nunmehr der Streetart widmet, ist kein Bruch, sondern eine wohlüberlegte Entscheidung: „Mir war schon immer klar, dass ich mit fünfzig nur noch das machen würde, was mir Freude bereitet.“ Und nichts macht dem freiheitsliebenden Patrick eben mehr Freude, als die Straßen von Paris wieder und wieder zu durchwandern, stets auf der Suche nach neuen Bildern, und seine Zeit mit Künstlern zu verbringen, arrivierten wie noch völlig unbekannten. So manchem hat er schon zur ersten Ausstellung verholfen. Wenn er erzählt, nimmt man das innere Leuchten wahr, an dem man Leute erkennt, die ihre Berufung gefunden haben und sie auch leben können. „Manchmal muss man im Leben einen Zug nehmen, von dem man nicht weiß, wohin er fährt. Aber man muss ihn nehmen, sonst versäumt man alles.“

Selbstverständlich ist es nicht, dass er wieder in Paris gelandet ist. Er hatte die Hauptstadt schon längst verlassen und sich ein neues Leben in Korsika aufgebaut, auch das war ein lang gehegter Traum, der eines Tages endete: „Ich musste wieder nach Paris, meinem Sohn zuliebe.“ Als dieser in die Oberstufe kam und Interesse an der Juristerei entwickelte, stand Patricks Entschluss fest. Nur in Paris gibt es dafür die richtigen Gymnasien und vor allem später die richtigen Universitäten, um in diesem Beruf erfolgreich zu sein. Wie so viele andere französische Eltern zog Patrick dorthin, wo sein Kind die besten Ausbildungsmöglichkeiten vorfinden würde: nach Paris, und zwar ins Quartier Latin. „Diese Entscheidung ist für sein ganzes Leben richtungsweisend.“ Der Preis des Rilke-Zimmers schockiert ihn nicht, er hält ihn angesichts der Lage für erwartbar. Hätte Patrick, wäre er heute jung und noch in seinem burgundischen Dorf zu Hause, die gleichen Chancen wie damals? Ich komme nicht dazu, die Frage zu stellen, wir sind im Gespräch schon ganz woanders. Patrick, der Paris liebt, versteht es, von den Pariserinnen zu schwärmen, ohne dass das irgendwie unangenehm wäre. Er spricht nicht von Verführung, sondern von Selbstbewusstsein und der Fähigkeit, sich durchzusetzen, denn auch das ist Paris: ein ständiger Kampf, der die Menschen fordert, sie zu Spitzenleistungen antreibt und formt. Patrick genießt vor allem das intellektuelle Leben und die Inspiration, die ihm seine Spaziergänge bringen, nach denen er sich in den Innenhof setzt, um zu schreiben. Er freut sich über die Veränderungen der Stadt, in der sich so vieles zum Positiven wandle, nicht zuletzt der Umgangston. Als er studierte, seien Kellner in Paris prinzipiell unfreundlich gewesen, heute sei das kaum noch der Fall. Während ich für Wien Hoffnung schöpfe, brechen wir auf, Patrick möchte mir ein Stück „seines" Quartier Latin zeigen. Ich beginne von meinem Bezug zum Viertel zu erzählen, von der Place de la Contrescarpe – „Die kannst du vergessen, da gehen wir nicht hin", unterbricht er meine Jacques-Martineau-Story. Umso besser. Wir nehmen die Rue Thouin, in der ein vietnamesisches Restaurant liegt, das Patrick in den höchsten Tönen lobt, setzen den Weg hinter dem Lycée Henri IV. in der Rue de l'Estrapade fort und biegen in die Rue des Irlandais, wo Patrick ein Tor öffnet: das irländische Kulturinstitut. Ich finde es noch schöner als „unseren" Innenhof in der Rue du Cardinal Lemoine. An den im weitläufigen Garten einzeln herumstehenden Tischen sitzen Studenten oder Gymnasiasten und lernen, manche plaudern, manche sitzen im Gras – das irländische Institut ist einer dieser halb öffentlichen Räume, wo Ortskundige die Ruhe und Weite finden, die die engen Pariser Wohnungen und die vollen Plätze der Stadt nicht bieten können. Samstags findet hier ein Bauernmarkt des Vereins „La Ruche qui dit Oui" statt, bei dem man online Bio-Lebensmittel bestellt, die man dann direkt beim Produzenten abholt. Patrick hat zwar trotz seines Namens

Levalet

keine irischen Wurzeln, doch diesen Innenhof zählt er zu seinem erweiterten Zuhause. Die Place de l'Estrapade ganz in der Nähe ist ein weiterer „seiner" Orte – wären wir etwas später dran, würden wir wohl im Café am Platz ein Glas Wein und eine Charcuterie-Platte bestellen; für ihn ist es das „obere" der beiden Intellektuellencafés, die er gerne aufsucht. Nicht nur namhafte Intellektuelle, auch bekannte Schauspieler kann man hier antreffen: Der diskrete Pariser Sitz der Universal Studios befindet sich schräg gegenüber. Wir gehen die Rue Lhomond hinunter und überqueren die Rue d'Ulm, die Adresse der prestigereichen École Normale Supérieure, während Patrick einige weitere wissenschaftliche Spitzeninstitutionen des Viertels aufzählt.

In der Rue Amyot führt er mich zu einem Bild des Streetart-Künstlers Levalet, das genau in die Rundung eines zugemauerten Fensters eingepasst ist: An einem Fließband werden Köpfe auf kleine Menschenfiguren geschraubt und diese dann in Schachteln verpackt. „Das ist wohl Levalets Kommentar zu den Kaderschmieden hier", meint Patrick. „Hier werden Menschen fabriziert." Auch ein Gesichtspunkt, unter dem man dieses Viertel sehen kann. Durch die stille Passage des Postes erreichen wir die Rue Mouffetard, eine pittoreske, aber eben auch sehr touristische Straße des Viertels. Patrick zeigt mir das Mansardenfenster, hinter dem sich einst sein erstes Pariser Studentenzimmer befand. In der Rue de l'Arbalète bleiben wir vor dem *Café Fernando* stehen, das Patrick liebt. Während die Rue Mouffetard von Touristen überrannt wird, treffen sich hier eine eingeschworene portugiesische Gemeinde und die alteingesessenen Bewohner des Viertels zum Apéro. Heute ist das Café geschlossen, was seine Vorteile hat. Auf den geschlossenen Läden haben sich zahllose Streetart-Künstler verewigt. Während ich neben dem unverkennbaren weißen Mann Jérôme Mesnagers noch einige andere alte Bekannte zu identifizieren versuche, löst Patrick einen Aufkleber von einem Bild am gegenüberliegenden Rollladen: „Diese Leute wissen nicht, was sie tun", sagt er lächelnd und schüttelt den Kopf. „Das ist ein echter Speedo Graphito, die findet man nur noch selten auf der Straße. Würde jemand dieses Bild mit der Flex herausschneiden, bekäme er dafür locker 10 000 Euro, wahrscheinlich mehr." Auch das Bild von Jef Aérosol gleich darüber wäre einige Tausender wert. Ein neuer Blick auf Paris tut sich auf, geht man mit einem Streetart-Experten durch die Stadt. Patrick verabschiedet sich hier von mir, er muss zurück zu seiner Galerie, schickt mich zuvor aber noch ins „untere" Intellektuellencafé, das *Café Léa* in der Rue Claude Bernard, in dem vor allem Journalisten verkehren. In dem stimmungsvollen Café lasse ich bei einem Demi und ein paar Erdnüssen die Eindrücke Revue passieren, die mir der Tag in diesem vermeintlich so gut bekannten Viertel beschert hat, ehe ich, einen weiteren Demi später, per Vélib' zurück nach Chinatown radle, wo ich mich für diesen Aufenthalt eingemietet habe.

Orte zum Vertiefen

Librairie Galerie Louis Rozen:
8 Rue Lacépède, 75005 Paris. +33 1 43 43 53 53.
www.librairiegalerielouisrozen.com

Gibert Joseph:
26 Boulevard Saint-Michel, 75006 Paris. +33 1 44 41 88 88.
www.gibertjoseph.com

Librairie Un regard moderne:
10 Rue Gît–le-Cœur, 75006 Paris. +33 1 43 29 13 93.

Théâtre de la Huchette:
23 Rue de la Huchette, 75005 Paris. +33 1 43 26 38 99.
www.theater-huchette.com

Institut du Monde arabe:
1 Rue des Fossés Saint-Bernard, 75005 Paris. +33 1 40 51 38 38.
www.imarabe.org

Orte zum Verweilen

Grande Mosquée de Paris:
2 bis Place du Puits de l'Ermite, 75005 Paris. +33 1 45 35 97 33.
www.mosqueedeparis.net

Au Jardin des Pâtes:
4 Rue Lacépède, 75005 Paris. +33 1 43 31 50 71.
www.restaurant-lejardindespates.fr

Crémerie Restaurant Polidor:
41 Rue Monsieur Le Prince, 75006 Paris. +33 1 43 26 95 34.
www.polidor.com

La Tour d'Argent:
15 Quai de la Tournelle, 75005 Paris. +33 1 43 54 23 31.
www.tourdargent.com
Mittagsmenü: 75 Euro.

Bonjour Vietnam:
6 Rue Thouin, 75005 Paris. +33 1 43 26 39 11.

Au P'tit Grec:
68 Rue Mouffetard, 75005 Paris.
www.auptitgrec.com
Ein weiterer Tipp Patricks: Zwar sind die Crêpes in diesem Schnellimbiss alles außer bretonisch, sehr gut und reichlich sind sie aber doch. Eine gute und günstige Adresse mitten im Ausgehviertel.

Chez Fernando:
6 Rue de l'Arbalète, 75005 Paris. +33 1 43 31 17 33.

Café Léa:
5 Rue Claude Bernard, 75005 Paris. +33 1 43 31 46 30.

Les Saveurs d'Abyssinie:
1 Rue de l'Arbalète, 75005 Paris. +33 6 21 36 56 21.
Am Tag meines Spaziergangs war dieses äthiopische Restaurant, das mir Patrick ans Herz gelegt hat, zwar geschlossen, ich war dafür später dort und habe Huhn nach Art des Hauses in einer würzigen, aber nicht allzu scharfen Sauce gegessen. Eine ausgezeichnete Adresse, aber nur für Abenteuerlustige: Besteck gibt es keines, man isst mithilfe eines riesigen, weichen Fladenbrotes.

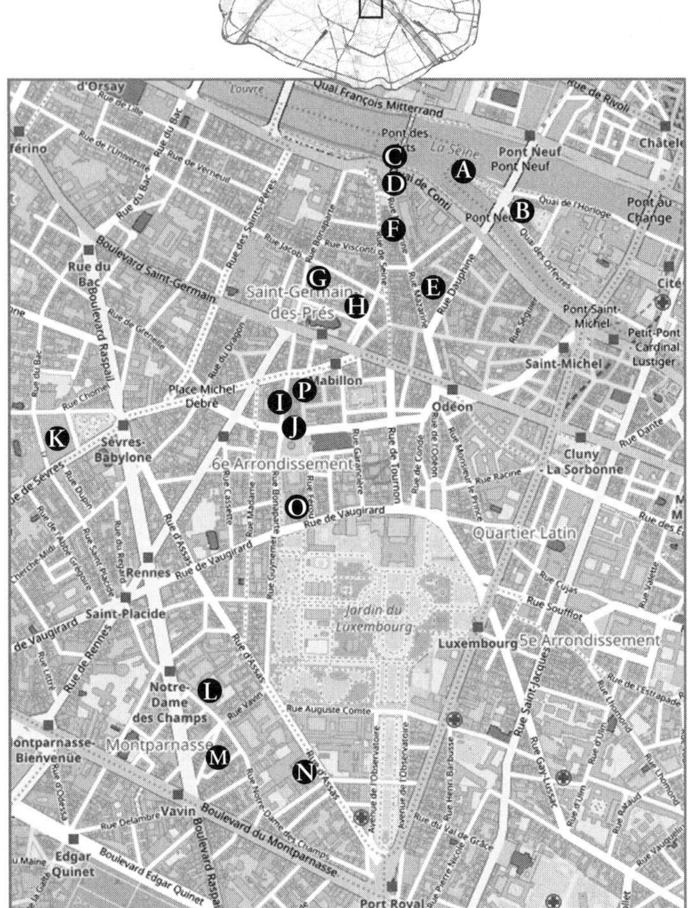

A	*Square du Vert-Galant*	**I**	*Pierre Hermé*
B	*Place Dauphine*	**J**	*Café de la Mairie*
C	*Pont des Arts*	**K**	*Bon Marché / Grande épicerie*
D	*Bibliothèque Mazarine*	**L**	*Lucernaire Forum*
E	*Passage Dauphine*	**M**	*Crêperie Vieux Journal*
F	*Bistro Ernest*	**N**	*Musée Zadkine*
G	*ehem. Éditions du Seuil*	**O**	*Le bateau ivre*
H	*Place de Furstemberg*	**P**	*Chez Georges*

Hart am Mythos

„Fluctuat nec mergitur – Von den Wogen gebeutelt, geht sie doch nicht unter“ lautet seit Baron Haussmann die offizielle Devise der Stadt Paris, die seit dem zwölften Jahrhundert ein Schiff im Wappen trägt. Das Motto scheint selbst in den Stadtplan eingeschrieben zu sein: Mit ein klein wenig Fantasie erkennt man in der Île de la Cité, der Wiege von Paris, die Form eines Schiffs. Kein Wunder, dass den Parisern ihr alter Wahlspruch heute noch wichtig ist und sie ihn immer wieder – egal ob nach den Terroranschlägen von 2015 oder dem Hochwasser von 2016 – mit trotzigem Stolz vor sich hertragen.

Man sollte es sich nicht entgehen lassen, wenigstens einmal während eines Aufenthalts in Paris ganz vorn an der Inselspitze zu stehen, durch die Zweige der großen Trauerweide auf den Pont des Arts zu blicken, den Square du Vert-Galant im Rücken, und sich wie die Gallionsfigur des Pariser Schiffes inmitten der Seine zu fühlen. Zur Hochsaison und an Wochenenden ist hier relativ viel los, an Abenden herrscht oft Partystimmung, doch während der Woche hat man diesen traumhaften Platz am frühen Vormittag meist ganz für sich allein. Ursprünglich lag an seiner Stelle eine kleine, der Île de la Cité vorgelagerte Insel, die erst durch die Bauarbeiten des Pont Neuf im frühen siebzehnten Jahrhundert mit der Hauptinsel vereinigt wurde.

Ihr alter Name – „Île aux juifs“, „Judeninsel“ – ist eine makabre Erinnerung daran, dass auf der Insel im Mittelalter Juden auf dem Scheiterhaufen verbrannt wurden. Auch Jacques de Molay, der letzte Großmeister des Templer-Ordens, starb auf der Judeninsel den Flammentod: König Philipp der Schöne, der die Macht der Kreuzritter brechen und ihre Besitztümer für sich haben wollte, ließ die führenden Templer verleumden und in den Kerker werfen, wo sie unter der Folter alles gestanden, was für Schauprozess, Hinrichtung und Beschlagnahmung ihres Vermögens nötig war. Von der düsteren Geschichte des bezaubernden Ortes offenbar recht wenig beeindruckt sind die unzähligen Liebespaare, die den Weg vom Pont Neuf hinunter zum kleinen Park im Pariser Schiffsbug mit Lovelocks zugepflastert haben, sodass die einst schön anzusehenden Eisengitter, die den Blick auf den Square du Vert-Galant freigaben, bei meinem letzten Besuch eine blickdichte Mauer aus Messingschlössern bildeten. Die Stadt hat der Verunstaltung der Zäune mittlerweile den Kampf angesagt und die alten Gitter samt den Schlössern entfernt. Sie passten auch wirklich nicht hierher: Die offenbar ahnungslosen Verliebten bedachten nicht, dass sie ihre Denkmäler spießiger Instant-Romantik ausgerechnet neben der Statue von König Henri IV. angebracht hatten, einem notorisch untreuen Schürzenjäger, der mit acht Frauen sechzehn Kinder zeugte und sicher auch den einen oder anderen folgenlosen Seitensprung auf dem Kerbholz hatte.

Sein Denkmal hat eine kuriose Geschichte: Das 1614 aufgestellte Original der Statue wurde während der Revolution gestürzt und eingeschmolzen, doch während der Restauration unter Ludwig XVIII. rekonstruiert. Das Metall für den Neuguss stammte zum Teil von der ihrerseits gestürzten Napoleonstatue, die auf der Spitze der Colonne Vendôme gestanden war. Dass man den Kaiser der Franzosen als Material für einen König von Frankreich und Navarra benützte, missfiel offenbar einem der an der Errichtung der neuen Statue beteiligten

Arbeiter: Bei Restaurierungsarbeiten im Jahr 2004 entdeckte man eine kleine Napoleon-Statue im rechten Arm des wiederaufgestellten Königs.

Ungerührt starrt dieser in Richtung Place Dauphine, die wie die Brücke aus seiner Regierungszeit stammt. Seit ich gelesen habe, dass André Breton diesen Platz als „Geschlecht von Paris“ bezeichnet hat, geht es mir damit wie mit dem berühmten rosa Elefanten: Es ist mir unmöglich, nicht an Bretons Vergleich zu denken, wenn ich den ruhigen, harmonischen, dreieckigen Platz im Zentrum der Stadt betrete. Bis vor Kurzem gab es hier mit dem *Henri IV.* eines der besten Billighotels der Stadt, mit Gangtoiletten und Blick auf Notre-Dame. Immerhin ist noch das eine oder andere günstige Bistro übrig geblieben, in dem die Antiquitätenhändler des Platzes verkehren, wie zum Beispiel das freundliche und unkomplizierte *Ma salle à Manger*, in dem man zu – für die Gegend – vernünftigen Preisen hervorragende Gerichte aus dem französischen Südwesten isst, oft mit baskischem Einschlag, stets mit Charme und Humor serviert.

Mich zieht es weiter zum Pont des Arts, auf dem ich den Spaziergang durchs existenzialistische Paris eigentlich

Place Dauphine

beginnen wollte. Der Grund dafür ist ein Foto von Henri Cartier-Bresson, das Sartre auf der berühmten Fußgängerbrücke zeigt. Den Quai de Conti entlang spaziere ich an zahlreichen Bouquinistenständen vorbei, die das Seine-Ufer bevölkern, eine passende Einstimmung auf das bibliophile Saint-Germain-des-Près. Die Bouquinisten verdanken ihren Namen der Tatsache, dass es im Französischen zwei Wörter für Bücher gibt, neben dem neutralen „livre" eben auch das Wort „bouquin", das über das Niederländische ins Französische eingewandert ist. In der Umgangssprache wird es oft als Synonym für „livre" verwendet, doch der Stand eines „Bouquiniste" ist etwas völlig anderes als eine vom „livre" abgeleitete „Librairie". Während Letztere eine ganz normale Buchhandlung ist, handelt ein „Bouquiniste", ob an der freien Luft am Seine-Ufer oder in einem fixen Verkaufslokal, ausschließlich mit alten Büchern.

Exakt 217 Bouquinisten machen rund drei Kilometer des Seine-Ufers zu einer Fundgrube für Bibliophile. Die Holzkisten müssen einheitlich in „Waggon-Grün" gestrichen werden, im selben Farbton wie Litfasssäulen, eiserne Brunnen und anderes Pariser Stadtmobiliar. Im Jahr 2011 wurden sie zum Teil des Weltkulturerbes Seine-Ufer. Seit 1859 vergibt die Stadt Paris die Konzessionen für die Kleinunternehmer, die maximal vier Kisten mit einer Gesamtlänge von 8,6 Metern benützen dürfen. Auch wenn viele Bouquinisten Souvenirs und billige Drucke ins Programm genommen haben, zählt ein Bouquinisten-Spaziergang zu den Genüssen, die nun einmal nur Paris bietet. Man muss nicht lang in ein Antiquariat hineingehen, in dem man womöglich erklären müsste, was man will – dabei weiß man das meistens ja gar nicht! –, sondern kann sich von einem schönen Cover oder einem vielversprechenden Titel verlocken lassen, in alten Stichen blättern und Dinge finden, von denen man noch nicht wusste, dass man sie eigentlich schon seit Langem sucht.

Beim Stand Nummer 33 bleibe ich unwillkürlich stehen. „André Breton“ und „La position politique du surréalisme“ steht in großen Lettern auf dem Titelblatt einer alten Zeitschrift. Daneben liegt nicht etwa ein rosa Elefant, sondern ein Buch von Colette, das den Titel „La Chatte“ trägt. Ich dürfte einen Moment vor dem Anblick verharrt sein, plötzlich steht die Bouquinistin neben mir und drückt mir das Buch in die Hand. „Eine Originalausgabe“, erklärt sie und empfiehlt mir das etwas muffig riechende, schön vergilbte und außerdem billige Buch, das ich wohl ohnehin gekauft hätte, wegen seiner eleganten Sprache. Sie beginnt mit mir über den Jugendstil zu plaudern, da sie mich zunächst für einen Belgier hält und ich offenkundig zu wenig über Colette weiß, um mich mit ihr über die schillernde Autorin zu unterhalten. Wien passt da thematisch zwar auch gut, doch meine Gesprächspartnerin hat mit dieser Stadt ihre Schwierigkeiten: „Sehen Sie, ich bin Jüdin, uns wollte man dort eines Tages nicht mehr.“ Wir unterhalten uns noch über Françoise Frenkel, eine polnische Jüdin, die in der Zwischenkriegszeit die einzige französische Buchhandlung Berlins betrieben hat und deren wiederentdeckter Bericht über ihre Flucht durch Frankreich in die Schweiz vor wenigen Jahren für viel Aufsehen im Feuilleton sorgte, doch ich vergesse dabei beinahe, dass die gerade angesagten Bücher eben nicht unbedingt Madame Nordmanns Priorität sind. Das Schöne an den Bouquinisten ist ja schließlich, dass man sich nicht um Trends und Moden kümmern muss, sondern von Büchern umgeben ist, die eine viel längere Halbwertszeit haben als das, was gerade die Feuilletonseiten füllt – Colette und Breton werden auch in ein paar Jahren ihre Leser finden. Sorgen macht sich die Bouquinistin keine. Freilich sind die guten Kunden weniger geworden, doch für sie gibt es keinen Grund zu jammern: Für ihren Beruf braucht es zwar Zeit und Geduld, doch sie liebt ihren Arbeitsplatz – was man gut verstehen kann, zumindest bei schönem Wetter.

Blick vom Pont des Arts

Mit Colettes „La Chatte“ im Gepäck gelange ich endlich zum Pont des Arts, dem Georges Brassens eine heitere Hymne gewidmet hat, in der es gerade dort der Wind liebt, Männern die Hüte und Frauen die Röcke zu lüpfen. Ich weiß nicht mehr, wer den Blick von der Brücke in Richtung Île de la Cité mit Courbets Gemälde „L'Origine du monde“ verglichen hat, das im nahen Musée d'Orsay zu bestaunen ist. Da es sich bei der Île de la Cité ja auch um den Ursprung von Paris handelt, liegt der Gedanke tatsächlich nahe, doch ich schiebe ihn beiseite – heute soll es nicht um den Unterleib, sondern um das Hirn der Stadt gehen, um das intellektuelle Paris, dessen Durchquerung ich an dieser Stelle nun endgültig in Angriff nehme.

Saint Germain, das ist mein erstes Paris. Hier hat der alte Priester gewohnt, in dessen Dienstwohnung mit Blick über die Dächer der Stadt ich die erste, unvergessliche Paris-Woche meines Lebens verbracht habe, mit einigen Mitschülern auf Luftmatratzen im Wohnzimmer campierend. Das Viertel war damals natürlich längst zum Mythos und damit ein wenig auch zum Museum seines früheren Selbst geworden, in dem man damals wie heute Gefahr lief, zwischen Vitrinen herumzuirren, die einem nichts sagten, und Wissen abzuhaken, zu dem man keinen Bezug hatte. Dennoch gilt für mich: Paris ohne Eiffelturm, das funktioniert durchaus und wird sogar von manchen Reisebüros so angeboten, doch Paris ohne Saint-Germain, ohne Sartre und Beauvoir, ohne den Jardin du Luxembourg und die Bouquinisten – da fehlt dann einfach doch zu viel. Und zu sagen hat dieses Viertel auch heute noch so manches.

Der Pont des Arts verbindet die monumentale, endlos scheinende und etwas einschüchternde Fassade des Louvre mit dem Institut de France, in dem neben vier anderen Akademien seit dem neunzehnten Jahrhundert auch die Académie française zu Hause ist. Das Gebäude wurde ursprünglich als Universität für Studenten aus den von Ludwig XIV. eroberten Gebieten errichtet und ist ein Paradebeispiel für die Verschmelzung von Barock und Klassizismus durch Louis Le Vau, einen der bedeutendsten Architekten des Sonnenkönigs. Einst stand an der Stelle des Instituts einer der Türme der unter Philippe Auguste erbauten Stadtmauer, die Tour de Nesle. Der Turm gab einer schaurigen Affäre den Namen: Die Schwiegertöchter Philipps des Schönen, der bereits bei der Zerschlagung des Templer-Ordens seine Grausamkeit unter Beweis gestellt hatte, wurden von seiner Tochter des Ehebruchs bezichtigt, den sie im Turm mit zwei jungen Rittern begangen haben sollten. Die Angeklagten wurden gefoltert, bis sie die Vorwürfe gestanden, und danach grausam öffentlich zu Tode gequält – die tatsächliche oder vermeintliche Gefährdung der legitimen königlichen Erbfolge galt als schlimmes Verbrechen, das mit maximal abschreckender Wirkung gerächt wurde.

Um ein royales Reinheitsgebot geht es auch im Nachfolgegebäude des geschleiften Turms: Die 1635 gegründete Académie française hat schließlich als Hauptaufgabe, über die Reinheit der französischen Sprache zu wachen, deren oberste Autorität sie ist. Hauptbeschäftigung der vierzig Mitglieder ist die Herausgabe und ständige Aktualisierung des Wörterbuchs, dessen aktuelle Ausgabe etwa 60 000 Wörter enthalten soll. 1992 erschien der erste Band dieser Ausgabe (von A bis Enzyme), derzeit arbeiten die Académiciens am vierten Band und sind zurzeit meiner Recherchen beim schönen Adjektiv „rimbaldien“ angelangt, das auf den Dichter Arthur Rimbaud verweist und sich nicht ins Deutsche übersetzen lässt.

So leicht es sich über die Akademie und ihre seit Napoleons Zeiten in elegante, grün bestickte, schwarze Uniformen gehüllten Mitglieder spotten lässt, so faszinierend ist doch der jahrhundertealte Kampf um die Sprache, der in Frankreich mit einer in anderen Ländern kaum bekannten Leidenschaft geführt wird. Bereits 1539 ordnete König Franz I. im Edikt von Villers-Cotterêts an, dass alle offiziellen Dokumente in französischer Sprache geschrieben werden müssen, während im Rest Europas noch Latein als die einzige brauchbare Amtssprache galt. Bald schon richtete sich der Kampf um das Französische nicht mehr gegen das Lateinische, sondern gegen die anderen Sprachen im Königreich. Frankreich war, wie andere europäische Länder auch, ein heterogenes, vielsprachiges Territorium, dessen Grenzen durch Eroberungszüge zustande gekommen waren und ständig erweitert wurden. Die südliche Hälfte des Landes sprach unterschiedliche okzitanische Dialekte, aber auch Italienisch, Korsisch und Frankoprovenzalisch, Sprachen wie das Bretonische, das Flämische oder das Baskische dominierten manche Landesteile, und auch im Norden war das Französische des Königshofes nur ein Dialekt unter vielen. Auch wenn sich Sprache und Akzent des Königs vor allem während der Dritten Republik ab 1871 im ganzen Land durchsetzten, kam so mancher französische Citoyen erst in einem der Schützengräben des Ersten Weltkriegs erstmals mit dem Französischen in Kontakt, wie der amerikanische Historiker Eugene Weber in seinem Werk „Peasants into Frenchmen“ schildert. Frankreich hat bis heute die Europäische Charta der Regional- und Minderheitensprachen nicht ratifiziert, da die

Idee, es gebe sprachliche Minderheiten, mit der Idee der französischen Republik nicht vereinbar ist.

Man könnte viele, eng mit der bewegten Geschichte Frankreichs verknüpfte Gründe für die Leidenschaft und das Gefühl der Bedrohung durch äußere Feinde anführen, die in Frankreich oft mit der Sprache verbunden wurden. Vor mir liegt nun das Epizentrum dieser Leidenschaft, und das Schöne daran ist: Man kann es besichtigen. Die Bibliothèque Mazarine, die den Namen des Kardinals trägt, aus dessen Vermögen der Bau des „Collège des Quatre-Nations“ seinem letzten Willen gemäß finanziert wurde, ist die älteste öffentliche Bibliothek Frankreichs. Seit 1691, dreißig Jahre nach dem Tod ihres Stifters, steht sie der Allgemeinheit zur Verfügung. Ihr Bestand geht auf die umfangreiche Privatbibliothek des belesenen Kardinals zurück, und auch die Revolutionswirren erwiesen sich für sie als Segen: Zahlreiche konfiszierte Bibliotheken wurden der Bibliothèque Mazarine einverleibt, die eine große Zahl äußerst wertvoller Bücher aus vergangenen Jahrhunderten besitzt. Nach wie vor ist die Bibliothek öffentlich zugänglich. Zwar muss ich wie derzeit überall in Frankreich meine Tasche am Eingang öffnen, doch dann kann ich völlig unbehelligt in die Bibliothek des Kardinals spazieren, wenn auch zu meinem Bedauern das Fotografieren verboten ist. Ein unglaublicher Arbeitsplatz ist das hier, die historischen Lesesäle, die zwar gut besucht, aber keineswegs überfüllt sind, werden eingerahmt von den alten Bücherwänden, dazwischen schweift der Blick über die Seine in Richtung Louvre. Würde ich noch einmal in Paris studieren, wäre das hier mein Arbeitszimmer, soviel ist sicher.

Ich nehme einen Durchgang rechts vom Haupteingang des Instituts und erreiche einen kleinen Park, in dem ich eine kurze Pause auf einer Bank in Form eines aufgeschlagenen Buches einlege. Die Außenwand der Akademie entlang spaziere ich die Rue Mazarine hinunter. Giulio Raimondo Mazzarino war

Bibliothèque Mazarine

der eigentliche Name des Kardinals, der als Nachfolger Richelieus die Regierungsgeschäfte für Ludwig XIII. leitete. Er war nach dessen Tod Erzieher des minderjährigen Thronfolgers Ludwig XIV. und einer der Architekten der französischen Vormachtstellung in Europa, die er durch Friedensverträge wie den Westfälischen oder den Pyrenäenfrieden genauso sicherte wie beträchtliche territoriale Zugewinne des Königreichs. Eine Mehlspeise ist nach ihm benannt, der Mazarin, ein mit Mandelcreme gefüllter Kuchen, der ein wenig an eine italienische Torta della nonna erinnert.

Bei Hausnummer 28 bleibe ich kurz bei einer Gedenktafel stehen, die an Jean-François Champollion erinnert, der in diesem Haus im September 1822 die Hieroglyphenschrift entzifferte, woraufhin er in einen fünf Tage andauernden Schockzustand verfiel.

Schön wäre es nun, in der Passage Dauphine, die zur Rue Dauphine führt, einen Mazarin-Kuchen zu verspeisen, doch ich bin zu früh dran: Das nette Café *L'heure gourmande*, inmitten der stillen Passage im geschäftigen Viertel gelegen, öffnet erst zu Mittag. Nun, es hätte ohnehin keinen Mazarin auf der Karte gegeben. Die Rue Dauphine am anderen Ende der Passage zählt zumindest historisch zu den bedeutendsten Orten der Pariser Pâtisserie, oder vielmehr der Viennoiserie: In der Rue Dauphine – benannt nach dem Kronprinzen Ludwig XIII, Sohn von Henri IV – wurden der Legende nach die ersten Croissants der Hauptstadt gebacken. Die gebogene Form brachte Marie-Antoinette aus Wien mit, der buttrige Pariser Blätterteig machte das Wiener Kipferl zum Pariser Croissant. Eine andere Quelle besagt, dass die Wiener Kipferl erst im neunzehnten Jahrhundert durch den österreichischen Offizier August Zang in Paris populär wurden, der in der Rue Richelieu eine *Boulangerie Viennoise* eröffnete, ehe er nach Wien zurückkehrte und die heute noch bestehende Tageszeitung „Die Presse“ gründete. Mir gefallen beide Geschichten, und die Bezeichnung „Viennoiserie“ fürs Gebäck ist so oder so stimmig.

Ich bleibe in der Rue Mazarine und betrete ganz gegen meine Gewohnheit eine Tiefgarage. Auf Hausnummer 27 kann man noch Stücke der alten Stadtmauer Philippe Augustes besichtigen. Wie seltsam, das neunhundert Jahre alte Mauerwerk, das einmal zur Tour de Nesle führte, als Teil eines unterirdischen Parkplatzes zu sehen, und doch kommen

Passage Dauphine

mir die Mauerreste wie ein Beweis dafür vor, dass all die alten Geschichten tatsächlich einmal hier stattgefunden haben, mit den uralten Steinen, vor denen heute viele achtlos ihren SUV abstellen, als stummen Zeugen.

Durch die Rue Jacques-Callot komme ich in die Rue de Seine, deren strenges Straßenbild mir auffällt. Fast alle hölzernen Auslagen sind in Schwarz oder Weiß gehalten, was womöglich damit zu tun hat, dass in so gut wie jedem Haus der Straße eine Galerie untergebracht ist: Ein neutraler Rahmen sieht da einfach besser aus. Die winzige Auslage auf Nummer 38 soll die kleinste Galerie der Welt sein. Mittendrin in dieser kunstbeflissenen Straße liegt das freundliche Bistro *Ernest*, die Betriebskantine für die vielen Galeristen des Viertels. Freilich sind die Preise etwas höher als in anderen Kantinen. Es gibt als Tagesgericht Kalbskopf mit Sauce gribiche, eines dieser typischen Pariser Bistro-Gerichte. Da es noch ruhig ist und die Tür offensteht, spaziere ich hinein und frage nach dem Rezept. Hier ist es, Chefkoch Guy hat es mir diktiert:

TÊTE DE VEAU, FAÇON BISTRO ERNEST

Zutaten:
1 kg Fleisch vom Kalbskopf
1 Kräutersträußchen (Petersilie, Thymian, Lorbeer)
1 Zwiebel
2–3 Gewürznelken
1 Stange Lauch
2–3 Karotten
5 Pfefferkörner
Salz, Pfeffer

3 gekochte Eidotter
1 gekochtes Ei
1 Schalotte
Essiggurken, Kapern nach Belieben
1 EL grober Senf
Öl nach Bedarf

Das Fleisch in ausreichend Wasser mit den Pfefferkörnern, den Gewürznelken und einer mit Nelken gespickten Zwiebel zwei bis drei Stunden köcheln lassen, es muss butterweich sein. Zur halben Kochzeit salzen. Lauch und Karotten eine Stunde lang mitkochen. Etwas abkühlen lassen, überschüssiges Fett und Sehnen entfernen, das Fleisch in mundgerechte Stücke schneiden, in der Bouillon warm halten.

Die Sauce gribiche zubereiten: Die drei Eidotter zerdrücken und zunächst mit dem Senf, Salz und Pfeffer verrühren, dann langsam Öl einrühren, bis eine cremige Sauce entsteht. Das hartgekochte, kleingehackte Ei sowie die feingehackte Schalotte, Kapern und kleingehackte saure Essiggurken nach Belieben dazugeben. Auf Wunsch mit diversen Kräutern verfeinern.

Mit dem Fleisch und kleinen, in der Schale servierten, gekochten Erdäpfeln (pommes grenaille) servieren.

Gar nicht kompliziert, aber herzerwärmend und ein typisches Beispiel dafür, dass auch Innereien und weniger noble Fleischstücke ihren festen Platz in der Bistro-Küche haben. „Plats canailles“, „Gesindel-Gerichte“, nennt man die billigen, unkomplizierten, kräftig schmeckenden Gerichte auch, mit durchaus liebevollem Unterton.

Durch die Rue des Beaux-Arts, die zur entsprechenden Hochschule führt, spaziere ich weiter in die Rue Bonaparte. Manche Häuser in dieser Gegend haben zwei bis drei Mansardengeschosse. Wahrscheinlich sind die Zimmer hinter den hübschen Fenstern der Häuser, die bis auf die letzte Abstellkammer vermietet sind, winzig. Ich bin hier nämlich im derzeit teuersten Viertel von Paris unterwegs. In der Rue Bonaparte fallen die vielen Stoffgeschäfte auf, die es hier statt Galerien gibt. Nach ein paar Schritten, vorbei an einer hübschen Filiale der für ihre Macarons berühmten Pâtisserie *Ladurée* – einen Teesalon und ein kleines Restaurant gibt es auch –, bin ich schon in der Rue Jacob. Sie gehört zu den literarischen Herzschlagadern der Stadt. Hier wurden 1935 die *Éditions du Seuil* gegründet, ein engagierter Verlag, der nicht davor zurückschreckte, nach dem Zweiten Weltkrieg junge deutsche Autoren in französischer Übersetzung zu verlegen. Neben vielen Sozialwissenschaftlern gab er auch Kolonialismuskritikern wie Frantz Fanon eine Stimme. 2010 übersiedelten die *Éditions du Seuil* in die Banlieue, heute ist im historischen Haus mit der prächtigen alten Eibe im Vorgarten eine Gemeinschaft kleinerer Verlage mit eigener Buchhandlung eingemietet. Ich spaziere hinein, blättere in Comicbänden, entdecke aber auch ein Buch mit dem Titel „Aimer l'amour, l'écrire“ von Antoine Compagnion, zu Deutsch „Die Liebe lieben und schreiben“. Ich schlage auf Anhieb einen Brief Simone de Beauvoirs an Jean-Paul Sartre auf. Er wurde im Juli 1938 geschrieben, Beauvoir richtet ihn an ihr „teures kleines Wesen“, das sie konsequent siezt, schildert ihre Vorfreude auf das bevorstehende Wiedersehen und beschreibt amüsiert, wie es zum Beginn ihrer Affäre mit Jacques-Laurent Bost kam, den sie nur den „kleinen Bost" nennt. Ein erstaunlicher Brief, unterschrieben mit ihrem Spitznamen „Castor", also Biber, der von der Ähnlichkeit ihres Namens mit dem englischen Wort „Beaver" herrührt.

Zufrieden mit dieser unerwarteten Erinnerung an die beiden großen Bewohner Saint-Germains bummle ich in Richtung der Rue de Furstemberg, die sich in ihrer Mitte zu einem kleinen, runden, auf dem Stadtplan gar nicht verzeichneten Platz weitet. Ein wunderbar ruhiger und verträumter Ort mitten im quirligen sechsten Arrondissement liegt vor mir, auch wenn Henry Miller, dessen „Wendekreis des Krebses" ich während meiner Spaziergänge immer wieder als alternativen Stadtführer heranziehe, die ausladenden Bäume in der Mitte des Platzes als „intellektuelle Bäume, die sich von Pflastersteinen ernähren" verspottet hat.

Ein Museums-Geheimtipp befindet sich hier auch, nämlich das Musée national Eugène Delacroix, in dem der Maler seine letzten sechs Lebensjahre verbrachte, um nicht zu weit von Saint-Sulpice zu wohnen, an deren Dekoration er mitarbeitete. Ein Teil des Gebäudes wird während meines Besuchs gerade renoviert, doch das Museum, in dem einige durchaus wichtige Bilder sowie zahlreiche Skizzen des Zeit seines Lebens umstrittenen Meisters gezeigt werden, lohnt sich allein wegen seines hübschen Gartens – wieder so eine kleine Oase, die man an dieser Stelle nicht vermutet hätte. Weiter geht es in die Rue de l'Abbaye, in der ich auf Hausnummer 9 durch einen unscheinbaren Seiteneingang die Kirche Saint-Germain-des-Près betrete, den einzigen Überrest einer Abtei aus dem sechsten Jahrhundert, die der heilige Germanus hier auf einer Wiese (Près) errichtet hat. Im elften Jahrhundert wurde die von den normannischen Plünderungszügen stark in Mitleidenschaft gezogene Kirche neu gebaut, im sechzehnten Jahrhundert dem Zeitgeschmack angepasst, während der Revolution

Musée Delacroix

beinahe zerstört, dann im neunzehnten wieder renoviert, allerdings ohne den Versuch zu unternehmen, ihren ursprünglichen Zustand wieder herzustellen. Entsprechend vielfältig wirkt das Kircheninnere, die Polychromie stammt aus dem neunzehnten Jahrhundert, der authentischste Bauteil, der Chor, ist bei meinem Besuch leider abgesperrt. Ich verlasse die Kirche mit dem markant spitzen Turm durch den Haupteingang und stehe einer Louis-Vuitton-Boutique gegenüber. Hier erkennt man, was der Mythos, der wohlhabende Touristen aus aller Welt anzieht, aus dem Viertel gemacht hat. Die einst legendäre Buchhandlung *La Hune*, in der Wissbegierige zu Sartres Zeiten bis Mitternacht ihren Bücherdurst stillen konnten, ist jetzt eine Galerie, in der auch teure Bildbände und sehr schicke Kunstbücher verkauft werden. Natürlich sind die berühmten Cafés *Les Deux Magots* und *de Flore* noch da, in denen sich nach wie vor manche als Pariser Kaffeehausliteraten versuchen und das eine oder andere frisch verliebte Pariser Pärchen Profiteroles mit Schokoladensauce nascht. Auch die legendäre *Brasserie Lipp* hat noch scheinbar unverändert auf der gegenüberliegenden Seite des Boulevards geöffnet, doch die Gegend wirkt auf mich steril und überteuert, längst haben Louis Vuitton, Emporio Armani und Co das Kommando übernommen. Ich überquere den Boulevard bei der Diderot-Statue – der Enzyklopädist lebte im Vorgängergebäude des Hauses, in das ein gutes Jahrhundert später die Seidenwäschehandlung *Les Deux Magots* einziehen sollte, ehe sie zum Schnapsladen und zum Café wurde. Nur die beiden chinesischen Statuen, die man heute noch im Inneren bewundern kann und die dem Café den Namen gaben, blieben stets dieselben. Ich gehe ein Stück die Rue des Ciseaux hinunter und erreiche durch die Rue du Four die Rue Bonaparte – auch diese ist teuer, doch die traditionsreichen Stoff- und Tapetengeschäfte wirken nicht so aufdringlich neureich wie die Luxusboutiquen am Boulevard. Dafür kann man sich an Tagen mit gelegentlichen Regenschauern wie heute von den eleganten Herren auf der Straße abschauen, wie man einen Regenschirm so trägt, dass selbst das Klasse hat. Kurz vor Saint-Sulpice erreiche ich mein Etappenziel, eine Boutique des aus Colmar stammenden Edel-Pâtissiers Pierre Hermé, der für seine Macarons berühmt ist. In seiner von der Aufmachung und Eleganz her an einen der Juwelierläden des Viertels erinnernden Boutique gibt es auch Mini-Kouglofs zu kaufen, allerdings nicht zu jeder Tageszeit. Oliver, der deutsche Architekt und Flohmarkthändler, den ich seit meinen Recherchen in Saint-Ouen immer wieder treffe, wenn ich in Paris bin, hat mir eingeschärft, auf jeden Fall vor zwölf Uhr mittags dort zu sein. Danach seien nämlich alle verkauft, immer. Zumindest heute wird er Recht behalten, denn ich erwische knapp vor der Deadline den letzten kleinen Edel-Gugelhupf und lasse ihn mir für später einpacken. Wenn die Legenden stimmen, bin ich zum zweiten Mal auf Marie-Antoinettes Spuren unterwegs, die den in Österreich seit jeher beliebten Kuchen in Frankreich populär gemacht haben soll. In der Gugelhupf-Hochburg Elsaß, wo man die reine Lehre vertritt, dass ein richtiger Gugelhupf ausschließlich aus Hefeteig zu sein hat, besteht man auf einer anderen Herkunftsgeschichte. Die Heiligen Drei Könige haben das Rezept höchstpersönlich nach Ribeauvillé gebracht, woran die turban-artige Form erinnere.

Was ich von Saint-Sulpice halten soll, weiß ich bis heute nicht so recht. Die Fassade der während vieler Jahrzehnte erbauten zweitgrößten Pariser Kirche wirkt auf mich zu breit, die beiden Türme unharmonisch, das Zentrum eigenartig leer – was kein Wunder ist, da ein Blitz einst den Giebel, der einem antiken Tempel ähnelte, über der Fassade zerstörte. Am etwas disparaten Gesamteindruck ist dagegen die Baugeschichte Schuld. Sieben Architekten leiteten zwischen dem siebzehnten und dem neunzehnten Jahrhundert den mehrmals unterbrochenen Bau der Kirche, die durch die Dan-Brown-Romane auch international große Bekanntheit erlangt hat und einige Jahre lang regelrecht von Lesern des „Da Vinci Code" gestürmt wurde. Sie steckt tatsächlich voller Geheimnisse und Besonderheiten. Beim Eingang dienen riesige Muscheln als Weihwasserbecken, die auf von Jean-Baptiste Pigalle geschaffenen Marmorsockeln ruhen. Diese sollen wiederum Delacroix als Vorbild für einen Baumstamm in seinem monumentalen Wandgemälde „Jakobs Kampf mit dem Engel" gedient haben, einem seiner wichtigsten Werke, das hier bei freiem Eintritt zu besichtigen ist. Auch die Kanzel auf einem Zweibein ist ein Blickfang im Kircheninneren. Beachtenswert sind die unterschiedlichen Stimmungen, in die das Kirchenschiff je nach Tages- und Jahreszeit getaucht ist: Pierre Gittard, der dritte der vielen Architekten der Kirche, galt als Meister auf dem Gebiet des Einsatzes von natürlichem Licht. Auch Pigalles Marienstatue in der Jungfrauen-Kapelle wird heute auf besonders raffinierte Weise angestrahlt. Beim Hinausgehen werfe ich noch einen Blick auf die verblasste Inschrift über dem Haupteingang, die aus der Revolutionszeit stammt: „Das französische Volk anerkennt das Oberste Wesen und die Unsterblichkeit der Seele." Die Kirche war zu dieser Zeit in einen „Tempel der Vernunft" umgewandelt worden.

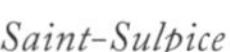

Saint-Sulpice

In der Rue Saint-Sulpice sind die Auslagen voll mit neuem Design und alten Büchern, doch mir steht der Sinn nun nach Nahrhafterem: Ein Sandwich im nächstbesten Café, in diesem Fall also im traditionsreichen *Café de la Mairie*. Diese Möglichkeit gehört zu den vielen wunderbaren Einrichtungen, die das Pariser Leben so angenehm (und erschwinglich) machen. Natürlich gibt es in dem gediegenen Café auch einen edlen Speisesaal und eine Auswahl an sicherlich hervorragenden Gerichten, doch kann man in so gut wie jedem Café zu Mittag ein einfaches Sandwich bestellen. Manchmal, aber nicht immer, gibt es einen Hinweis in der Speisekarte, im Zweifelsfall genügt es, an der Bar zu fragen. Klassisch ist der Jambon-beurre, Schinken und Butter, ich mag ihn am liebsten mit Cornichons. Dazu ein Glas Wasser, das nichts kostet, und nie wird man dafür schräg angeschaut, auch im Café de la Mairie werde ich so zuvorkommend bedient, als hätte ich gerade ein Dreigang-Menü und eine Flasche Rotwein bestellt. Natürlich wäre mein Jambon-beurre-cornichons – immerhin eine halbe Baguettelänge – woanders etwas billiger, aber man sollte nicht übersehen, dass das günstige Mittagessen auch eine Eintrittskarte ist: Pariser Plätze sind schließlich stets ein Spektakel, was man schon an der Sitzordnung in den Cafés und Bistros erkennt. Selten sind die kleinen, nicht übertrieben bequemen Rattan-Stühlchen gegenüber angeordnet, meist nebeneinander, sodass man, isst man zu zweit, gemeinsam das Pariser Pflasterspektakel genießen und kommentieren kann, was eine viel zwanglosere Unterhaltung ermöglicht, als würde man sich gegenübersitzen, was im Grunde ja oft recht unbehaglich ist. So gut wie immer sind die Menschen auf den manchmal etwas schäbigen Stühlchen gut angezogen, und so gut wie immer verstehen sie es, angenehm, geistvoll und heiter miteinander zu kommunizieren. Schließlich wissen sie, dass sie nicht nur Zuschauer, sondern auch Teil der Vorstellung sind, nicht umsonst gehen Platz und Café meist ohne klare Grenze ineinander über. Der französische Ausdruck für lautes, unmögliches Benehmen lautet nicht umsonst „Sé donner en spectacle“, frei übersetzt „eine Schau abziehen“. Ich genieße, an meinem Sandwich kauend, das Leben auf diesem Platz, der so nahe an den überlaufenen Cafés von Saint-Germain liegt, doch so viel pariserischer geblieben ist. Den schönsten Ausblick über den Platz hat übrigens Catherine Deneuve, die in einem Haus mit großen Panoramafenstern genau gegenüber der Kirche wohnt, doch wird man sie selten im *Café de la Mairie* Mittagessen sehen.

Plötzlich brüllt mir jemand laut die aktuellen Schlagzeilen ins Ohr – ich habe ihn vor lauter Tagträumerei gar nicht kommen sehen. Es ist Ali Akbar, ein stadtbekannter Zeitungsausträger, der im sechsten Arrondissement lautstark Zeitungen verkauft und die neuesten politischen Verwicklungen und allerlei unschöne Skandale hinausposaunt.

Nach dem Kaffee nehme ich die Rue du Vieux Colombier und danach die Rue de Sèvres, denn mein nächstes Ziel heißt *Le Bon Marché*. Es ist das älteste Warenhaus der Stadt und der einzige noch erhaltene historische Konsumpalast an der Rive Gauche. Auch wenn ich Shoppingtempel sonst eher meide, verspüre ich in diesem Fall eine gewisse Vorfreude, denn *Le Bon Marché* ist keine mit Kleinboutiquen vollgestopfte und mit das Gehirn zersetzender Shopping-Musik überschwemmte

Einkaufshölle, sondern ein Ort, an dem sich der Eleganz des 19. Jahrhunderts noch nachspüren lässt. 1863 übernahm ein gewisser Aristide Boucicaut eine kleine Boutique mit dem Namen *Bon Marché* und setzte dort einige revolutionäre Geschäftsideen um. Man konnte sich in seinem Laden frei bewegen und die Artikel, die systematisch angeordnet waren, selbst auswählen. Die Preise waren ausgeschildert, und man durfte die erworbenen Waren später sogar umtauschen oder zurückgeben. Die Kunden waren begeistert, bald war die erste von vielen Vergrößerungen fällig – innerhalb von dreißig Jahren erweiterte Boucicaut seine Geschäftsfläche von dreißig auf fünfundzwanzigtausend Quadratmeter. Das aktuelle Gebäude wurde von Gustave Eiffels Büro geplant. Die Architektur des traditionsreichen Hauses wirkt heute noch edel, schön und großzügig, was wohl auch notorische Shopping-Verweigerer zugeben werden müssen. Mein Bummel durch das riesige Gebäude entpuppt sich überraschend auch als literarische Vergnügungsreise über mehrere Stockwerke. Der Journalist und Autor Loïc Prigent hat mehrere Wochen lang Kunden belauscht und ein Best-of von Sprüchen und Fragen erstellt, die nun als Postkarten sowie in Buchform im *Bon Marché* erhältlich sind. Überall im Gebäude hängen Plakate mit Beispielen wie „Kann ich eine Champagnerflasche für ein Selfie haben?“ oder „Ich suche einen Absatz, der beim Gehen ein sexy Geräusch macht.“ Der schönste Bereich des *Bon Marché* ist für mich die Grande Épicerie, ein Tempel für Feinschmecker, wie es auch in Paris nicht viele gibt. Egal, ob man nun vor dem Champagner-, dem Mineralwasser oder dem Tee-Regal steht, einen ausgefallenen Käse sucht oder stattlichen Rindfleisch-Trümmern in gläsernen Schränken beim Reifen zusieht, möglichst alles zu haben und das möglichst edel präsentiert, scheint hier die Devise zu sein.

Einen Kontrast zum imaginären Kaufrausch, dem ich im *Bon Marché* erlegen bin, finde ich nur ein paar Schritte vom Haupteingang entfernt. In der Rue du Bac, gleich hinter der

Au Bon Marché

Grande Épicerie, befindet sich die Kirche Notre-Dame de la Médaille miraculeuse, in der einer Nonne im Jahr 1830 die Jungfrau Maria erschienen sein und sie aufgefordert haben soll, Gedenkmedaillen mit ihrem Bild prägen zu lassen, die ihren Trägern die göttliche Gnade sichern. Man mag von dieser geschäftstüchtigen Art der Frömmigkeit halten, was man will, jedenfalls herrscht überraschend reges Leben in der von außen unscheinbaren Wallfahrtskirche, die zu den zehn meistbesuchten Kulturstätten von Paris zählt.

Durch die Rue de l'Abbé Grégoire, benannt nach einem Jakobiner, der für seinen Hass auf alle nicht-französischen Sprachen und Dialekte der jungen Republik berühmt wurde und als einer der ersten die sprachliche Vereinheitlichung Frankreichs forderte, erreiche ich die Rue du Cherche-Midi. Ich überlege kurz, auf einen Kaffee in den hübschen Teesalon *Mamie gâteaux* einzukehren, doch der ist leider bis auf den letzten Platz besetzt. Durch die belebte Rue Saint-Placide gehe ich weiter in die Rue-Notre-Dame-des-Champs, in der ich mir im Vorbeigehen das Programm des Lucernaire Forum besorge, eines der wichtigsten Veranstaltungszentren der Rive Gauche. Es gibt dort ein Theater, ein Kino, ein Restaurant und auch ein

Theatercafé. Und das ist ganz genau so, wie es sein soll: komplett in schwarz und rot gehalten, etwas abgewetzt, mit angenehmem Jazz beschallt, einfach der ideale Ort für ein Bier zwischen „chien et loup", wie man in Frankreich zur Abenddämmerung sagt, aber die ist jetzt noch weit.

In der Rue Bréa hätte ich zu Mittag gegessen, wäre ich nicht viel langsamer als eigentlich geplant unterwegs, und zwar im *Vieux Journal*. Ich kenne diese Crêperie, die ein wenig abseits der unzähligen anderen Crêperien der Gegend liegt – die Gare Montparnasse, von der aus die Züge in Richtung Bretagne fahren, ist nicht weit – seit Studententagen, bin seither immer wieder hier eingekehrt und nie hat sich in den knapp zwanzig Jahren etwas verändert. Bis jetzt jedenfalls: „Es war einfach Zeit für eine neue Deko", erklärt mir die Wirtin Françoise, als sie mein überraschtes Gesicht sieht, mit einem Achselzucken. Die Decke ist noch mit den alten Zeitungen von früher tapeziert, die Wände sind jetzt frisch und hell. Ein befreundeter Künstler, Pierre Chandelier, stellt seine farbenfrohen Bilder aus. Ich mochte zwar die alte Deko, muss aber zugeben, dass es jetzt noch besser aussieht. Gleichgeblieben ist hingegen die Qualität der Crêpes und Galettes, die Françoise und Michel ein wenig kreativer füllen als die meisten Bretonen ringsum. Kein Wunder: Die beiden kommen aus der Normandie und beschränken sich nicht auf klassische Rezepte. In der „Toulousaine" sind geschmorte Zwiebel und die typische Toulouser Bratwurst drin, in der „Lotoise" Blutwurst und Apfelmus. Auf meine Frage nach einer typisch bretonischen Variante empfiehlt Françoise Galette mit Andouille. Diese Wurst aus Schweineinnereien gehört jedoch wie ihre Verwandte, die Andouillette, die ausschließlich aus Schweinedarm und -magen besteht, zu den wenigen französischen Speisen, um die ich einen großen Bogen mache, was Françoise erheitert. Also doch lieber der unbestrittene Galette-Klassiker, die „complète" mit Schinken, Käse und Ei, und die geht so:

GALETTES „VIEUX JOURNAL"

Zutaten:
Teig (für 6–8 Personen)
3 Eier
1 l Wasser
1 EL Weizenmehl
800 g Buchweizenmehl
Salz, Pfeffer
1 EL Öl

Schinken, geriebenen Käse und Eier zum Belegen

Die Zutaten für den Teig vermischen und mindestens 6 Stunden rasten lassen. Für die „complète" etwas Teig in eine flache, heiße, eingefettete Pfanne gießen und verteilen, einmal wenden, dann ein rohes Ei auf die bereits gebackene Seite schlagen. Das Eiklar gut verteilen, damit es schneller durch ist. Ist das Eiklar gestockt, geriebenen Käse auf der Galette verteilen (den Dotter dabei freilassen), zergehen lassen, Schinken drauflegen und die Ränder der Galette, wenn sie auf der Unterseite goldbraun gebacken ist, viermal nach innen schlagen, dass nur der Dotter in der Mitte frei bleibt und die Galette eine quadratische Form bekommt.

Durch die Rue Bréa gelange ich in die Rue d'Assas, wo ich ein weiteres Künstleratelier besuche, das heute ein Museum ist. Im Musée Zadkine kann man bei freiem Eintritt zwischen den kubistischen Skulpturen des franko-russischen Bildhauers Ossip Zadkine herumspazieren. Da gerade eine asiatische Reisegruppe mit Führerin das Museum recht gut füllt, halte ich meinen Besuch kurz, doch ähnlich wie beim Delacroix-Museum ist es ein Vergnügen, die Kunstwerke dort zu betrachten, wo sie entstanden sind, und nebenbei eine Ahnung vom Leben und der Wohnumgebung ihres Schöpfers zu bekommen.

Jardin du Luxembourg

Nur ein paar Schritte sind es zum nächsten Eingang in den Jardin du Luxembourg, und die Weite des großzügigen Parks ist jetzt auch genau die richtige Abwechslung nach meinem verschlungenen Spaziergang durch das umtriebige sechste Arrondissement. Einige Minuten bleibe ich beim Boulodrome stehen und bewundere die unterschiedlichen Wurftechniken der durch die Bank erfahrenen Spieler, die es verstehen, ihren Kugeln genau den richtigen Drall zu geben. Sie werfen die Kugeln meist erstaunlich hoch und zielgenau – ein Wettkampf auf hohem Niveau findet hier statt. Ärgerlich ist der Spielplatz dahinter, für den sowohl Kinder als auch Erwachsene Eintritt zahlen müssen. Immerhin ist die große Sandkiste außerhalb des eingezäunten Terrains gratis. Ich suche mir einen der vielen freistehenden Stühle im Schatten, Lesestoff habe ich dabei: Colettes „La Chatte", das ich nun aus der Tasche ziehe und aus dem Cellophan-Umschlag befreie. Dazu gibt es Gugelhupf von Pierre Hermé, den ich völlig vergessen hatte. Er ist unfassbar buttrig, süß und saftig, ein etwas schwer zu verspeisender Genuss, eigentlich zu viel für nur eine einzige Person, aber aufheben lässt er sich natürlich auch schlecht. Nach einer ausgiebigen Lesepause spaziere ich weiter durch den Park, in dessen hinterstem

Abschnitt Pflanzen gezogen und Bienen gezüchtet werden und in dem es an sonnigen Wochenenden ungemütlich voll werden kann. Durch die Rue Férou spaziere ich zurück ins Viertel um Saint-Sulpice. Erst aus dieser Richtung kommen die schwindelerregenden Dimensionen der Kirche voll zur Geltung. Würde ich dieses Buch auf Französisch schreiben, könnte ich nun das Adjektiv „rimbaldien" verwenden: Eine lange Mauer, an der ich entlang flaniere, ist von einem Gedicht Arthur Rimbauds geschmückt, „Le bateau ivre", in dem sich das lyrische Ich selbst mit einem Schiff vergleicht. Im Gegensatz zum Pariser Wappenschiff geht es jedoch letztendlich unter.

Orte zum Vertiefen

Bibliothèque Mazarine: *23 Quai de Conti, 75006 Paris. +33 1 44 41 44 06. 10–18 Uhr. www.bibliothèque-mazarine.fr*

Ladurée Paris Bonaparte: *21 Rue Bonaparte, 75006 Paris. +33 1 44 07 64 87. www.laduree.com*

Musée national Eugène Delacroix: *6 Rue de Furstenberg, 75006 Paris. +33 1 44 41 86 50. www.musee-delacroix.fr*

Pierre Hermé: *72 Rue Bonaparte, 75006 Paris. +33 1 43 54 47 77. www.pierreherme.com*

Lucernaire Forum: *53 Rue Notre-Dame-des-Champs, 75006 Paris. +33 1 45 44 57 34. www.lucernaire.fr*

Musée Zadkine: *100 bis Rue d'Assas, 75006 Paris. +33 1 55 42 77 20. www.zadkine.paris.fr*

Orte zum Verweilen

Ma salle à Manger: *26 Place Dauphine, 75001 Paris. +33 1 43 29 52 34*

L'Heure Gourmande: *22 Passage Dauphine, 75006 Paris. +33 1 46 34 00 40. Di–So 11:30–19 Uhr, Mo –15 Uhr.*
Ein idealer Ort zum Mittagessen, es gibt günstige Gerichte wie Quiches, sehr angenehme Atmosphäre.

Café de la Mairie: *8 Place Saint-Sulpice, 75006 Paris. +33 1 43 26 67 82.*

Le Machon d'Henri: *10 Rue Guisarde, 75006 Paris. +33 1 43 29 08 70. www.lemachondhenri.fr*
In den Straßen rund um den ehemaligen Markt wechseln die Restaurants ihre Namen und Besitzer ständig – dieses nicht: Seit Jahren unverändertes Bistro mit solider, sehr guter Küche und freundlichem Service.

La Méditerranée: *2 Place de l'Odéon, 75006 Paris. +33 1 43 26 02 30. www.la-mediterranee.com*
Von Jean Cocteau und Christian Bérard dekoriertes Fischrestaurant – à la carte nicht billig, doch mit vergleichsweise günstigen Menüs.

Crêperie du Vieux Journal: 17 Rue Bréa, 75006 Paris. +33 1 43 26 90 49.

Chez Georges: *11 Rue des Canettes, 75006 Paris. +33 1 43 26 79 15.*
In dieser legendären Weinbar habe ich den Tag in Saint-Germain bei Wein, Pastete und Brot ausklingen lassen. Nicht nur die Inneneinrichtung von *Chez Georges* ist seit Jahrzehnten dieselbe: Hinter der Bar begrüßt mich wie bereits vor zwanzig Jahren Hugo, der Sohn der aktuellen Eigentümerin Nicole –, und auch diese verbringt nach wie vor Abend für Abend in der Bar, die sie von ihrem Vater Georges übernommen hat. „Ich bin seit meinem

Chez Georges

fünfzehnten Geburtstag hier", erklärt die über Achtzigjährige, die aber deutlich jünger wirkt. Wir wechseln ein paar Worte, während sie mit einigen alten Freunden ihr tägliches Gläschen Rotwein zum Abendessen trinkt. Ich erzähle ihr von meiner Studienzeit in Paris, als ich an Wochenenden oft mit Freunden zum Tanzen hierherkam, und sie lässt mich einen Blick in den um diese Uhrzeit noch nicht geöffneten Keller machen: Auch dieser ist unverändert, Kerzen stehen auf Holztischen im Ziegelgewölbe, es ist eng, gegen Mitternacht meist bummvoll. Ob sich die Musik verändert hat? Hugo lacht, „Natürlich nicht!" – Französische Chansons, Hits aus den Achtzigern, Harry Belafonte, jiddische und hebräische Lieder wie Hava nagila mischen sich nach wie vor Nacht für Nacht zum typischen Sound von *Chez Georges*. Unten tanzen die Studenten, oben mischen sich alt und jung, chic und abgewetzt in einem der letzten verbliebenen klassen- und alterslosen Orte der Stadt. Ob ich später noch einmal vorbeikommen soll, um einen Blick in den Keller zu werfen? Wahrscheinlich passe ich inzwischen besser ins Erdgeschoss … Als ich aufbreche, verabschiedet sich Hugo mit „Bis zum nächsten Mal" – ich bin sicher, dass dieses nächste Mal, auch wenn dazwischen wieder zwanzig Jahre vergehen sollten, nicht viel anders sein wird.

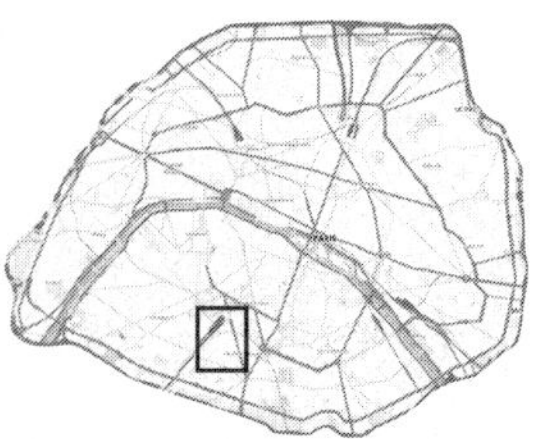

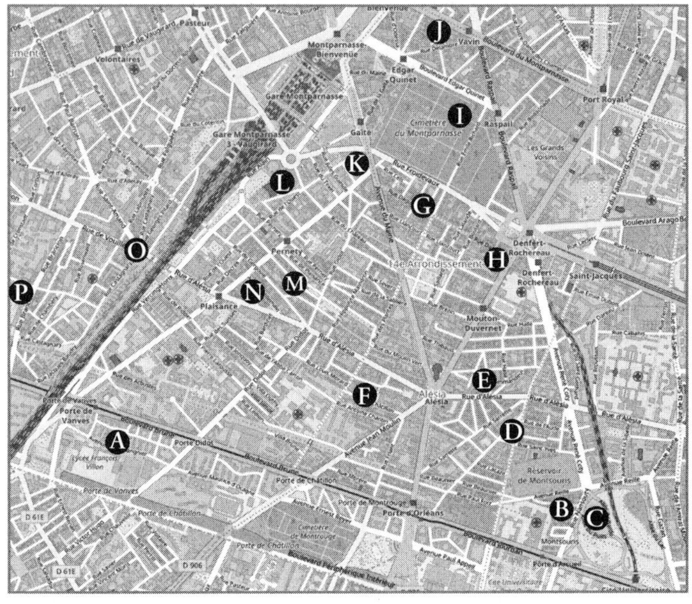

A *Flohmarkt*
B *Square de Montsouris*
C *Parc de Montsouris*
D *Lenin-Wohnhaus*
E *Sacrés Vins Dieux*
F *Jardin Lionel-Assouad*
G *Aux petits chandeliers*
H *Daguerre Marée*
I *Cimetière du Montparnasse*
J *Mission bretonne*
K *Fondation Henri Cartier-Bresson*
L *Notre Dame-du-Travail*
M *Rue des Thermopyles*
N *Impasse Florimont*
O *Place du Général-Monclar*
P *Parc Georges Brassens*

Ein sonniger Samstag im Süden

Ein kurioses Objekt inmitten einer stattlichen, auf einem Tisch ausgebreiteten Sammlung alter Silberbestecke lässt mich abrupt stehen bleiben: ein Messer mit schön geformtem, von einem Wappen gezierten Silbergriff, dessen Klinge auf halber Länge zur Speisegabel wird. Käsemesser ist es keines, schließlich sind die Gabelzinken mundgerecht gebogen, aber was ist es dann? „Ein Melonenmesser natürlich“, erklärt mir die Verkäuferin etwas unwirsch. Sie hat mir mit steinerner Miene beim Betrachten, Drehen und Wenden des Messers zugesehen und sich dabei wohl gefragt, wann ich es endlich aufgeben würde, selbst auf die Lösung zu kommen. Eigentlich ist das seltsame Gerät eine praktische Erfindung. Will man eine Melone nicht vornübergebeugt mit vom Kinn tropfendem Saft verspeisen, muss man sie irgendwie in Stücke schneiden, und dabei leistet das auf den ersten Blick überflüssige Werkzeug sicher gute Dienste, vor allem, wenn man im Stehen isst oder beim Picknick im Grünen keinen Teller zur Verfügung hat. Eine Hand hält die Melone, mit der anderen schneidet man Stück für Stück ab, spießt es auf und führt es zum Mund – und das, ohne eine Messerspitze in den Mund zu nehmen, was sich bekanntlich überhaupt nicht schickt. Ich stelle mich auf eine harte Preisverhandlung ein, doch die elegante Dame ist dann noch unerbittlicher als befürchtet: Das seltene Stück ist nur im

Zwölferset zu haben oder gar nicht, und das übersteigt sowohl mein Budget als auch den freien Platz in meiner Bestecklade.

Schweren Herzens ziehe ich weiter, die Avenue Marc Sangnier ganz im Süden des vierzehnten Arrondissements entlang, in der samstags und sonntags immer ein schöner Flohmarkt abgehalten wird, der eigentlich eher ein Antiquitätenmarkt ist. Mir fallen besonders viele seltsame Löffel auf, deren Gebrauch man schon seit vielen Jahrzehnten vergessen hat. „Die benützte man, um Bonbons aus einer Dose zu schaufeln", erklärt mir ein freundlicher Händler den Sinn eines breiten Löffels, in dessen vorderen Teil ein Lochmuster gestanzt ist, um etwaige Zuckerbrösel durchrieseln zu lassen. Ein anderer, kleinerer Löffel mit feinen Löchern dient wiederum als Zuckerlöffel. Damit lassen sich Erdbeeren viel regelmäßiger mit Zucker bestreuen als mit einem herkömmlichen Teelöffel. Mich faszinieren diese Zeugen der verfeinerten Tischsitten des neunzehnten Jahrhunderts, die das Essen gleichzeitig erleichtert und doch auch zu einem sehr komplizierten Ritual gemacht haben, denn ohne ein gewisses Know-how hat man wenig von all den praktischen Erfindungen. Manches daran mag übertrieben gewesen sein, doch verleihen die Rituale den schönen

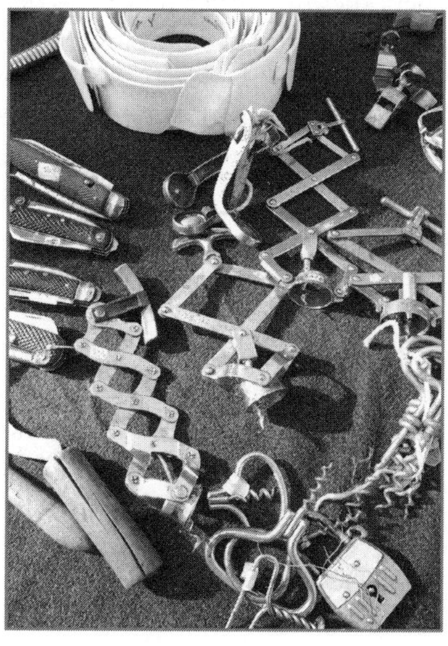

Puces de Vanves

Momenten, die man in guter Gesellschaft bei gutem Essen verbringt, auch eine besondere Note. Man muss sie ja nicht allzu ernst nehmen.

Angesichts der vielen tadellos in Schuss gehaltenen Korkenzieher bin ich wieder einmal fasziniert von der Fantasie, die Menschen immer wieder darauf verwenden, das Öffnen von Weinflaschen zu erleichtern, mit oft ausgeklügelten, kraftsparenden Mechanismen. Auch abseits der Tischkultur gibt es an der Porte de Vanves viel zu sehen. Mir fallen einige Stiche und anatomische Skizzen auf, datierte Briefe aus dem sechzehnten und Notenblätter aus dem achtzehnten Jahrhundert etwa, wunderschön anzusehen. Gleich daneben eine beeindruckende Sammlung von Schreibtischlampen und -sesseln, afrikanische Kunst, Kavallerie-Harnische aus den napoleonischen Kriegen, oder, doch wieder Tischkultur, eine erstaunliche Sammlung unterschiedlichster Tee-Eier. Nicht widerstehen kann ich bei einer Kiste voller Porzellan-Fèves. Diese sogenannten „Bohnen“ sind kleine Figürchen, die im Mittelpunkt eines heute noch in ganz Frankreich beliebten Brauches stehen. Rund um den Dreikönigstag lädt man Freunde und Familie ein, um gemeinsam einen Kuchen zu essen, in dem eine kleine Porzellanfigur versteckt ist. Der jüngste Teilnehmer muss vor dem Anschneiden unter den Tisch krabbeln, danach wird der Kuchen in so viele Stücke geteilt, wie Gäste anwesend sind. Die unter dem Tisch versteckte Person teilt danach die Kuchenstücke den Gästen zu, ohne sie zu sehen – aus einem ragt möglicherweise die Figur schon heraus. Wer die „Bohne“ in seinem Kuchenstück hat – vorsichtiges Zubeißen ist ratsam, sollte die Fève beim Anschneiden noch nicht sichtbar geworden sein – ist König oder Königin, bekommt eine Krone aufgesetzt und muss die ganze Runde als Nächster zum Kuchenessen einladen. Diese wechselseitigen Einladungen ziehen sich dann oft bis ins Frühjahr, ein liebenswerter Brauch. Sollten Sie ihn nachahmen wollen, kommt hier ein Rezept für den französischen Königskuchen:

LA GALETTE DES ROIS

Zutaten:
2 Packungen Blätterteig, wenn möglich rund (kann notfalls gestückelt werden)
100 g blanchierte, fein geriebene Mandeln
100 g Zucker
100 g Butter
Etwas Rum
3 Eier

Die Butter mit dem Mixer cremig rühren, Zucker, zwei Eier und Mandelpulver einrühren, eventuell einen Schuss Rum dazugeben.

Die Masse auf einen runden Blätterteig (etwa normaler Tarte-Durchmesser) geben, einen großzügigen Rand freilassen. Die Fève nicht vergessen! Den zweiten Teig darauflegen, die Ränder mit den Fingern kräftig zusammendrücken. Es sollte ein etwa zwei bis drei Zentimeter starker Rand entstehen. Alle zwei Zentimeter immer etwa zwei Drittel des Randes in Richtung Mitte einschneiden – wenn der Kuchen aufgeht, entsteht dadurch sein typisches Muster.

Das verbliebene Ei versprudeln und mit einem Pinsel auf dem Kuchen verstreichen, mit einer Gabel oder Nadel verzieren (Rauten-, Spiral- oder sonstiges Muster). Etwa 20 Minuten bei 180 °C auf einem Backpapier backen.

Viele Franzosen sammeln bestimmte Fève-Serien, von denen es unzählige gibt, ich nehme ein hübsches Trachtenpärchen aus dem Roussillon mit. Und dann komme ich auch noch beim Besteck auf meine Rechnung. Ein etwas grob geformter Löffel, einmal mehr mit hineingestanzten Löchern, der statt einer Rundung vorne Zacken hat – was ist das nun schon wieder? Der Verkäufer weiß keinen Rat und vermutet, es handle sich um eine weitere Bonbonschaufel, doch ein neben mir im Besteck wühlender Kunde ist nachgerade empört angesichts von so viel Ignoranz.

Das sei ein Eiswürfellöffel, was denn sonst! Die Zacken dienen dazu, eventuell aneinander geschmolzene Eiswürfel voneinander zu lösen, und dank der Löcher schöpft man damit eben nur Eis und kein Schmelzwasser ins Getränk oder in den Champagnerkübel. Ich kann den Flohmarkt also mit dem guten Gefühl verlassen, doch noch etwas Besonderes gefunden zu haben.

Den Boulevard Brune bis zu meinem nächsten Ziel, dem Parc Montsouris, entlangzugehen habe ich keine Lust, ich nehme die Tram, die in Paris wie in ganz Frankreich eine Renaissance erlebt. Paris hatte einst ein Straßenbahnnetz mit 22 Linien, doch bereits 1937 schaffte man dieses plötzlich als veraltet angesehene Transportmittel ab, um mehr Platz für den motorisierten Verkehr zu schaffen. Ab den 1980er-Jahren erfanden dann Städte wie Nantes, Grenoble und Straßburg die auch dort längst demontierten Straßenbahnen neu und hatten damit ein effizientes Mittel im Kampf gegen den täglichen Verkehrsinfarkt entdeckt. Paris zog 1992 nach, derzeit wird schrittweise der Straßenbahnring entlang der parallel zum Périphérique verlaufenden Boulevards des Maréchaux vollendet.

Ein interessantes Panorama sieht man von der Tram aus vorbeigleiten. Schöne alte Arbeiter-Wohnanlagen aus Backsteinen, dazwischen „bürgerliche" Gebäude im Haussmann-Stil, moderne Wohnblocks und auch die eine oder andere kokette alte Villa, die zu ihrer Bauzeit wohl in einem weitläufigen Garten stand, aber längst von der wachsenden Stadt umwuchert worden ist. Eine besondere Straße hier am südlichen Stadtrand ist der Square de Montsouris, eine kleine Privatstraße, in die ich nach dem Aussteigen gegenüber der riesigen Studentenheim-Anlage Cité Universitaire biege. Die Straße ist von Häusern aus den 1920er- und 1930er-Jahren gesäumt, die teils von prominenten Architekten erbaut wurden. Nummer 51 von Le Corbusier, Nummer 2 von den Brüder Perret. Die verträumte Straße ist üppig begrünt und voller Katzen, hier wohnen sicher nur sehr wohlhabende Menschen, die aber offenbar mit relativ kleinen bunten

Autos durch die Gegend fahren, denn für dicke SUVs ist einfach zu wenig Platz da.

Der Parc Montsouris gehört zu den entspanntesten Orten von Paris, die Stimmung ist ganz anders als im Jardin du Luxembourg, in dem ich bei meinem letzten Spaziergang einen halben Nachmittag verbracht habe. Hier schwitzen viele beim Sport oder bei der Gymnastik, Menschen liegen im Gras, Kinder tollen herum, man meditiert, turnt oder frühstückt in der Wiese und lässt sich gehen – eine so ungezwungene Stimmung findet man im Zentrum von Paris selten. Eigenartig wirken auf mich nur die teils düsteren Skulpturen, etwa ein waffenstarrender Engel als Symbol für den „bewaffneten Frieden", aus dem man unschwer die revanchistische Stimmung nach der Niederlage im deutsch-französischen Krieg herauslesen kann. Doch vor allem ist dieser Park ein Paradies für Kinder. Es gibt eine Kasperl-Bühne, einen Ententeich, eine Waffelbude, einen kleinen Zug. Mich erinnert die liebevolle Gestaltung des Parks an alte Bilderbücher. Vor dem Haupteingang, durch den ich den Park wieder verlasse, ist schon wieder ein kleiner Flohmarkt aufgebaut, doch statt feiner Bestecke gibt es hier eher wertloses altes Zeug zu kaufen, das originellste Stück ist ein Schnapsroulette.

Parc Montsouris

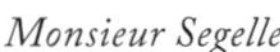

Monsieur Segelle

Stille, schöne Straßen führen vom Park in Richtung Stadtzentrum, durch die Rue Saint-Yves gelange ich zur Villa Seurat, in der einst Henry Miller und Anaïs Nin lebten und liebten, die Lenins wohnten gleich ums Eck, in einem sehr bürgerlichen Gebäude in der Rue Marie-Rose Nummer 4. Früher erinnerte eine Gedenktafel an der Hauswand an die prominenten Bewohner, doch der aktuelle Besitzer des Hauses ließ das kleine Museum, das hier einst zu besichtigen war, schließen und die Tafel entfernen. Durch die Rue du Loing erreiche ich die Rue d'Alésia, die mir unerwartet vertraut vorkommt. Einer vagen Erinnerung folgend, überquere ich die Straße und nehme die Rue Montbrun. Tatsächlich, die Weinhandlung *Sacrés Vins Dieux*, in der ich vor Jahren zufällig einmal sehr gut eingekauft habe, ist noch da, und noch dazu ist gerade eine Verkostung im Gang, an die ich mich gleich anschließe. Der Önologe Alain Segelle bespricht mit einer Runde gerade einen Wein namens „Les Copains d'Abord". Mit seinem Rauschebart, seiner runden Nase und seinen funkelnden Augen sieht er auch irgendwie so aus, als wäre er einem Chanson von Georges Brassens entsprungen, an den der Name des Weines erinnert. Die ganze Produktpalette eines Weingutes aus dem Languedoc wird heute vorgestellt, zum Glück habe ich gut gefrühstückt, wenn das auch schon eine Weile her ist. Ich verbringe einen langen Moment in dieser Weinhandlung, lausche zunächst Alain Segelles Erklärungen zum Bourboulenc blanc, der selten reinsortig vinifiziert wird, ein blumiger, duftiger, südlicher Weißwein. Wir unterhalten uns über Gerichte, die zu den verschiedenen Weinen passen könnten, auch über die Jahreszeit, in der man lieber den einen oder anderen Roten trinken würde, über österreichische Weine, die der Önologe gut kennt – vor allem die Rebsorte Sankt Laurent hat es ihm angetan – und über den Weinpapst Robert Parker, von dem er wenig hält. Der Ausbau im Barrique, den Parker so schätzt, stört Monsieur Segelle eher; er will den Wein schmecken, nicht das Holz. Wein ist einfach ein unerschöpfliches Thema, doch meine Route durch den Pariser Süden ist noch lang. Beschwingt kehre ich zur Rue d'Alésia zurück, einer dieser vielen kleinen Bezirks-Hauptstraßen, an denen Paris so reich ist, und die vor allem am Wochenende Festtagsstimmung verströmen. Die Geschäfte quellen über, aus den Traiteur-, Fleischhauer-, Fisch- und Käsegeschäften duftet es kräftig, die Bewohner des Viertels nehmen sich nicht nur für den Einkauf, sondern auch für das eine oder andere Schwätzchen unterwegs Zeit. Hier herrscht Pariser Straßenleben, wie man es einfach lieben muss. Auch das Dekor ist prachtvoll, die Häuser in Lenins altem Wohnviertel sind von gediegener großbürgerlicher Eleganz. Ich überquere die Place Victor-et-Hélène-Basch, die von einer seltsam proportionierten neoromanischen Kirche dominiert wird, um die Villa d'Alésia zu erkunden, in die mich der Stadtplan gelockt hat, eine weitere verträumte Pariser Straße, die eine Besonderheit aufweist: Durch das Haus mit der Nummer eins führt der Weg direkt in einen kleinen Park, den Jardin Lionel Assouad, eine charmante kleine Oase und ein Geheimtipp, dessen Existenz mir bisher verborgen geblieben war. Vielleicht hätte ich doch ein Sandwich in der Bäckerei Dominique Saibron in der Rue d'Alesia kaufen sollen, deren Glasfenster den Blick in die Backstube freigeben? Dafür ist es nun zu spät, doch ich genieße auch so den gekonnt angelegten Park mit der kleinen Wiese und dem üppigen Grün rundherum. Durch die kleine Passage kehre ich zur Villa d'Alésia zurück. Bei einem Trödlerladen biege ich in die Rue des Plantes, direkt bei einem netten Restaurant mit dem Namen *Les Petits Plats*, das bewusst kleine Portionen anbietet, damit man mehr davon bestellen kann, und folge der Straße nun ein gutes Stück in Richtung Norden. Ein schöner Anblick ist der ältere Herr auf der Terrasse des Café *Au temps passé* im Erdgeschoß eines prachtvollen Hauses am Eck mit der Rue d'Alésia, der gerade ein Gläschen Rosé in der Frühlingssonne genießt. Leicht nostalgisch-wehmütig stimmt mich auch das Schaufenster der Bibliothek Georges Brassens wenige Schritte weiter auf meinem Weg ins Zentrum: Die Bibliothekare hatten die ausgezeichnete Idee, in den zurückgegebenen Büchern vergessene Lesezeichen zu einer kleinen Ausstellung zusammenzustellen. Sie retten damit einige wahre Schätze zumindest für die Allgemeinheit: „Ich liebe dich für immer, Mama" steht auf einem mit krakeligen Kinderzeichnungen geschmückten Stück Papier, das man unmöglich wegwerfen hätte können. Mir gefällt besonders die Widmung „Joie et amitié", also „Freude und Freundschaft."

Bei der Kreuzung mit der Rue Daguerre überlege ich kurz, das bunte kreolische Restaurant *Aux petits Chandeliers* auszuprobieren, doch es zieht mich in die Rue Daguerre: Die verkehrsberuhigte Straße ist bekannt für ihre Restaurants und Lebensmittelgeschäfte, ideal für einen kurzen Abstecher. Eine Leierkastenfrau sorgt für Altpariser Musikuntermalung, man kann praktische Ledergeldtaschen kaufen oder die Dienste eines mobilen Messerschleifers in Anspruch nehmen. Die Straße ist ein einziger offener Markt, gesäumt von Bäckereien, Konditoreien, Traiteur-Läden, Käsehändlern, Fleischhauern und was es sonst noch an Lebensmitteln geben mag. Der Klassiker am Platz ist *La Maison Péret*, ein traditionsreiches gutbürgerliches Restaurant, ich finde aber das Fischrestaurant *Daguerre marée* interessanter. Dort

Café Au temps passé

sind leider alle Tische auf der sonnigen Terrasse besetzt. Ein Herr mit über die Schulter geworfenem Schal, der gerade den letzten Rest einer Flasche Champagner in sein Glas leert, betrachtet sichtlich amüsiert die Schlange. Da ich keine Lust zu warten habe, bummle ich weiter und kaufe einen Seeigel am zum Restaurant gehörenden Fischstand. Die wollte ich immer schon einmal probieren. Mit einer Schere wird das Tier geöffnet, die fünf orange-rötlichen, sternförmigen Wülste im Inneren sind essbar, wobei das französische „Corail" irgendwie besser klingt als die nüchterne deutsche Bezeichnung Geschlechtsdrüsen. Vielleicht hätte ich beim Essen nicht daran denken sollen, restlos überzeugt bin ich von dem Genuss nicht. Mir fällt das kreolische Restaurant in der Rue Gassendi wieder ein. Das *Aux petits Chandeliers* ist ein kleines, unprätentiöses Lokal mit Papiertischtüchern und Lustern aus bunten Glaskugeln. Ein Foto, auf dem Jacques Chirac dem Wirt die Hand reicht, hängt an der Wand, die Toiletten sind unglaublich eng, die Kundschaft besteht offenbar aus guten Freunden des Wirts, der sie so freundlich begrüßt wie den ehemaligen Präsidenten. Ich esse Fisch-Cari, Riad, der Chef des Lokals, gibt mir das Rezept dazu:

CARI DE POISSON

Mengenangaben gibt es keine – einfach nach Gefühl, Anzahl der Esser und Hunger variieren!

Zutaten:
Fischfilets (auf La Réunion nimmt man einen Fisch namens Thazard, ein sogenannter Unechter Bonito, der mit Thunfisch und Makrele verwandt ist, das Rezept funktioniert aber auch mit anderen Seefischen)
Zwiebel, Knoblauch, frischer Ingwer nach Belieben
Geschälte Tomaten
Paprika
Safran, Kurkuma, Kreuzkümmel
Chili-Schoten
Kaffernlimetten
Salz, Pfeffer
Reis

Die Fischstücke anbraten, innen sollen sie noch roh bleiben. Aus der Pfanne nehmen. Zwiebel, Knoblauch und Ingwer fein hacken, mit in Streifen geschnittenem Paprika einige Minuten braten, dann zerdrückte Tomaten dazugeben. Einige Minuten köcheln lassen. Safran, Kurkuma, Kreuzkümmel darunter rühren, mit Salz und Pfeffer abschmecken, den Fisch dazugeben und gar ziehen lassen.

Dazu serviert man eine scharfe Sauce aus zerdrückten Tomaten, fein geschnittenen Chili-Schoten und in kleine Stücke geschnittener Kaffernlimetten.

Beilage ist kreolischer Reis: Zwiebel fein schneiden und mit etwas Kurkuma glasig werden lassen. Reis hinzufügen und ein bis zwei Minuten unter ständigem Rühren mitbraten, mit der erforderlichen Wassermenge aufgießen, salzen und gar kochen.

Als Nachspeise empfiehlt mir Riad hausgemachtes Guaven-Sorbet, ein passender Abschluss für dieses leicht nachzukochende, scharf-würzige Mittagessen. Ich folge der Rue Gassendi weiter, sie wird nach der nächsten Querstraße zur Rue Emile Richard, die ohne Hausnummern auskommt. Links und rechts der Straße erstreckt sich die Mauer des Montparnasse-Friedhofs, in den ich einen kurzen Abstecher mache, um die Gräber von Sartre, Simone de Beauvoir und Serge Gainsbourg zu besuchen. „Danke, dass ihr uns gezeigt habt, was es heißt, Kameraden zu sein, verbunden, ohne einander zu verdecken“ lautet der spanische Text eines Briefes, den jemand vor Kurzem auf den Grabstein von Sartre und Beauvoir gelegt hat, auf dem noch andere Botschaften liegen – ein schöner, auf diese Weise auch würdiger Pilgerort. Auf der Suche nach Gainsbourgs Grab komme ich an ungewöhnlich vielen Gräbern von Soldaten vorbei, vor allem von Offizieren, die im Ersten Weltkrieg gefallen sind. Die meisten von ihnen liegen ja in den Nekropolen unweit der Schlachtfelder im Osten Frankreichs, und nach dem Willen des Militärs sollten sie auch dort bleiben. Allerdings nahmen illegale Exhumierungen überhand, und so wurde 1920 doch noch die offizielle Überführung der sterblichen Überreste von Gefallenen erlaubt.

Cimetière Montparnasse

Gainsbourg finde ich heute nicht, nehme nach dem Verlassen des Friedhofs mit seinen teils berührenden, teils grotesk übertriebenen Grabdenkmälern den Square Delambre, der mich zur Rue Delambre führt. Diese ist, wie das ganze Viertel, bretonisch geprägt: Der Montparnasse-Bahnhof verbindet Paris mit der Bretagne. Die älteste Crêperie des Viertels ist das *Ti Jos* in der Rue Delambre, das dazugehörige bretonische Pub, in dem früher an Wochenenden bei Chouchen, einem aus Buchweizenhonig und Apfelsaft hergestellten Honigwein, und Cidre bis in die frühen Morgenstunden musiziert und getanzt wurde, hat leider derzeit geschlossen. Wer nicht auf bretonische Tänze und Musik verzichten möchte, geht zur Mission Bretonne auf Hausnummer 22. Sie wurde gegründet, um junge Bretonen, die auf der Suche nach Arbeit in die Hauptstadt zogen, zu unterstützen beziehungsweise junge Frauen vor einem Schicksal in der Prostitution zu bewahren. Heute ist sie ein bretonisches Kulturzentrum. Über die Telefonnummer auf der Internetseite kann man den Code in Erfahrung bringen, mit dem sich die Tür öffnen lässt. Dahinter warten ein verträumter gepflasterter Innenhof sowie ein Veranstaltungssal, in dem regelmäßig Tanzkurse angeboten und Feste veranstaltet werden – Programme liegen auf.

Ich gehe weiter in Richtung Montparnasse-Turm, dessen Dachterrasse viele Pariser als schönsten Ort der Stadt bezeichnen. Von dort sieht man den monströsen Turm nämlich nicht, eine städtebauliche Sünde, die man in den frühen Siebzigerjahren an die Stelle des abgerissenen und an anderer Stelle neu gebauten Bahnhofs ins sonst so stimmungsvolle Montparnasse-Viertel geklotzt hat. Seit seiner Fertigstellung werden immer wieder Stimmen laut, die sich für den Abriss des Turms aussprechen, selbst Bürgermeister Delanoë spielte öffentlich mit dem Gedanken. Angesichts der enormen Kosten einer solchen Operation hat man sich mittlerweile aber dazu entschlossen, den höchsten innerstädtischen Wolkenkratzer zu modernisieren, er soll ein ökologisches Vorzeigeprojekt werden. Noch wirkt er aber schon recht angezählt, der ungeliebte Turm, der 2008 von der Internetplattform virtualtourist.com zum zweithässlichsten Gebäude der Welt gewählt wurde (zum hässlichsten kürte man das Rathaus von Boston), und zumindest während meines Besuchs in der Vorsaison scheinen ihn die Touristen nicht gerade zu stürmen. Es gibt keine Schlange am Eingang, den Lift habe ich für mich alleine. Nur 38 Sekunden dauert die Fahrt in den 56. Stock, bei der man knapp zweihundert Meter Höhe überwindet. Bereits hier ist die Aussicht atemberaubend, doch sie wird noch besser. Zu Fuß kann man von der Etage mit dem Panoramarestaurant aus das Dach des Turms erreichen, um sich dort oben nicht sattzusehen am Blick über die Stadt – ganz ohne den hässlichen Turm …

Nach der Fahrt hinunter werfe ich noch einen Blick in den Jardin Atlantique auf dem Dach des Montparnasse-Bahnhofs, den der Fotograf Andreas Gursky durch eine großformatige Fotomontage bekannt gemacht hat, doch auf mich wirkt der von langgezogenen Rasterfassaden umschlossene Park, der sicher für viele eine grüne Oase darstellt, wenig heimelig. Ich verlasse ihn in Richtung Avenue du Maine, biege in die Rue de l'Ouest und erreiche nach wenigen Metern die Impasse Lebouis – dort befindet sich die Fondation Henri Cartier-Bresson, für mich eines der sehenswertesten der vielen kleinen Pariser Museen. Es ist nichts anderes als das Archiv des 2004 verstorbenen Fotografen, mit dessen ikonischen Paris-Fotos ich in Jahren der Abwesenheit meine Sehnsucht nach der Stadt immer wieder eher angestachelt als besänftigt habe. Hier sind sie alle versammelt: Sartre auf dem Pont des Arts, der Mann, der vor der Gare Saint-Lazare in eine Pfütze springt und diese gerade mit der Ferse berührt, als der Fotograf abdrückt, und viele andere, dazwischen Texte von und über HCB, wie man ihn in Frankreich abkürzt. Immer wieder versucht er darin, sein Verhältnis zu seiner Leica auf den Punkt zu bringen, am

Blick vom Montparnasse-Turm

schönsten finde ich den Satz: „André Breton hat mich gelehrt, das Objektiv im Schutt des Unbewussten und des Zufalls stöbern zu lassen." Er nennt seine Kamera aber auch seine Psychoanalyse-Couch oder den Spiegel seiner Erinnerungen. Ich flaniere durch die Ausstellung, die anschaulich der Frage nach dem „entscheidenden Augenblick" nachgeht, auch ein Ausdruck, der von HCB geprägt wurde.

Die Rue de l'Ouest führt mich danach über die Place de Séoul, die zu Ricardo Bofills theatralischem, etwas leblosem Komplex rund um die Place de Catalogne gehört, zur ungewöhnlichen Kirche Notre-Dame-du-Travail. Diese erinnert innen an eine typische Pariser Markthalle: Die rund um die vorletzte Jahrhundertwende für die vielen Arbeiter des Viertels errichtete Kirche wird von einer Stahlkonstruktion getragen, was heute noch ausgesprochen elegant und stimmig wirkt.

Das *Hexagone Café*, ein Coffeeshop mit eigener Röstung in der Rue du Château, kommt mir gerade recht für eine kurze Pause, danach spaziere ich die Rue Raymond Losserand hinunter – eine quirlige Grätzl-Hauptstraße, prallvoll mit Pariser Straßenleben wie es sein soll, und vielen hübschen Nebenstraßen, die zum ziellosen Weiterflanieren einladen.

Die grünste davon ist die Rue des Thermopyles, eine geradezu dörflich-idyllische Straße, die vorbei an einem kleinen Park mit einem Nachbarschafts-Gemüsegarten zur Rue Didot führt. Diese bringt mich zur Rue d'Alésia und meinem nächsten Fixpunkt, der Impasse Florimont auf Nummer 150, in der Georges Brassens lange Jahre lebte – bei Jeanne und beim „Auvergnat", einem Paar, dem er einige seiner besten Chansons gewidmet hat. Leider liegt die Sackgasse direkt hinter einer Tankstelle, sodass sich leichter Benzingeruch in die weihevolle Atmosphäre mischt. Sonntags wird hier dafür ein schöner Markt abgehalten.

„Vercingétorix" heißt die Bushaltestelle bei einer Gleisbrücke, unter der ich in das fünfzehnte Arrondissement hinüberwechsle. Auch die Rue de Gergovie ist nicht weit – eine sehr gallische Gegend ist das, in der Brassens seine „Gauloiseries" schrieb, wie ein nicht mehr sehr gebräuchliches Wort den typisch französischen, aufmüpfigen, oft etwas schlüpfrigen und mit Sicherheit nicht auf Political Correctness bedachten Humor bezeichnet. Wo Gallier, da Hinkelsteine: In einem kleinen Park in der Rue Vercingétorix Nr. 133 steht ein schönes Exemplar, das der Stadt Paris von der bretonischen Handelskammer geschenkt wurde – es wurde allerdings erst im Jahr 1983 angefertigt und nicht etwa zu Zeiten von Asterix und Obelix. Brassens übersiedelte von der Impasse Florimont übrigens in die nahe Rue Camulogène, benannt nach einem weiteren Gallier-Häuptling, der bei der Verteidigung Lutetias gegen die Römer umkam. Es wäre verlockend, den Spaziergang an der sternförmigen Place du Général-Monclar enden zu lassen, auf der sich neben einem hübschen ehemaligen Duschbad aus Backsteinen, das ein Künstlerkollektiv besetzt hat, die Terrasse eines Restaurants mit eigener Weinbar namens *Le Monclar* ausbreitet, doch ich habe noch ein weiteres Ziel unmittelbar vor Augen, nämlich den Parc Georges Brassens, den ich über die Rue Brancion erreiche. Während der Woche ist er noch mehr als der Parc Montsouris nahezu ausschließlich den Bewohnern der Viertel rundum vorbehalten. Die großzügige, schön angelegte Grünfläche erstreckt sich auf dem Gelände eines ehemaligen Schlachthofes, woran die beiden Stier-Statuen beim Haupteingang in der Rue des Morillons erinnern. Ich wähle den Eingang in der Rue Brancion, über dem ein Pferdekopf angebracht ist. Einst traten hier Pferde ihren letzten Weg an. In Paris sieht man noch relativ viele traditionelle Pferdefleischereien, doch die Tradition ist so alt nicht: Bis 1811 war der Verkauf von Pferdefleisch verboten, und erst 1865 wagte es das erste Restaurant, dieses auch auf die Speisekarte zu setzen. Von der blutigen Vergangenheit des Ortes zeugen heute nur noch die eleganten historischen Marktpavillons, unter deren Dächern seit dreißig Jahren an jedem Wochenende der größte Pariser Bücherflohmarkt stattfindet. Einmal mehr geht es dabei nicht um alten Plunder, sondern meist um wertvolle alte Ausgaben und Liebhaberstücke, die hier zu Zigtausenden verkauft werden, neben günstigen DVDs und Postern. Es ist eine Lust, in diesem Paradies für Bibliophile beim Blättern und Schmökern die Zeit zu vergessen und sich von Buch zu Buch treiben zu lassen – etwa von einem aufwendig gestalteten Werk über die

Impasse Florimont

Hühnerzucht zu einer illustrierten Madame Bovary-Ausgabe aus den 1940er-Jahren oder einer leider etwas teuren Ausgabe von Baudelaires „Les Fleurs du Mal“ aus den 1920er-Jahren. Gleich daneben liegt eine günstige mehrbändige Taschenbuchausgabe der Tagebücher Anaïs Nins, die gut zu meinem Spaziergang passen würde, mir aber doch zu umfangreich ist. Nicht blättern kann man hingegen in einem Band mit Verlaine-Gedichten, denn die Seiten sind noch ungeöffnet. Ausgaben, bei denen die gefalteten Papierbögen, aus denen die einzelnen Hefte eines Buches bestehen, nicht auseinandergeschnitten sind, findet man im bibliophilen Frankreich recht häufig. Um ein solches Buch zu lesen, braucht man einen Brieföffner, da man Seite für Seite erst aufschneiden muss, entweder vertikal oder horizontal. Ein für meinen Geschmack etwas zu gewalttätiges Vergnügen für Leser, die eifersüchtig ihr Ius primae noctis über das gerade gekaufte Buch gewahrt wissen wollen. Ich bin vor vielen Jahren als Student zum ersten Mal in meinem Leben in der Buchhandlung *Gibert Joseph* auf ein solches, zwar als „gebraucht“ verkauftes Buch gestoßen, dessen Seiten sich aber nicht öffnen ließen. Ich dachte, es handle sich um eine Schlamperei des Verlags, hoffte auf einen Preisnachlass und machte den Verkäufer auf den vermeintlichen Fehler aufmerksam. Dieser klärte mich, nachsichtig über meinen Irrtum, auf, und ich wäre am liebsten im Boden versunken, selten habe ich mich so unkultiviert gefühlt wie in diesem Augenblick.

Hier bleibe ich fürs Erste, lesend und stöbernd und danach im Park, wo ich auf einer Bank beim Brunnen den Kindern zusehe und den Tag Revue passieren lasse. Hier endet der Spaziergang am Rande des fünfzehnten Arrondissements. Es ist das am wenigsten spektakuläre der Hauptstadt und verfügt, abgesehen von der Tour Montparnasse an der Grenze zum vierzehnten, über keine nennenswerten Sehenswürdigkeiten. Vielleicht ist es ja deswegen der bevölkerungsreichste Bezirk von Paris.

Wer nicht auf der Jagd nach Sehenswürdigkeiten ist, findet dennoch viel Lohnendes in diesem „normalsten" aller Pariser Arrondissements. Sollten Sie nicht wie ich müde von einer langen Runde im Parc Brassens bleiben wollen, empfehle ich eine Runde über die Rue des Morillons in Richtung Place Henri-Rollet, wo man im freundlichen *P'tit Bistro* einen schnellen Kaffee an der Bar trinken kann. Von dort geht es dann in die Rue du Commerce, eine Shoppingmeile für Einheimische, in deren Mitte das *Café du Commerce* liegt, eine mehrstöckige Art-Déco-Brasserie rund um einen grünen Innenhof. Über die Rue Mademoiselle gelangt man dann in die geschäftige Rue Cambronne mit ihren Fischgeschäften, Fleischern und netten Cafés wie dem *P'tit Gavroche*. Diese Straße beziehungsweise ihre Verlängerungen führen zurück zur Place du General-Monclar. Eigentlich recht unspektakulär, gleichzeitig ist es aber doch sehr charmant und überaus pariserisch – wie das ganze fünfzehnte Arrondissement und der Süden der Hauptstadt.

Orte zum Vertiefen

Sacrés Vins Dieux:
24 Rue Montbrun, 75014 Paris. +33 1 43 27 14 64.
www.facebook.com/sacresvinsdieux

Mission Bretonne:
22 Rue Delambre, 75014 Paris. +33 1 43 35 26 41.
www.missionbretonne.bzh

Tour Montparnasse:
33 Avenue du Maine, 75015 Paris. +33 1 45 38 52 56.
www.tourmontparnasse56.com

Musée Bourdelle:
18 Rue Antoine Bourdelle, 75015 Paris. +33 1 49 54 73 73.
www.bourdelle.paris.fr
Das ehemalige Atelier des Bildhauers Antoine Bourdelle, eines ehemaligen Assisten Rodins, der sich an mythologischen Themen abarbeitete, ist einen Abstecher wert.

Fondation Henri Cartier-Bresson:
2 Impasse Lebouis, 75014 Paris.
www.henricartierbresson.org
Vor allem donnerstags, wenn Markttag ist, lohnt sich vom Parc Georges Brassens aus auch ein Abstecher in die Rue de la Convention, eine belebte, freundliche Geschäftsstraße.

Orte zum Verweilen

Aux petits chandeliers:
Spécialités de la Réunion. 62 Rue Daguerre, 75014 Paris. +33 1 43 20 25 87.

La mère agitée:
21 Rue Campagne-Première, 75014 Paris. + 33 1 43 35 56 64. www.lamereagitee.fr
Eher Table d'hôte als Restaurant, es gibt ein Einheitsmenü, die „Mutter" setzt einen an einen freien Platz. Die Stimmung ist locker, die Küche herzhaft, Reservierung Pflicht!

Cabane à Huîtres:
4 Rue Antoine Bourdelle, 75015 Paris. +33 1 45 49 47 27.
Ein Familienbetrieb, Vater und Sohn sind Austernzüchter im Bassin d'Arcachon, die Mutter kümmert sich um das kleine, schlicht eingerichtete Lokal hinter dem Montparnasse-Bahnhof. Man isst dort hervorragende Austern, die in Arcachon nicht an Pfählen, sondern auf dem sandigen Grund der Bucht gezüchtet werden, zu einem günstigen Preis. Dazu ein Glas weißen Bordeaux, ein Stück Brot, gesalzene Butter, ein Stück Schafkäse – unkomplizierter geht es kaum, besser aber auch nicht.

Chez Fernand:
127 Boulevard Montparnasse, 75006 Paris. +33 1 43 27 47 11.
Der Boulevard Montparnasse ist berühmt für seine Brasserien wie La Coupole, Rotonde oder die Closerie des Lilas, nur werden diese vor allem in der Hauptsaison von Touristen gestürmt. Einheimische, die eine Brasserie besuchen wollen, weichen daher auf Chez Fernand aus, das alles bietet, was man von einer Brasserie erwarten darf, nämlich Non-Stop-Service, Kellner in Hemd und Weste, Schnecken, Sauerkraut und große Fleischportionen.

Hexagone Café:
121 Rue du Château, 75014 Paris.
www.hexagone-cafe.fr

Le Monclar:
33 Rue Georges Pitard, 75015 Paris. +33 1 42 50 44 61.

Les petits plats:
39 Rue des Plantes, 750014 Paris. +33 1 45 42 50 52.
www.bistrotlespetitsplats.fr

P'tit gavroche:
88 Rue Blomet, 75015 Paris. +33 1 45 31 09 38.
Freundliches Bistro mit solider traditioneller Küche, ganz in der Nähe des Mairie des fünfzehnten Arrondissements.

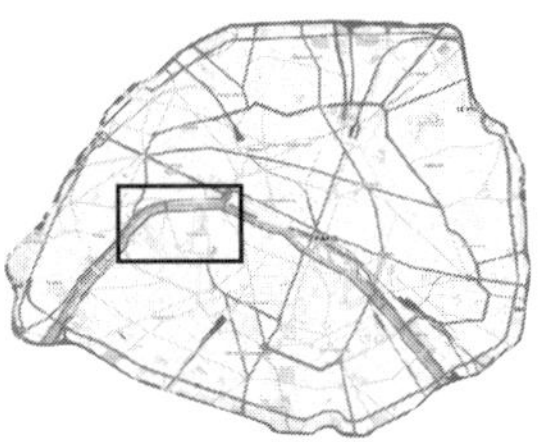

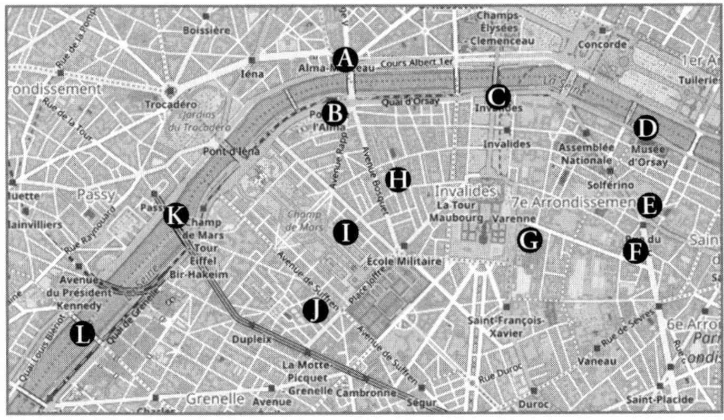

A *Kopie der „Flamme de la Liberté"*
B *Seine-Kreml*
C *Rosa Bonheur sur Seine*
D *Musée d'Orsay*
E *Deyrolle*
F *Musée Maillol*
G *Musée Rodin*
H *Aux merveilleux de Fred*
I *La bonbonnière de Marie*
J *Village suisse*
K *Monument de la France renaissante*
L *Freiheitsstatue*

Fackellauf an der Seine

Ein Denkmal, das schon vor dem Ereignis, an das es erinnern soll, errichtet wurde? Auch das gibt es in Paris. Vor einer überdimensionierten Fackel am rechten Seine-Ufer brennen Kerzen, immer wieder werden Blumen und berührende Botschaften hinterlegt. Die Skulptur steht beim Pont de l'Alma, der Brücke, unter der Lady Diana im Jahr 1997 auf der Flucht vor zudringlichen Fotografen tödlich verunglückte. Es handelt sich um eine verkleinerte Kopie der Fackel, die die New Yorker Freiheitsstatue in der Hand hält. Aufgestellt wurde sie bereits zehn Jahre vor dem Unfall, als Zeichen für die französisch-amerikanische Freundschaft.

Ein Jahrhundert zuvor, im Jahr 1886, war die riesige, in Paris gefertigte Statue mit dem etwas sperrigen Namen „Freiheit, die die Welt erleuchtet" in New York eingeweiht worden, als Geschenk des französischen Volkes an das amerikanische. Zwischen der Idee zur Statue und ihrer Errichtung lagen Jahre, in denen politische Spannungen und Probleme mit ihrer Finanzierung die Arbeiten immer wieder verzögerten. Unbeirrt trieb der ehrgeizige Bildhauer Frédéric-Auguste Bartholdi sein Projekt voran, stellte zunächst den Arm mit der Fackel fertig und ließ diesen in den USA aufstellen, um Mäzene aufzutreiben, die den Sockel finanzieren sollten. Auch der Kopf der Statue stand zunächst für sich allein: Er konnte bei der

Maison Lavirotte

Weltausstellung in Paris im Jahr 1878 besichtigt und betreten werden. Für mich das Erstaunlichste an dieser Geschichte ist der Umstand, dass Bartholdi zu diesem Zeitpunkt noch nicht die leiseste Ahnung hatte, wie er es bewerkstelligen sollte, eine Statue dieser Dimension so stabil anzufertigen, dass sie Stürmen trotzen und die Ausdehnung sowie das Schrumpfen des Metalls bei Hitze und Kälte aushalten würde. Eugène Viollet-le-Duc, der ihn bis dahin unterstützt hatte, war mittlerweile gestorben. Erst nach der Weltausstellung gelang es Bartholdi, einen begabten und ehrgeizigen Ingenieur zu gewinnen, der sich die Aufgabe zutraute. Gustave Eiffel, der den weltberühmten Turm noch nicht gebaut hatte, konstruierte ein Gerüst, das den hohen Anforderungen gerecht werden sollte.

Paris verfügt über noch zwei weitere Freiheitsstatuen, die unschwer vom Pont de l'Alma aus zu erreichen sind und lohnende Etappenziele auf einem Streifzug durchs vornehme siebte Arrondissement darstellen. Ich überquere zunächst den Pont de l'Alma, der an einem Pfeiler von der Statue eines „Zuave" geschmückt wird. Diese Armee-Einheit entstand bei der Eroberung Algeriens und sollte ursprünglich aus nordafrikanischen Soldaten bestehen, doch wurden diese rasch durch französischstämmige Algerier und Soldaten aus dem

„Mutterland“ ersetzt. Die nordafrikanisch inspirierte Uniform blieb erhalten, im Krimkrieg zeichneten sich die Soldaten mit den Pluderhosen vor allem bei der Schlacht von Alma aus, an die die Brücke erinnert. Der Zuave, die letzte von ursprünglich vier Statuen, die die verschiedenen an diesem Kriegszug beteiligten Einheiten würdigte, gilt den Parisern als Maßstab für den Pegelstand der Seine bei Hochwässern. Legendär ist die verheerende Überschwemmung von 1910, als das Wasser dem Soldaten bis zum Kinn stand und ein großer Teil der Innenstadt überflutet wurde. 2016 erreichte das Wasser dann beinahe die Hüfte des Soldaten, wobei der Vergleich unzulässig ist: Die Brücke wurde in der Zwischenzeit neu gebaut, der Zuave hat heute einen um siebzig Zentimeter höheren Standplatz als ursprünglich.

Auf dem gegenüberliegenden Ufer bietet die 2016 eingeweihte, vom französischen Architekten Jean-Michel Wilmotte geplante russisch-orthodoxe Dreifaltigkeits-Kathedrale mit ihren fünf vergoldeten Zwiebeltürmen noch einen sehr ungewohnten Anblick. Dahinter lugt der Eiffelturm hervor. Von ihren Kritikern, die in dem Bau einen Teil der Putinschen Propaganda-Maschinerie sehen, wird die neue Kathedrale „Seine-Kreml“ oder „Sankt Wladimir“ genannt.

Keinen religiösen Zweck hat hingegen der wie ein Glockenturm aus einem prächtigen Gebäude ragende Turm auf der Avenue Rapp Nummer 20. Es handelt sich um ein verkleidetes Wasserreservoir, das Gebäude beherbergte einst die Zentrale der im Zweiten Weltkrieg durch einen Flugzeugabsturz weitgehend zerstörten Grands Magasins du Louvre. Ein paar Schritte gehe ich noch die Avenue Rapp hinauf, um eines der bekanntesten Jugendstilhäuser von Paris zu sehen, das nach seinem Architekten benannte Lavirotte-Haus mit seiner irrwitzig überladenen Fassade, ein herrlich verrücktes Fantasy-Schloss, dessen Tür noch dazu gerade offensteht, sodass ich auch die verschlungenen Muster und das dazupassende Eisengeländer im Stiegenhaus bewundern kann. Am markantesten ist aber ohnehin die Tür selbst, stellt ihre Verglasung doch nichts anderes dar als einen umgedrehten erigierten Phallus. Jules Lavirotte erhielt dafür den Preis für die beste Fassade des Jahres 1901, prüde Zeiten waren das nicht.

Ich wandere zurück zur Seine, zur sogenannten „Uferböschung“, den „Berges de Seine“. Unter Georges Pompidou wurde dort eine Schnellstraße am Wasser angelegt, doch die autofixierten Zeiten sind längst vorbei. Urbane Vorzeigeprojekte sind heute das genaue Gegenteil von damals. Bürgermeister Bertrand Delanoë verbannte im Jahr 2013 den Kfz-Verkehr vom linken Seine-Ufer, vier Jahre später war unter seiner Nachfolgerin Anne Hidalgo das rechte Ufer dran. Zwei schwimmende Inseln empfangen Spaziergänger zu Beginn des gar nicht mehr so neuen Spazierwegs am Wasser, schön begrünte Miniaturparks mit fix installierten Liegestühlen, die wohl wegen des heute etwas trüben Wetters nur von wenigen Menschen genutzt werden. Die meisten sind sportlicher unterwegs, radeln oder joggen an mir vorüber, ein Rudel Segway-Fahrer kommt mir entgegen. Auf den Asphalt gemalte Laufbahnen legen nahe, die für Fußgänger und Radfahrer gewonnene Fläche als Sportplatz zu nützen. Freilich handelt es sich um einen Sportplatz mit einmaliger Aussicht, wie mir vor allem anhand des Spiel- und Kletterparks beim Pont des Invalides bewusst wird. Die auftrumpfende Pracht der Belle Époque wird am Grand Palais und am Petit Palais sichtbar, zu denen der Pont Alexandre III führt, diese in nur einem Bogen über die Seine gespannte Eisenbrücke mit ihren Prunkkandelabern, den Säulen mit vergoldeten allegorischen Figurengruppen und üppigem Dekor, die zur Feier der 1891 vertraglich besiegelten französisch-russischen Freundschaft nach dem – während der Bauzeit verstorbenen – Zaren Alexander III. benannt wurde. Unter dieser protzigsten aller Pariser Brücken wohnen keine Clochards, dafür kann man in der schicken Brasserie *Faust* teuer essen, Fingerfood gibt es auf der Terrasse gleich daneben. Günstiger ist es ein paar Schritte weiter, im wenige Meter weiter flussaufwärts vor Anker liegenden Restaurant-Schiff *Rosa Bonheur*. Gegenüber gibt es Kletterseile und Ringe zur körperlichen Ertüchtigung, das Sonnendeck des Schiffes dürfte aber die Disziplin so manchen Freizeitsportlers auf eine harte Probe stellen.

Bei meinem letzten Besuch standen hier vereinzelte Baucontainer mit gläserner Vorderwand herum, „Zzz" genannt – man konnte sie gegen Voranmeldung gratis für eine Stunde reservieren, um ein Mittagsschläfchen am Wasser zu halten oder in fröhlicher Runde zu picknicken, doch die Container gibt es fürs Erste nicht mehr, dafür einen Stand mit Bio-Crêpes, noch mehr Ringe und anderes Sportgerät, sowie Spieltische mit aufgezeichneten Schach-, Mühle- und Backgammonfeldern. An Wochenenden kann man hier unten an verschiedenen Sport-Workshops teilnehmen, während der Woche ist es angenehm ruhig. Obwohl die Fahrbahn noch da ist, kann man sich kaum vorstellen, wie es hier vor wenigen Jahren noch zugegangen sein muss, als der Verkehr mit siebzig Stundenkilometern durchbrauste.

Beim Musée d'Orsay endet die ehemalige Schnellstraße, man könnte nun auf dem alten Fußweg – auch dieser ist traumhaft schön – weiter am Wasser in Richtung Zentrum spazieren. Ich gehe aber lieber zum Museum hinauf, um beim Thema meines Spaziergangs zu bleiben. Eine drei Meter hohe Kopie von Lady Liberty, die bis 2012 im Jardin du Luxembourg stand, ist nun im ehemaligen Orsay-Bahnhof zu besichtigen, der in den 1970er-Jahren zum Museum wurde und heute eine Pilgerstätte für Freunde des Impressionismus ist. Ich beschränke mich bei meinem heutigen Besuch auf das Erdgeschoß des Museums, wo die Skulpturen des neunzehnten Jahrhunderts stehen. In der ehemaligen Bahnhofshalle haben sie eine ideale Heimstätte gefunden, auch Bartholdis kühnes – wenn auch in einer geschrumpften Version zu sehendes – Werk steht hier in genau dem Kontext, in den es gehört. Ganz in der Nähe des Museum-Shops lädt eine Timescope-Station zur virtuellen Zeitreise in die Epoche, als der Bahnhof noch kein Museum war. Auf mich wirkt die Zeit um 1900 so, als habe sich ganz Europa in einer Art Dauerrausch befunden. Der Glaube an den technischen Fortschritt war weitgehend unerschüttert, die Städte wuchsen atemberaubend schnell, gleichzeitig setzte ein Wettrüsten ein, das dieses fieberhafte, scheinbar unaufhaltsam vorwärtsstrebende Europa in den Abgrund stürzen sollte. Es wäre ein Leichtes, einen halben Tag in dem 1900 errichteten Gebäude zu verbringen, das die überschäumende Energie und Prachtentfaltung seiner Epoche widerspiegelt. Der Maler Édouard Detaille fühlte sich vom Bahnhof bereits damals „an einen Palast der Schönen Künste" erinnert, zu dem er mittlerweile tatsächlich geworden ist. Dies war keine Selbstverständlichkeit, denn als das Gebäude zu Beginn der 1970er-Jahre für den modernen Eisenbahnbetrieb zu kurz und zu eng wurde, stand eigentlich sein Abriss im Raum, der 1971 auch genehmigt wurde – ein Hotelklotz sollte an die Stelle der Gare d'Orsay gesetzt werden. Die heftige Kontroverse um die kurz zuvor abgerissenen Markthallen ließen die Stadtverwaltung jedoch zögern, während der Nachdenkpause wandelte sich der Zeitgeist. Das Gebäude konnte gerettet werden, noch dazu kam es angesichts der gerade neu zu ordnenden Pariser Museumslandschaft plötzlich wie gerufen.

Gleich hinter dem Museum biege ich in die Rue du Bac, in der die Librairie Alain Kogan neuwertige, ausgemusterte Bildbände zu günstigen Preisen anbietet – ausgerechnet Kunst- und Kochbücher, von denen man nie genug zu Hause hat. Rodin oder Pierre Hermé, oder doch beide? Doch die Bücher sind zu schwer, um sie auf den Spaziergang mitzunehmen, ich ziehe weiter. Einen kurzen Abstecher mache ich in

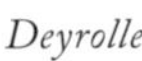

Deyrolle

die Rue de Verneuil, eine Pflichtadresse für Fans von Serge Gainsbourg. Seine ehemalige Wohnadresse ist der Öffentlichkeit zwar nicht zugänglich, die Mauer, die sein Haus von der Straße abschirmt, aber mit stets neuen fantasievollen Graffiti geschmückt.

An der Kreuzung der Rue du Bac mit der Rue de Montalembert kommen hingegen Freunde der gehobenen Küche und des ausgefallenen Wohnzimmerdekors auf ihre Kosten. Mit dem *Atelier Robuchon* und dem Restaurant *Gaya* von Pierre Gagnaire sind hier zwei der bedeutendsten Köche, mit Deyrolle ist der bekannteste Tierpräparator Frankreichs vertreten. Ich entscheide mich für einen Besuch bei Letzterem – wo sonst kann man ausgestopfte Schnabeltiere, Nasenbären und Hyänen bewundern, überlegen, ob ein Puma oder doch ein Eisbär (Kostenpunkt 37 000 Euro) besser zur Wohnzimmercouch passen würde? Keineswegs wirken die zur Schau gestellten Tiere abstoßend, dafür sind sie einfach zu schön, wirken sie zu lebendig, geht ein zu starker Zauber von der Perfektion aus, mit der sie präpariert wurden. Es ist ein bewegendes Gefühl, sich einem Ozelot, einem Ara, einem Löwen oder einem Straußenküken bis auf wenige Zentimeter nähern zu können, nur sie zu streicheln, ist nicht erwünscht. Sie wurden übrigens nicht getötet, um ausgestopft zu werden: Die Tiere stammen entweder aus Zoos oder von Zirkussen und sind eines natürlichen Todes gestorben, wie man mir versichert. Ein Raum ist voll mit Insekten, die gekonnt zu leicht morbiden, aber auch faszinierenden Mustern arrangiert werden, ob es nun tiefblau leuchtende Schmetterlinge sind oder exotische Käfer. Selbst die etwas gewöhnungsbedürftige Faszination mancher Spinnen und Skorpione kann man hier in aller Ruhe auf sich wirken lassen. Kurz komme ich ins Grübeln – ein Deyrolle-„Bild" aus Schmetterlingen an der Wand hätte schon Stil – es muss ja nicht immer gleich ein Eisbär sein.

Zurück auf der Straße entdecke ich eine günstigere Möglichkeit, den Hunger zu stillen, als in den beiden Sterne-Schuppen: *Le Fontenoy* heißt ein kleiner, überaus hübscher Bar-Tabac mit einwandfrei erhaltener Sixties-Inneneinrichtung. Die eher elegante Kundschaft passt zur Gegend und scheint die einfachen Gerichte hier zu schätzen. Es gibt kleine Speisen wie Omelette oder Croque. Für mich heute unwiderstehlich sind die Œufs Mimosa mit Tomatensalat und Baguette – nicht umsonst ein Bistro-Klassiker, der seit Jahrzehnten als altmodisch gilt und doch nie aus der Mode gerät. Hier ist ein Rezept, die Mayonnaise-Zubereitung habe ich mir von der Wiener Kochbuchautorin Katharina Seiser abgeschaut:

OEUFS MIMOSA AU THON

Als Vorspeise für zwei Personen
2–3 Eier
1 Dose Thunfisch natur
Gehackte Petersilie

Mayonnaise aus folgenden Zutaten:
1 Ei
1 TL Dijonsenf (ich nehme grobkörnigen)
1 Spritzer Weißweinessig
1 Spritzer Zitronensaft
1 Prise Zucker
½ TL Salz
Pfeffer
250 ml neutrales Öl

Die Eier ca. 10 Minuten kochen, dann schälen und halbieren. Den Dotter vorsichtig herausnehmen und zerbröseln. Während der Kochzeit die Mayonnaise herstellen. Dazu das Ei (ganz) und alle anderen Zutaten in einen hohen Mixbecher geben, das Öl ganz zum Schluss darüber gießen. Den Stabmixer auf den Boden des Bechers stellen. Einschalten. Ein paar Augenblicke lang mixen, bis die Emulsion entsteht, dann den Mixer langsam am Rand des Bechers nach oben ziehen. Fertig. Wer Mayonnaise kauft, ist wirklich selbst schuld …

Den Thunfisch abtropfen und mit der Gabel zerfasern. Mit der gewünschten Menge Mayonnaise, einem Teil der zerbröselten Eidotter und gehackter Petersilie mischen, vorsichtig in die gekochten Eihälften füllen. Die restlichen Dotterbrösel darauf verteilen – „Mimosen" heißen diese Eier, weil der zerriebene Dotter ein wenig an deren gelbe Blüten erinnert. Dazu passt frisches Baguette und Tomatensalat, grüner Salat geht natürlich genauso gut.

Nach dieser wunderbar altmodischen Mittagspause überquere ich den Boulevard Saint-Germain und biege in die Rue de Grenelle, der ich zunächst in Richtung Saint-Sulpice folge: An der Place Michel Debré wartet nämlich eine weitere Etappe des Fackellaufs, sogar eine besonders raffinierte: eine aus allerlei Metallteilen zusammengeschweißte, über vier Meter hohe Zentaurenstatue des Künstlers César Baldaccini. Sie ist eine Hommage an Pablo Picasso und in Paris bekannt dafür, dass das Fabelwesen mit einer doppelten Garnitur prächtiger Geschlechtsorgane ausgestattet ist. Was man wesentlich schwieriger erkennt: Aus dem Brustpanzer des Pferdemannes ragt eine nur wenige Zentimeter große Freiheitsstatue hervor. Warum, darüber kann nur spekuliert werden – der Künstler war jedenfalls auch von Gustave Eiffel fasziniert und hat auch diesem ein eigenes Werk etwas außerhalb von Paris gewidmet. Unwiderstehlich ist für mich in der Rue de Grenelle, die ich nun wieder in entgegengesetzter Richtung zurückspaziere, ein Museum, das den Namen eineswweiteren Künstlers aus der Zeit der letzten Jahrhundertwende trägt: Das 1995 eröffnete Musée Maillol. Der im französischen Teil Kataloniens geborenen Aristide Maillol wird oft mit Cézanne verglichen, da er den Abstrakten seiner Kunst den Weg bereitete. Er arbeitete sich Zeit seines Lebens an der Darstellung des weiblichen Körpers ab, ob in Form von Skulpturen, von denen einige rund um die Uhr und bei freiem Eintritt im Jardin des Tuileries bewundert werden können, oder in Zeichnungen und Gemälden, von denen hier eine Zusammenschau zu sehen ist, neben einer Ausstellung mit Werken von Picasso, Braque und Matisse. Ich bleibe bei Maillol und seinen kräftigen, voluminösen, sinnlichen Frauenkörpern. „Ich bin für eine Stunde zum Modellstehen gekommen und zehn Jahre geblieben", steht groß in einem der Säle des Museums. Dina Vierny, die ursprünglich Dina Aïbinder hieß und als Tochter einer jüdischen russischen Musikerfamilie in der Republik Moldau geboren wurde, war fünfzehn, als sie dem damals 73-jährigen Bildhauer vorgestellt wurde. Sie sollte zehn Jahre lang sein einziges Modell bleiben, drei Stunden täglich posierte sie für Maillol. Während des Zweiten Weltkriegs schmuggelte sie von seiner Wohnung in Banyuls aus Résistance-Kämpfer nach Portbou in Spanien und wurde verhaftet. Ihr Leben verdankt sie der Freundschaft Maillols zu Arno Breker, einem der Lieblingsbildhauer Adolf Hitlers. Kurz nach ihrer Befreiung starb Maillol, dessen Ansehen durch seine Freundschaft zu dem Nazi-Bildhauer schwer in Mitleidenschaft gezogen war, bei einem Unfall. Dina Vierny wurde seine Nachlassverwalterin und eröffnete schließlich das Museum, ein Pariser Stadtschlösschen, in dem einst Alfred de Musset gelebt hatte.

Es ist bei Weitem nicht das einzige Stadtschloss dieses Viertels voller Botschaften und Ministerien, die Rue de Grenelle entlang komme ich an zahlreichen vornehmen Fassaden vorbei. Die Gegend ist deswegen aber nicht etwa ausgestorben oder leblos. In der Rue de Bourgogne kann ich etwa einem Besuch in der großartigen Épicerie *Papa sapiens* unmöglich widerstehen, einer Adresse für ausgewählte Feinkost, edle Öle und Gewürze, Spitzenkaffees und -schokoladen oder, auf fast schon hinterhältige Weise unwiderstehlich, Fondant au chocolat zum Mitnehmen.

Ich folge der Straße, in der es mit Gaël Orieux' *Auguste* ein weiteres Sternerestaurant und gleich daneben einen weiteren Künstler gibt, der mit toten Tieren arbeitet. Hier sind es aber nur Muscheln und andere Meeresfrüchte, aus denen Thomas Boog in seiner kleinen Boutique kunstvolle Spiegelrahmen, Lampenständer oder dekorative Figuren und Gesichter herstellt. Die Rue de Bourgogne führt direkt zum Musée Rodin, das wohl nicht nur zu meinen Lieblingsmuseen in Paris zählt. Allein die Lage in einem herrlichen Rokoko-Schlösschen mitten in einem französischen Park voller Skulpturen des Meisters, dem Denker, Balzac, Die Bürger von Calais … Direkt nach dem Musée Maillol habe ich keine Lust auf einen ausgiebigen

Besuch, doch man kann zu einem günstigeren Tarif auch ein Ticket nur für den Park lösen, wo es auch ein kleines Café gibt.

Als Rodin 1908 in das Schloss zog, das im Lauf der Zeit immer wieder den Besitzer gewechselt hatte und zu Beginn des Jahrhunderts von einer langsam wachsenden Künstlerkolonie um Jean Cocteau und Henri Matisse gemietet wurde, stellte er seine Skulpturen in einen völlig verwilderten Park. Als der Staat das Gebäude kaufte, um daraus ein Verwaltungsgebäude zu machen, weigerte sich Rodin, der das Schloss inzwischen allein als Wohn- und Ateliergebäude nutzte, auszuziehen. Es kam zu einer Einigung, der Künstler vermachte seine Werke dem Staat unter der Bedingung, in dem Haus, das nach seinem Tod sein Museum werden sollte, bleiben zu dürfen.

Niemand kann das Innere des großartigen Museums besser beschreiben als Rainer Maria Rilke, der einige Monate lang Rodins Sekretär war: „Rodin selbst hat einmal gesagt, er müßte ein Jahr reden, um eines seiner Werke mit Worten zu wiederholen“, erzählt der Dichter. Am schönsten finde ich seine Beschreibung der Danaïde, einer der ergreifendsten Arbeiten Rodins: „Es ist wunderbar, um diesen Marmor langsam herumzugehen:

Musée Rodin und Invalides

den langen, langen Weg um die reichentfaltete Rundung dieses Rückens, zu dem sich im Stein wie in einem großen Weinen verlierenden Gesicht, zu der Hand, die, wie eine letzte Blume, noch einmal leise vom Leben spricht, tief im ewigen Eise des Blockes."

Vom Park aus kommt immer wieder das Hôtel des Invalides mit seiner goldenen Kuppel ins Bild, von Ludwig XIV. für seine vielen verstümmelten Soldaten erbaut. Napoleons Sarkophag kann hier besichtigt werden, der Prachtbau der französischen Klassik ist auch sonst fest in der Hand des Militärs, das dort verschiedene zusammenhängende Museen betreibt. Auf mich wirkt das Hôtel des Invalides trotz der goldenen Kuppel des Domes dahinter eher bedrückend, was vielleicht auch an der Napoleon-Statue liegt, die im ersten Stock über dem großen Innenhof angebracht ist und finster aus schwarzen, leeren Augen wie ein böser Geist auf die Besucher hinunterstarrt. Einige Jahre lang stand sie auf der Vendôme-Säule, bis sie der Neffe des Dargestellten, Napoleon III., durch den als römischen Imperator ausstaffierten Kaiser der Franzosen ersetzen ließ, der auch heute – wieder – dort zu bewundern ist.

Auf meinem Spaziergang durch das Museum voller kunstfertiger Hellebarden und Säbel, ausgeklügelter Kanonen, mit zahllosen Posamenten bestickten Offiziersuniformen versuche ich mir vorzustellen, wie es hier und in anderen vergleichbaren Museen aussähe, wenn man die Museumspädagogik Menschen anvertrauen würde, die keine Affinität zum Kriegshandwerk haben. Sicher nicht so wie hier, wo eine napoleonischen Schlacht nach der anderen nachgestellt wird, ohne dass auch nur mit einem Wort auf das Elend der Verwundeten, das Leid der Bevölkerung in den verwüsteten Landstrichen oder die Trauer hunderttausender Familien, deren Söhne im Krieg umkamen, erwähnt wird. Oder wo etwa der auch im Elsass hochverehrte General Kléber, der in Westfrankreich grauenvolle Massaker an der Zivilbevölkerung veranstaltete, kritiklos als

Rue Saint-Dominique

begnadeter Stratege gefeiert wird. Ganz oben im Dachboden sind Reliefs befestigter französischer Städte zu sehen, faszinierend in ihrer Detailtreue. Wie viel Know-how und Kreativität die Menschen stets in den Schutz vor anderen Menschen stecken mussten – auch das ist im Grunde bedrückend.

Ich gehe beim Ausgang zur Seine wieder nach draußen, spaziere noch ein Stück in Richtung Pont Alexandre III und biege dann in die Rue Saint-Dominique, die mich schnell wieder aufheitert. Sie ist voll teurer, aber hübscher kleiner Läden, es gibt edle Chocolatiers, Pâtisserien, Cafés und erstaunlich viele „primeurs", also Obst- und Gemüseläden, die derzeit vor letzten Orangen und ersten Erdbeeren überquellen und deren Eigentümer sich sichtlich darauf verstehen, ihre Ware appetitlich zu präsentieren. Auch eine „Merveilleux"-Boutique befindet sich hier. Die „wunderbare", im Wesentlichen aus Windgebäck und geschlagenem Obers bestehende Pâtisserie stammt eigentlich aus Belgien und Nordfrankreich. Konditormeister Frédéric Vaucamps aus Lille verfeinerte das Rezept und gründete eine auf das nunmehr „Merveilleux de Fred" genannte Gebäck spezialisierte Konditorei, die in Lille, einer traditionell den Süßwaren nicht abgeneigten Metropole, durchschlagenden

Erfolg hatte. Auch in Paris findet man nun schon fünf Filialen, in denen die luftig-üppigen kleinen Kuchen an Ort und Stelle zusammengesetzt werden, gleich hinter dem Schaufenster, was es schwer macht, einfach so vorbeizugehen. Ich sehe ein paar Minuten zu und lasse mir dann einen kleinen Merveilleux mit weißer Schokolade und Spekulatius einpacken.

An der Avenue de la Bourdonnais überschreite ich wieder eine unsichtbare Zonengrenze: Hier endet das bunte Straßenleben abrupt. Imposante, großbürgerliche Häuser mit Vorgärten prägen von nun an das Straßenbild – diese Gegend wurde nicht für Fußgänger konzipiert, sondern für Menschen, die mit dem Fiaker fuhren. Auch Läden gibt es hier keine mehr, dafür bin ich am Marsfeld angelangt. Es war vor Jahrhunderten ein wirkliches Feld, auf dem Ackerbau betrieben wurde, später ein Exerzierplatz. Seit der Revolution ist es einer der bedeutenden Schauplätze der Geschichte Frankreichs. Die Fête de la Fédération wurde am 14. Juli 1790 hier gefeiert, der König schwor einen Eid auf die Verfassung, und eine Zeitlang sah es so aus, als ob die Revolution damit unblutig erfolgreich gewesen wäre. Drei Jahre später herrschte „la Terreur", auch auf dem Marsfeld stand damals eine Guillotine. Noch viel später wurden auf dem Gelände mehrere Weltausstellungen abgehalten. Am schönsten finde ich die Rolle, die das Stück Land kurz vor der Revolution für die französische Ernährung gespielt hat. Antoine-Augustin Parmentier, der die Kartoffel in Frankreich populär machen wollte, durfte die freie Fläche zum Anbau der Knolle nützen. Es sollte ein Pilotprojekt zur Bekämpfung der damals häufigen Nahrungsmittelengpässe und Hungersnöte sein, doch die Franzosen misstrauten dem neumodischen Gewächs. Parmentier, der seine Landsleute gut kannte, kam auf eine genial einfache Idee: Er ließ den Acker durch Soldaten bewachen. Ab diesem Zeitpunkt kam es zu massenhaften nächtlichen Diebstählen der Pflanzen, die offenbar besonders wertvoll sein mussten. Der Siegeszug der Kartoffel in Frankreich hatte begonnen.

Karussell Manège 1913

Da Mittwoch ist, an dem französische Volksschüler oft frei haben, herrscht ausgelassene Stimmung auf dem Marsfeld, dessen landwirtschaftlich geprägte Vergangenheit längst vergessen ist. Außer den Kindern und ihren Nounous, wie man die Kindermädchen nennt, sind nicht viele Leute zu sehen. Selbst der hübsche denkmalgeschützte Eis- und Crêpes-Stand *Bonbonnière de Marie* in der Allée Adrienne Lecouvreur, strategisch günstig neben einem Spielplatz gelegen, ist keineswegs überlaufen ... Ich spaziere mit meiner Tüte die Avenue Charles Risler entlang, genieße den schönen Blick auf den Eiffelturm und die unerwartete Ruhe. Vor einem handbetriebenen Karussell setze ich mich auf eine Parkbank mit Blick auf den Turm des Ingenieurs, der noch längst nicht erbaut war, als Gustave Eiffel dem Schöpfer der Freiheitsstatue unter die Arme griff und die Konstruktion austüftelte, die sie seit Jahrzehnten Wind und Wetter überstehen lässt.

Fast noch interessanter als den Eiffelturm finde ich das Karussell aus dem Jahr 1913, dem ich eine Weile lang zusehe. Es ist noch tadellos in Schuss und die Kinder sind begeistert davon, während der Fahrt mit kleinen Holzstöckchen die an manchen Stellen aufgehängten Ringe zu erwischen – heute genauso wie vor hundert Jahren. Ich frage mich, ob die Leute, die Kinder immer dann „Kids“ nennen, wenn sie einem erklären wollen, wie „anders“ Kinder heute doch sind und warum sie nur noch mit diesen oder jenen elektronischen Spielgeräten etwas anfangen können, jemals gesehen haben, welche Begeisterung so ein altmodisches, ohne jeglichen Firlefanz funktionierendes mechanisches Spielgerät heute noch auslösen kann.

Ich durchquere das Viertel rund um die Place Dupleix und folge dem Boulevard de Grenelle zum Pont de Bir-Hakeim. Der Name der Brücke, die einst Pont de Passy hieß, erinnert an eine Schlacht zwischen freien französischen und nazideutschen Truppen in der libyschen Wüste, der erste nennenswerte militärische Erfolg Frankreichs im Zweiten Weltkrieg und eine wichtige Voraussetzung für die deutsche Niederlage bei El Alamein. Die Aussichtsplattform in der Mitte der Brücke, einer der schönsten Blicke auf den Eiffelturm, wird von einem bizarren Jeanne-d'Arc-Denkmal mit dem Namen „La France renaissante" geschmückt. Von der Bedeutungsschwere der Namen recht unbeeindruckt sind die Hochzeitspaare, die hier das ganze Jahr über und fast zu jeder Tageszeit bei ihren Fotosessions anzutreffen sind, die sie bei jedem Wetter abhalten,

La France renaissante

auch bei Regen und Sturm. In ihrer Verzweiflung bieten sie dann mitunter einen tragikomischen Anblick, wahrscheinlich nehmen viele einen langen Anfahrtsweg auf sich, um Hochzeitsfotos aus Paris in die Welt verschicken zu können, und dann ruiniert ihnen das Wetter Frisuren, Kleider und Bilder.

Von der Mitte der Brücke aus steige ich einige Stufen zur Île aux Cygnes hinunter, einer künstlichen Insel, die einmal Teil des Hafens von Grenelle war. Die langgestreckte Insel dient vielen Parisern heute als Jogging-Strecke, die Stimmung ist entspannt. Nach ein paar Minuten erreiche ich beim Pont de Grenelle, unter dem heftig an Fitnessgeräten trainiert wird, das Ziel meiner Wanderung: eine Replik der Freiheitsstatue, von in den USA lebenden Franzosen dem Mutterland im Jahr 1889 geschenkt, drei Jahre, nachdem die gut viermal so hohe Lady Liberty in New York eingeweiht worden war.

Orte zum Vertiefen

Musée d'Orsay:
1 Rue de la Légion d'honneur, 75007 Paris. +33 1 40 49 48 14. www.musee-orsay.fr

Libraire Alain Kogan:
17 Rue du Bac, 75007 Paris. +33 1 47 03 47 90.

Haus von Gainsbourg: *5 Rue de Verneuil, 75006 Paris 30*

Deyrolle: *46 Rue du Bac, 75007 Paris. +33 1 42 22 30 07. www.deyrolle.com*

Musée Maillol: *59–61 Rue de Grenelle, 75007 Paris. +33 1 42 22 59 58. www.museemaillol.com*

Papa sapiens: *32 Rue de Bourgogne, 75007 Paris. +33 1 44 05 97 54. www.papasapiens.fr*

Thomas Boog: *52 Rue de Bourgogne, 75007 Paris. +33 1 43 17 30 03.*

Musée Rodin: *77 Rue de Varenne, 75007 Paris. +33 1 44 18 61 10. www.musee-rodin.fr*

Musée de l'Armée: *Hôtel national des Invalides, 129 Rue de Grenelle, 75007 Paris. +33 1 44 42 38 77. www.musee-armee.fr*

Aux Merveilleux de Fred: *94 Rue Saint-Dominique, 75007 Paris. +33 1 47 53 91 34. www.auxmerveilleux.com*

Zwischen Marsfeld und Place Dupleix verbirgt sich hinter einer modernen Fassade ein Zusammenschluss verschiedener Antiquitätenhändler namens Village suisse. Die vielen kleinen Läden lohnen den Abstecher:

Village suisse: *78 Avenue de Suffren, 75015 Paris. www.villagesuisse.com*

Einen schönen Überblick (nicht nur) über die Route bekommt man, wenn man im nahen Parc André-Citroën mit dem „Ballon de Paris“ in die Lüfte steigt. Alle Infos dazu unter *www.ballondeparis.com*

Mehr zur Geschichte des alten Karussells auf dem Marsfeld findet man unter: *https://www.manege1913paris.com*
Es gibt noch zwei weitere Freiheitsstatuen in Paris zu sehen: Im Jardin de Luxembourg wurde nach Übersiedlung der Originalstatue ins Museum eine Replik aufgestellt, und eine weitere befindet sich im Musée des Arts et Métiers im dritten Arrondissement.

Orte zum Verweilen

Rosa Bonheur sur Seine:
Port des Invalides, Quai d'Orsay, 75007 Paris. +33 1 47 53 66 92.
rosabonheur.fr

Faust:
Pont Alexandre III, 75007 Paris. +33 1 44 18 60 60.
www.faustparis.fr

L'Atelier de Joël Robuchon: *Hotel du Pont Royal,*
5 Rue Montalembert, 75007 Paris. +33 1 42 22 56 56.
Atelier-robuchon-saint-germain.com

Restaurant Gaya:
44 Rue du Bac, 75007 Paris. +33 1 45 44 73 73.
www.pierre-gagnaire.com/restaurants/gaya

Le Fontenoy:
44 Rue du Bac, 75007 Paris. +33 1 45 48 14 36.

Auguste:
54 Rue de Bourgogne, 75007 Paris. +33 1 45 51 61 09.
www.restaurantauguste.fr

La Bonbonnerie de Marie:
Allée Adrienne Lecouvreur, 75007 Paris. +33 6 26 88 05 17.
http://www.labonbonnieredemarie.fr/

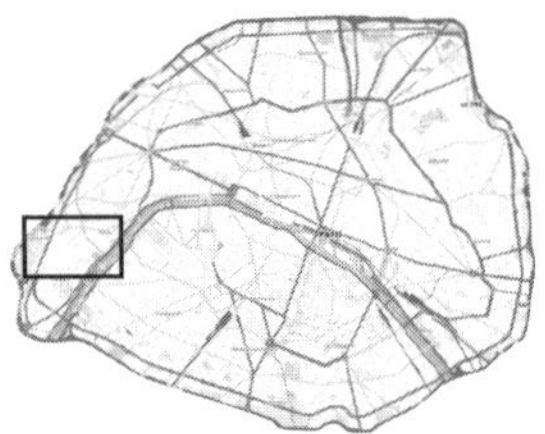

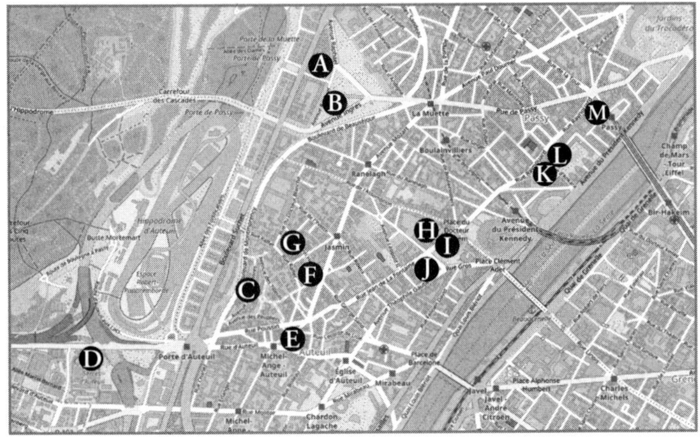

A	*Musée Marmottan*	**H**	*Parc Notre-Dame-de-l'Assomption*
B	*Eingang Petite Ceinture*	**I**	*Castel Béranger*
C	*Maison Goncourt*	**J**	*Café Antoine*
D	*Square des Poètes & Serres d'Auteuil*	**K**	*Maison Perret*
E	*Le Mouton Blanc*	**L**	*Maison Balzac*
F	*Maison Guimard*	**M**	*Musée du Vin*
G	*Maison La Roche*		

Bombast, Beton, Balzac

„Die Hauptstadt von Frankreich ist Paris, und die Hauptstadt von Paris ist das sechzehnte Arrondissement", soll Victor Hugo gesagt haben. Dabei wurde der westlichste und flächenmäßig größte Bezirk der Hauptstadt erst 1860 eingemeindet, da lebte der Dichter, dessen Verhältnis zu Napoleon III. nicht das beste war, gerade im Exil auf der Kanalinsel Guernsey. Zuvor waren die beiden Dörfer Passy und Auteuil, aus denen sich das vornehme Arrondissement zusammensetzt, eine beliebte Sommerfrische für die besseren Pariser Kreise. Noch heute prägen gepflegte Villen und Gärten das Arrondissement, allerdings bestens geschützt vor den neugierigen Blicken Normalsterblicher. Wie Inseln liegen sogenannte „Villas" über den Bezirk verstreut, damit sind aber nicht einzelne Häuser gemeint, sondern von abgeriegelten Privatstraßen durchzogene Einfamilienhausviertel, deren Zugänge nur mit Code oder Schlüssel passiert werden können, wenn sie nicht überhaupt bewacht werden. Nun, es bleibt auch abseits dieser geschlossenen Gesellschaften – von manchen Gotha-Ghetto genannt – genug zu sehen, etwa das älteste von Hand betriebene Karussell der Hauptstadt, wie ich einem der vergilbten Paris-Bücher in meinem Regal entnommen habe. Im Gedanken an den unverhofft

Métro La Muette

idyllischen Moment neulich vor dem Eiffelturm beschließe ich, dem noch älteren Karussell zu Beginn meines Spaziergangs durch den äußersten Westen der Stadt einen Besuch abzustatten. Von der Métro-Haltestelle La Muette führt mich der Weg daher zunächst in Richtung Jardin du Ranelagh.

Schon beim Ausgang der Métro zeigt die Architektur unmissverständlich, in welcher Gegend ich gelandet bin. Die Häuser sind von späthistoristischer Schwere, die Fassaden üppig dekoriert, Eckhäuser von wuchtigen, turmähnlichen Aufbauten geschmückt, dazwischen aufgereiht die Dachfenster der Dienstbotenzimmer. Unter etwas bedrohlichem Himmel spaziere ich durch den Jardin de Ranelagh mit seinen gepflegten Kastanienalleen. Ein überlebensgroßer Jean de la Fontaine steht inmitten des Parks, zu seinen Füßen schickt sich der Fuchs gerade an, dem Raben einen Käselaib abzuluchsen – der Schöpfer unzähliger Fabeln, die heute noch jedes Volksschulkind in Frankreich auswendig lernt, zählt zu den berühmtesten ehemaligen Einwohnern Auteuils.

Sport- und Spielgeräte gibt es jede Menge in dem eleganten Park, doch weit und breit kein Karussell, zumindest kein intaktes. Relativ spät erkenne ich in einem traurigen Gerippe nahe der Avenue Raphaël die Überreste des altehrwürdigen Spielgeräts – eine Ruine ohne Pferde und Dach. Ob es gerade abmontiert wird, um auf dem Schrotthaufen zu enden, oder ob es restauriert werden soll, kann ich nicht herausfinden. Ich flüchte lieber vor dem Regenguss, der jetzt zu allem Überfluss auch noch niedergeht, ins nahe Marmottan-Museum. Das kommt mir nicht nur als Regenschutz sehr gelegen, auch wenn es weder ein Geheimtipp ist, noch auf meiner Liste stand. Erdgeschoß und erster Stock des in einem ehemaligen Jagdschlösschen untergebrachten Museums sind vollgeräumt mit Möbeln und Nippes im Empire-Stil, mit dessen düsterem, häufig ägyptisch inspirierten Prunk ich wenig anfangen kann. Den Keller kann man hingegen gar nicht oft genug besuchen, denn hier hängt mit „Impression, soleil levant" das in Le Havre gemalte Bild Claude Monets, das dem Impressionismus seinen Namen gab, und rundherum, neben den Bildern zahlreicher anderer Künstler seiner Epoche, die weltgrößte Monet-Sammlung. Ich konzentriere mich auf den Stammvater der Impressionisten, seine normannischen Strände, seine Londoner und Pariser Szenen, die Ausflüge aufs Land und einige Seerosen, in der Hoffnung, dass der Regen rasch weiterzieht; für einen ausgiebigen Museumsbesuch juckt es mich schon zu sehr in den Beinen. Nach der Stippvisite bei Monet scheint tatsächlich wieder die Sonne – ein Phänomen, das man in Paris oft erleben kann: Es regnet zwar gerade im Frühjahr recht häufig, aber nie sehr lange. Der nahe Atlantik sorgt für den abwechslungsreichen Pariser Himmel, dem Jean Dréjac und Hubert Giraud mit dem Chanson „Sous le Ciel de Paris" eine Liebeserklärung gemacht haben, die vor allem durch Edith Piafs Interpretation weltberühmt wurde.

Bei einer Hundezone im Jardin de Ranelagh, die an den Boulevard de Beauséjour grenzt, beginnt meine eigentliche Route, nämlich mit einem Stück der Petite Ceinture-Bahnlinie, das hier auf ein paar hundert Metern von Schienen befreit und Fußgängern zur Verfügung gestellt wurde. Die grüne, von dichtem Gebüsch gesäumte Strecke unterhalb des Straßenniveaus lädt zu einem kurzen Spaziergang ein, der einen beinahe vergessen lässt, dass man doch mitten in Paris ist. Der Verkehr rauscht nur leise im Hintergrund, die Vegetation wuchert üppig, die Vögel zwitschern, außer mir ist kein einziger Spaziergänger hier unten unterwegs. Praktisch ist übrigens, dass der Weg mit Rindenmulch bestreut ist, sodass man auch nach einem Regenschauer nicht im Schlamm gehen muss. Nach einer Viertelstunde endet der erfrischende Spaziergang im Grünen an einer Stelle, die vor wenigen Jahren noch ein Niemandsland war. Auf einem ehemaligen Betriebsgelände der französischen Staatsbahn werden nun Wohnhäuser errichtet, ein Großteil davon Sozialwohnungen. Ein Herr mit Hund steht am Zaun und betrachtet den bereits weit fortgeschrittenen Bau mit, wie mir scheint, gemischten Gefühlen. Die Anrainer haben der Stadt einen jahrelangen erbitterten Kampf geliefert, um diese Wohnungen zu verhindern. Grund für die von den teilweise sehr einflussreichen Bewohnern Auteuils geführte juristische Abwehrschlacht war weniger die von den relativ hohen Gebäuden verstellte Aussicht als vielmehr die Sorge, man sei

Sozialwohnungen gegenüber der Villa Montmorency

nun nicht mehr unter sich. Trotz aller Parolen von Gleichheit und Brüderlichkeit beginnt in der französischen Gesellschaft der Kampf um die besten Plätze sehr früh und ist im Regelfall eine die Generationen überschreitende Aufgabe. Hier im Westen von Paris leben die großbürgerlichen und aristokratischen Familien, die durch sogenannte „Rallys" ein dichtes Beziehungsnetz geknüpft haben. Es handelt sich dabei nicht etwa um Autorennen. Spätestens wenn eine Tochter aus besserem Hause zwölf wird, macht sich ihre Familie daran, gemeinsam mit anderen „passenden" Familien in ähnlicher Situation eine Reihe von „Rally" genannten Bällen zu veranstalten, bei denen gleich viele junge Burschen wie Mädchen anwesend sind. Man mietet eine Saalflucht in einem repräsentativen Gebäude und engagiert Tanzlehrer, um die Jugendlichen in die Rituale des Gesellschaftslebens einzuführen. Abendgarderobe ist natürlich Pflicht, auf Einladung folgt Gegeneinladung. Über Jahre hinweg trifft sich so immer wieder die etwa gleiche Runde, die bis zu hundert Jugendliche und deren Familien zählen kann. Das Ziel ist ganz klar: Spätestens als junge Erwachsene sollen möglichst alle Teilnehmer den passenden Partner oder die passende Partnerin innerhalb des von den Eltern ausgewählten Kreises gut situierter Familien gefunden haben. Gastgeber sind stets die Eltern der Mädchen, die über die Jahre Unsummen für die Miete von Stadtschlössern, für Tanzlehrer, Champagner und Petits Fours ausgeben. Das ist der Preis dafür, unter sich zu bleiben, ganz so, als ob das Ancien Régime nie aufgehört hätte zu existieren. Die richtige Wohnadresse ist Teil dieser über Generationen hinweg gepflegten Strategie, und da haben Sozialwohnungen in der unmittelbaren Nachbarschaft natürlich keinen Platz, wie doch nach dem Willen dieser Leute jedem einleuchten sollte.

Man wird sich zu schützen wissen, denke ich, während ich die Stufen von der Petite Ceinture zum Boulevard de Montmorency hinaufsteige. Die unspektakuläre Häuserzeile mit

Petite Ceinture

ihren für Pariser Verhältnisse recht uneinheitlichen Fassaden täuscht darüber hinweg, dass es sich dabei um die exklusivste Adresse der Hauptstadt handelt. Die Häuser gehören zur Villa Montmorency, die im neunzehnten Jahrhundert auf dem gleichnamigen Schlosspark errichtet wurde. Ein strenges Regelwerk sorgte dafür, dass sich nur Familien ansiedelten, die zusammenpassten, und daran hat sich bis heute nichts geändert. Hier wohnen die Familien Bolloré und Lagardère, Xavier Niel und Alain Afflelou, Mylène Farmer und Carla Bruni und viele andere, die zu den reichsten, berühmtesten und mächtigsten Menschen Frankreichs zählen. Die Eingänge zur Villa Montmorency sind streng bewacht und vor neugierigen Blicken geschützt, außer den Bewohnern kommen nur ihre Gäste, Putzfrauen und Lieferanten hinein. Ein kleines Schlupfloch existiert aber doch, und zwar auf Hausnummer 67. An dieser Adresse wohnten ab 1868 die Brüder Jules und Edmond de Goncourt, zwei naturalistische Schriftsteller, die in der Abgeschiedenheit Auteuils Ruhe zum Schreiben suchten. Im Haus war genug Platz für ihre umfangreiche Kunstsammlung, und in der Mansarde veranstaltete Edmond nach dem Tod seines Bruders seinen sonntäglichen literarischen Salon, aus dem sich

Maison Goncourt

die Académie Goncourt entwickeln sollte, die noch heute den prestigeträchtigsten Literaturpreis Frankreichs vergibt. Eigentümer des Hauses ist heute die Stadt Paris, die das Gebäude in ein Museum umwandeln wollte, was die Nachbarn jedoch zu verhindern wussten. Dafür ist das Haus heute ein Zentrum für Gegenwartsliteratur, in dem regelmäßig Lesungen und andere literarische Veranstaltungen stattfinden – ein guter Vorwand für mich, einfach anzuklopfen, um mich nach dem aktuellen Programm zu erkundigen. Robert Martin, ein Angestellter der Stadt Paris, öffnet mir und führt mich, als ich ihm mein Anliegen erkläre, durch Haus und Garten. Das wuchernde Grün verhindert zwar tiefere Einblicke in die Wohnstätten von Reich und Schön, doch immerhin erfahre ich, dass André Gide im Haus gegenüber lebte und das Nachbarhaus während des Ersten Weltkriegs als Lazarett diente, in dem auch Apollinaire behandelt wurde. Über eine Holzstiege führt mich Monsieur Martin bis unters Dach, wo Edmond Goncourt einst seinen Diwan stehen hatte. Heute verstellen etwas stillose Holzverschläge den berühmten „Grenier", Fotos an den Wänden zeigen den Originalzustand. Immerhin ist der Kamin noch da und der Blick von hier aus über die Villa Montmorency einmalig. Schön, dass man diesen Ort einfach so besuchen und sich auf eine Mailingliste setzen lassen kann, die einem wenigstens im Rahmen der einen oder anderen Lesung Zutritt ins Innere der Villa Montmorency verschafft – freilich innerhalb der Grenzen des Goncourt-Hauses.

Den Boulevard de Montmorency entlangschlendernd, erreiche ich die Porte d'Auteuil, eine etwas unübersichtliche Asphaltwüste, die ich überquere, um einen Abstecher in den Bois de Boulogne zu machen. Für den „Wald"-Spaziergang muss ich Paris nicht verlassen. Der riesige Park, der vor Jahrhunderten ein königliches Jagdgebiet war, seither aber viele Male völlig umgestaltet wurde, gehört seit 1925 auch administrativ zu Paris. Nicht einmal der Périphérique, der sonst die unübersehbare Stadtgrenze bildet, trennt ihn von der Stadt, denn die Ringautobahn muss in dieser Gegend in den Untergrund ausweichen. Ich bummle durch den *Jardin des Poètes*, einen schön angelegten Park, in dem ausgewählte Textpassagen berühmter Dichter offenbar zum Nachdenken über den Sinn des Lebens anregen sollen. Der Park grenzt an die Serres d'Auteuil, einen weiteren Park mit prächtigen Glashäusern, direkt bei den Tennisanlagen

Bois de Boulogne

von Roland Garros. Von hier aus bieten sich zahlreiche Routen durch den „Bois“ an, dessen Wiesen, Wälder und Teiche durch ein dichtes Wege- und Straßennetz erschlossen sind, doch ich setze lieber meinen Spaziergang durch die ehemaligen Dörfer des Seizième fort. Die Läden der Rue d’Auteuil, die ich nach meiner Runde im Bois de Boulogne hinunterspaziere, spiegeln den Dorfcharakter des Viertels wider. Fleischer, Käse- und Gemüsehändler tragen nicht etwa die Namen ihrer Eigentümer, sondern heißen einfach *Boucherie d’Auteuil*, *Fromagerie d’Auteuil* und *Verger d’Auteuil*. In dieser Straße steuere ich auf Empfehlung von Robert Martin eines der ältesten Restaurants der Hauptstadt an, das *Mouton Blanc*, in dem bereits Molière Stammgast war. Ihre vierhundertjährige Geschichte sieht man dieser Institution allerdings nicht mehr an, eine für meinen Geschmack zu gründliche Renovierung dürfte nicht lange zurückliegen. Schwarz und Gold dominieren den Speisesaal, eine etwas strenge Kellnerin leitet mich zu einem kleinen Tisch in der Nähe des Eingangs. Während ich auf das Tagesgericht warte, trudeln andere Gäste ein. Nach einiger Zeit stelle ich fest, dass ich bisher der Einzige bin, den sie nicht mit Namen begrüßt hat. Viele „Monsieur de“ und „Madame de“ sind unter den Stammgästen, das Publikum ist nicht gerade jung.

Das uralte Restaurant ist besser als die Villa Montmorency dazu geeignet, doch noch einen kleinen Blick hinter die Fassaden Auteuils zu erhaschen, das mir hier wie ein etwas verschrobenes Ghetto älterer, sehr vornehmer Menschen mit eigenartigen Ritualen vorkommt. Der Lapin à la moutarde von der Tageskarte ist tadellos, eine Spur zu trocken vielleicht. Nach dem Rezept zu fragen, bringe ich in diesem Rahmen nicht übers Herz, wahrscheinlich falle ich ohnehin schon etwas auf. In meiner Sammlung habe ich aber ein bewährtes Rezept für diesen französischen Klassiker, bei dem das eher nicht durch prononcierten Eigengeschmack auffallende Kaninchenfleisch in einer würzigen Sauce serviert wird:

LAPIN À LA MOUTARDE

Zutaten:
4 Kaninchenkeulen (nimmt man ein ganzes Tier, sollte man den Rücken erst am Ende der Garzeit kurz mitköcheln lassen, da das Fleisch sonst austrocknet)
3–4 Schalotten
3 EL Dijonsenf „à l'ancienne", also grobkörnig
½ Becher Schlagobers/ Sahne
1/2 l Weißwein
1 Kräutersträußchen (Thymian, Petersilie, Estragon …)
Salz, Pfeffer
Neutrales Öl zum Braten

Das Kaninchen gegebenenfalls in Stücke zerteilen, dabei darauf achten, Knochensplitter zu entfernen. Das Fleisch in einem Bräter rundherum scharf anbraten, danach wieder herausnehmen. Die Hitze reduzieren. Schalotten grob zerkleinern, anschwitzen, Senf dazugeben und einige Minuten unter ständigem Rühren braten – so verliert der Senf seine Schärfe. Kräutersträußchen und Kaninchenstücke dazugeben, mit Wein und Obers aufgießen, mit Salz und Pfeffer würzen. Zudecken, etwa 45 min sanft köcheln lassen, abschmecken. Dazu passen gekochte Kartoffeln, Polenta, Püree oder Reis.

Nicht ganz der puristischen Variante entsprechend, aber auch sehr gut wird das Kaninchen, wenn man vor dem Fleisch etwas Wurzelgemüse und/oder Speckwürfel anröstet und später wieder zur Sauce gibt – eine etwas rustikalere Version dieses Klassikers.

Ich spaziere die Avenue Mozart hinunter, um auf Nummer 122 ein erstes Gebäude Hector Guimards zu besichtigen. Der Architekt, der die „typischen" Pariser Métro-Eingänge mit ihren wuchernden Gusseisenpflanzen und roten Laternen schuf, hat im Pariser Westen einige seiner bekanntesten Bauten hinterlassen. Auch abgesehen von Guimards wuchtigem Jugendstilhaus, ist die Avenue Mozart eine überaus angenehme Spazier-Strecke, elegant und belebt. Nach ein paar Schritten biege ich nach links in die Avenue Henri Heine. Eigentlich ist es kurios, dass dem Dichter, der sein halbes Leben im heißgeliebten Paris verbracht hatte, ausgerechnet in diesem Arrondissement eine Straße gewidmet wurde. Gerade für Auteuil und Passy hatte er wenig übrig und meinte einmal, es müsse sterbenslangweilig sein, auf dem Friedhof von Passy begraben zu liegen.

Die nach Heine benannte Avenue ist typisch für das ganze Viertel: Späthistoristischer Pomp trifft auf edle moderne Architektur mit Sandsteinfassaden und aparte Vorstadthäuser aus den 1920er-Jahren. Die verspielten Art-Déco-Häuser aus der Zwischenkriegszeit stehen für ein ganz anderes, viel leichteres Lebensgefühl als etwa die wehrhaften Wiener Gemeindebauten, die nahezu zeitgleich entstanden. Nur wenige Meter sind es zur Rue beziehungsweise dem Square du Docteur Blanchet, wo ich die Fondation Le Corbusier besuchen möchte, untergebracht in der Maison La Roche. Das Haus ist ein Paradebeispiel für die Architektur Le Corbusiers und lädt heute, ganz im Sinn des Architekten, zum Flanieren und Entdecken ein. „Im Gehen entdeckt man erst die Gesetzmäßigkeiten der Architektur", sagte er einmal. Nun, sein Haus ist groß genug dafür. Vor allem das Atrium, das den Besucher empfängt, vermittelt ein Gefühl von Großzügigkeit, wie überhaupt dieses Haus aus dem Jahr 1927 heute noch „funktionieren" würde, um im von Le Corbusier geprägten Bild des Hauses als Wohnmaschine zu bleiben. Die Bibliothek ist zwar klein dimensioniert, aber immerhin gibt es einen solchen Raum. Dieser sowie die schrägen Gänge, die geschwungenen Linien, die Fensterbänder, der Dachgarten, die sorgfältige Wahl der Farben, mit denen der rohe Beton gestrichen ist, sagen doch viel über die unbestreitbar hohe Qualität der Räume dieses Hauses und damit auch über die Arbeit Le Corbusiers aus, so schrecklich ich seine Umbaupläne für Paris, die zum Glück nie realisiert wurden, auch finde.

Fondation Corbusier

Noch ein modernes Architekturensemble gibt es in der Gegend zu bewundern, ich folge der Rue du Docteur Blanche Richtung Norden, vorbei an nichtssagenden Wohnblocks mit noblen Feinkostläden im Erdgeschoß, vor denen ausschließlich teure Autos parken – ein wenig fremd fühle ich mich in dieser Umgebung schon, aber so geht es wohl den meisten, die nicht hier aufgewachsen sind. Die Rue Mallet-Stevens ist von Gebäuden gesäumt, die der gleichnamige französische Architekt, ein Zeitgenosse und Intimfeind Le Corbusiers, geplant hat. Robert Mallet Stevens hatte bei der „Exposition internationale des Arts décoratifs et industriels modernes“ von 1925, die der Art-Déco-Bewegung ihren Namen geben sollte, das Publikum mit einem „kubistischen Garten“ aus Beton schockiert. Der architekturbegeisterte Vicomte de Noailles gab daraufhin dem noch kaum bekannten Mallet-Stevens für den Bau seiner Villa in Hyères den Vorzug gegenüber Stars wie Mies van der Rohe und Le Corbusier. Als Mallet-Stevens' Hauptwerk gilt eine Villa bei Roubaix, die der Textilindustrielle Paul Cavrois in Auftrag gab. „Wahrer Luxus bedeutet, in einem hellen, freundlichen, luftigen Umfeld zu leben, mit gut funktionierender Heizung und so, dass möglichst wenig unnützer Aufwand und Personal nötig sind“, erklärte Mallet-Stevens das Prinzip, das der Villa mit 2400 Quadratmetern Wohnfläche und teilweise sechs Meter hohen Räumen zugrunde liegt. Seine Pariser Bauten kann man leider nicht besichtigen.

Ich lasse mich die Rue de l'Assomption hinuntertreiben, vorbei an der düsteren Fassade des Lycée Molière, das doch so einen heiteren Namenspatron hat, und betrete hinter einer Baustelle auf Hausnummer 17 durch eine unscheinbare grüne Tür einen dieser Orte, die man nicht für möglich halten würde, den öffentlich zugänglichen Park der „Himmelfahrtsschwestern", wie man den Ordensnamen der Frauenkongregation, die hier auch ein Gästehaus betreibt, auf Deutsch übersetzen könnte. Offenbar kennt den herrlich großzügigen Park mit seinem alten Baumbestand außer ein paar Einheimischen niemand, auch die Ordensschwestern lassen mich unbehelligt, und ich genieße in völliger Einsamkeit einige himmlisch stille Minuten in der Frühlingssonne, lausche den zwitschernden Vögeln um mich herum – ein Rotkehlchen ist besonders zutraulich – und fühle mich dann doch wieder recht wohl in diesem vornehmen Viertel, das derartige Energietankstellen allen denjenigen kostenlos zur Verfügung stellt, die sie nützen möchten. Das nächste Mal komme ich mit gepacktem Picknickkorb.

Park der „Himmelfahrtsschwestern"

Die Rue de la Fontaine gleich ums Eck ist ein Mekka für Freunde der Art-Nouveau-Architektur, mit dem Castel Béranger hat sich der damals erst 27-jährige Hector Guimard ein würdiges Denkmal gesetzt. Dass er ein Fan der Neogotik und des manchmal allzu frei improvisierenden Schlösser-und-Burgen-Rekonstrukteurs Viollet-le-Duc war, lässt sich freilich auch nicht verleugnen. Ein wenig habe ich selbst bei den Métro-Eingängen und ihren rot-grünen Schlingpflanzen-Kandelabern ja immer das Gefühl, eine Geisterbahn zu betreten. Schräg gegenüber dem Castel Béranger, das Zeitgenossen wenig subtil als „Castel Dérangé", also „gestörte Burg" verunglimpften, liegt das ehemalige *Café Antoine*, ebenfalls von Guimard geplant und längst denkmalgeschützt. Es ist heute kein Café mehr, sondern eine Cocktailbar namens *Cravan* – dafür bin ich nun aber zu früh dran.

Meinen Architekturrundgang setze ich in der Rue Raynouard fort, in der auf Nummer 51 ein nicht auf den ersten Blick spektakuläres, aber bedeutendes Gebäude steht. Auf dem wegen seiner Steilheit als unbebaubar geltenden Grundstück hat Auguste Perret eines seiner typischen Stahlbetonhäuser errichtet. Perret setzte den zu seiner Zeit revolutionären Baustoff auf eine Weise ein, die den Liebhaber der Architektur des achtzehnten Jahrhunderts, der er auch war, mit der Moderne versöhnt, nämlich einerseits durch den für Perret typischen Verzicht auf „normale" Fenster – stattdessen gibt es stets Balkontüren –, andererseits durch die manuelle Bearbeitung des Betons, der teils glatt, teils gebürstet zum Einsatz kommt, um die unterschiedlichen Verwendungen zu unterstreichen. So entstand ein durchaus „edles" Gebäude, in dem der Architekt auch selbst wohnte. Wer das Innere eines solchen Gebäudes erleben will, muss jedoch nach Le Havre fahren. Dessen Altstadt wurde bei der Befreiung Frankreichs von der britischen Luftwaffe völlig zerstört, Perret leitete den Wiederaufbau der Stadt und brachte das Kunststück zustande, helle, luftige und ruhige Innenhöfe für so gut wie alle Bewohner zu schaffen, die Stadt durch Fertigteile schnell wieder hochzuziehen und seine Bauelemente so flexibel einzusetzen, dass sowohl Luxus- als auch Sozialwohnungen aus den gleichen vorgefertigten Elementen geschaffen werden konnten. In der „Zeitzeugenwohnung" im Zentrum von Le Havre kann man das großzügige Wohngefühl, das diese Betonhäuser ermöglichen, nachvollziehen. Wahrscheinlich wird der eine oder andere auch seine Meinung über den vielgeschmähten Beton revidieren müssen.

Der größte denkmögliche Kontrast zu Perrets Beton-Architektur erwartet mich nur ein paar Meter weiter in derselben Straße: die Maison Balzac. Das Haus, in dem der Romancier, der stets auf der Flucht vor seinen Gläubigern war, einige friedliche Jahre lang lebte, ist heute ein Balzac-Museum. Auch dieses verspricht eine Zeitreise, allerdings ein gutes Stück weiter zurück ins neunzehnte Jahrhundert, als Passy noch ein Stück Land war. Der verträumte Garten, den man auch betreten kann, ohne eine Eintrittskarte zu lösen, gibt einen Eindruck vom Landleben vor zweihundert Jahren, dahinter ragt – wie zur Erinnerung daran, wo man sich befindet – der Eiffelturm empor.

Das Museum zeigt den Schreibtisch und zahlreiche andere Erinnerungsstücke Balzacs. An prominenter Stelle steht die unersetzliche Kaffeemaschine dieses Kaffee-Junkies, wie es wohl seither keinen zweiten gab. „Heute Abend bin ich ziemlich traurig. Der Ostwind weht, ich habe keinerlei Kraft. Ich habe keine Energie zu arbeiten, weder Inspiration, noch sonst etwas, das mich befruchtet. Aber die Notwendigkeit ist so drängend. Ich brauche einen Kaffee", steht mit gehörigem Understatement neben der harmlos aussehenden rotweißen Kanne aus Limoges-Porzellan. Fünfzig Tassen trank der schreibwütige Großschriftsteller täglich, aber keine dünne Plörre, sondern ein kräftiges, konzentriertes Gebräu à la turque, für das er ganz Paris nach den passenden Bohnen absuchte. Eine Mischung

Maison Balzac

von Kaffees aus dem Jemen, von La Réunion und aus Martinique war das Resultat langwieriger Experimente. Der Dichter, der 18 Stunden täglich schrieb, kochte seinen Kaffee selbst, damit er nur ja nicht zu schwach war. Zum Frühstück schaufelte er pures, ungekochtes Kaffeepulver auf nüchternen Magen in sich hinein und beschreibt die Wirkung wie einen Drogenrausch, der vom Magen ausgehend den ganzen Körper ergreift, bis „die Nervengeflechte in Flammen aufgehen, sie brennen und lassen ihre Funken bis ins Gehirn steigen. Nun kommt alles in Gang: Die Ideen setzen sich in Marsch wie die Bataillone der Grande Armée auf dem Schlachtfeld, und die Schlacht beginnt. Die Erinnerungen treffen im Laufschritt ein, mit flatternden Fahnen; die leichte Kavallerie der Vergleiche fächert sich in einem herrlichen Galoppritt auf; die Artillerie der Logik eilt herbei mit Tross und Munition; die Pointen kommen als leichte Infanterie; die Figuren nehmen Gestalt an; das Papier bedeckt sich von selbst mit Tinte, denn die Wache beginnt und endet in Fluten schwarzen Wassers, wie die Schlacht mit dem schwarzen Pulver."

So redet ein Getriebener, der sich selbst als schreibende Dampfmaschine bezeichnet und zu den Giganten der Weltliteratur zählt. Mit einundfünfzig Jahren hatte er seinen Körper vollends ruiniert, Victor Hugo meinte in dem Sterbenden, der mit violettem Gesicht und starrem Blick den Tod erwartete, das Profil Napoleons wiederzuerkennen.

Er war einer der großen Drogensüchtigen der Kunst, der das Koffein brauchte, um seiner zweiten großen Sucht, dem Schreiben, nachkommen zu können, und zerstörte dadurch seine Gesundheit. Vielfach ausgebesserte und überschriebene Manuskriptseiten und beeindruckende Skizzen der Beziehungen zwischen den zahlreichen Figuren seines Comédie-humaine-Romanzyklus, ein Stammbaum, wie er verästelter und komplizierter nicht sein könnte, machen das kleine Museum zum Erlebnis. Ein paar Stufen führen mich danach zum Parc de Passy hinunter, zuvor biege ich noch in die Rue Berton und mache ein paar Schritte in diese mittelalterliche Gasse zwischen dem Balzac-Museum und der türkischen Botschaft, in der ein alter Grenzstein Passy und Auteil voneinander trennt.

In der Rue des Eaux, also der Wasserstraße, gleich hinter dem Parc de Passy, befindet sich paradoxerweise das Weinmuseum – nicht unbedingt ein Pflichtbesuch, aber wer sich für die Geschichte der Pariser Steinbrüche, alte Weinflaschen und eine wirklich sehenswerte Sammlung von

Passy

Korkenziehern begeistern kann, alles gehüllt in leicht modrige, nach alten Korken duftende Kellerluft, wird den Besuch genießen. Ein Glas Wein ist im Ticketpreis inbegriffen.

Über die Rue de l'Alboni, vorbei an der sehenswerten, zwischen Brücke und Hang gebauten Métrostation Passy, gelange ich zur Rue de Passy und bin wieder in der reichen und schönen Gegenwart des Nobelviertels angelangt. Das Tor von Hausnummer 56 steht offen, und ich werfe einen Blick in einen gepflegten Innenhof, in dem eine Privatschule für Kinder betuchter Leute untergebracht ist. Ich spaziere zurück zur Métro La Muette, an der mein Spaziergang begonnen hat. Die legendäre *Pâtisserie Coquelin* an der Place de Passy finde ich nicht mehr vor, an ihrer Stelle ist heute eine Nespresso-Boutique. Abgesehen davon, wirkt Passy nicht so, als würde sich hier allzu schnell allzu viel ändern.

Orte zum Vertiefen

Musée Marmottan Monet:
2 Rue Louis Boilly, 75016 Paris. +33 1 44 96 50 33.
Di–So 10–18, Do bis 21 Uhr.
www.marmottan.fr

Maison des écrivains et de la littérature/Mél:
67 Boulevard de Montmorency, 75016 Paris. +33 1 55 74 60 90.
www.maison-des-ecrivains.asso.fr

Jardin des Serres d'Auteuil:
3 Avenue de la Porte d'Auteil, 75016 Paris. +33 1 40 72 16 16.

Fondation Le Corbusier: *8–10 Square du Docteur Blanche, 75016 Paris. +33 1 42 88 41 53. Mo 13.30–18, Di–Sa 10–18 Uhr.*
www.fondationlecorbusier.fr

Die Himmelfahrtsschwestern haben nicht nur einen der schönsten Parks der Stadt, sondern auch ein Gästehaus mit günstigen Zimmertarifen:

Maison d'acceuil de l'assomption:
17 Rue de l'Assomption, 75016 Paris. +33 1 46 47 84 56.
www.assomption-auteuil.com

Maison de Balzac:
47 Rue Raynouard, 75016 Paris. +33 1 55 74 41 80. Di–So 10–18 Uhr.
www.maisondebalzac.paris.fr

Musée du Vin:
5 Square Charles Dickens, 75016 Paris. +33 1 45 25 63 26.
Di–Sa 10–18 Uhr
www.museeduvinparis.com

Orte zum Verweilen

Verlässt man den Jardin des Serres d'Auteil beim Haupteingang, befindet man sich in Boulogne Billancourt, wo sich ein stilvolles Vorstadt-Bistro für eine Mittagspause in gediegenem Rahmen anbietet:

Bistrot du Parc:
62 Rue du Château, 92100 Boulogne-Billancourt. +33 1 46 05 00 25.

Le Mouton blanc:
40 Rue d'Auteuil, 75016 Paris. +33 1 42 88 02 21.
auberge-mouton-blanc.com

Cocktailbar Cravan:
17 Rue Jean de la Fontain, 7501 Paris.
@cravanparis

Auch zu empfehlen ist das klassische Pariser Café schräg gegenüber:

A la Fontaine:
12 Rue de Boulainvilliers, 75016 Paris. +33 1 42 88 21 84.

Ein schönes Bistro mit zeitgemäßer Küche und jungem, dynamischem Service ist das *La Garçonnière* etwas südlich meiner Route:

La Garçonnière:
98 Rue Michel-Ange, 75016 Paris. +33 1 46 51 27 50.

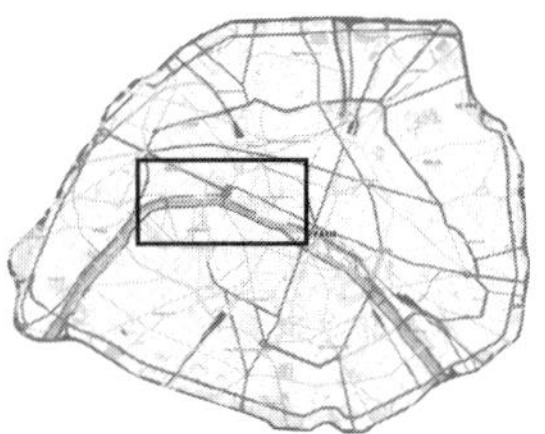

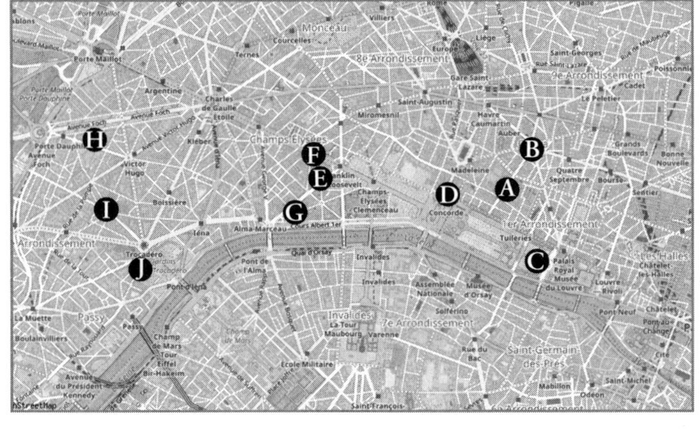

A	*Place Vendôme*	**F**	*Hôtel de la Païva*
B	*Blick zur Oper*	**G**	*Bar des Théâtres*
C	*kleiner Triumphbogen*	**H**	*Musée d'Ennery*
D	*Maxim's*	**I**	*Place de México*
E	*Artcurial*	**J**	*Musée de l'Homme*

Mit dem Fahrrad in die Zukunft

Warum gerade die Champs-Elysées als schönste Avenue der Welt gelten, erschließt sich dem Flaneur nicht unbedingt. Acht von früh bis spät verstopfte Fahrspuren sorgen für Stress, schlechte Luft und Hupkonzerte. Links und rechts davon: protzige Modehäuser und Autosalons, langweilige, aber überfüllte Fastfood-Lokale und vor allem Touristenmassen. Zur Hochsaison finden sich immer wieder Grüppchen, denen es nicht zu dumm ist, Joe Dassins „Les Champs-Élysées" im Chor zu krakeelen und nach ein paar Takten, Tränen lachend, abzubrechen. Wahrscheinlich beruht meine etwas snobistische Verachtung der Prachtstraße aber auf dem gleichen Denkfehler, dem auch die Touristen erliegen. Denn auch diese wirken, wenn sie nicht gerade singen, meist doch etwas ratlos. Der Fehler liegt in der Wahl des Fortbewegungsmittels: Die Pariser Achse der Macht, die vom Westen aus direkt ins Herz des Königreiches führt, diese unter Ludwig XIV. angelegte Schneise durch eine weite Park- und Naturlandschaft war schließlich nie für Fußgänger gedacht, sondern für Menschen, die sich so gut wie ausschließlich zu Pferd oder in der Kutsche fortbewegten. Frankreichs Monarchen hatten das Recht, sogar manche Kirchen im Sattel zu „betreten" – ein Privileg, das heute noch der französische Staatspräsident genießt, zumindest theoretisch. „Der einzige Ort, wohin sogar der König zu Fuß hingeht", ist in

Frankreich nicht umsonst eine Umschreibung für die Toiletten – und nicht für die Champs-Elysées.

Ich habe es daher schon lange aufgegeben, die Prachtschneise zu Fuß abzuklappern. Das ist langweilig und frustrierend. Wenn Paris auch die Stadt der Fußgänger und Flaneure ist, so ist es eben auch die Stadt der Könige und ihrer Entourage, gerade im Westen, wo heute noch der Luxus zu Hause ist. Aus naheliegenden Gründen haben sich diverse Nobelschneider und Juweliere entlang der Arterien der Macht niedergelassen, und nicht nur die Champs-Elysées wurden dafür angelegt, das Auge der Vorbeifahrenden zu erfreuen.

Das Pariser Leihradsystem Vélib' ist heute für demokratisch gesinnte Paris-Besucher wohl der ideale Pferdeersatz. So lassen sich die königlichen und sonstigen Prachtstraßen und -plätze wunderbar verbinden, ohne ermüdende Fußmärsche oder den unweigerlichen Stau, in dem man als Autofahrer bald stehen würde, auf sich nehmen zu müssen. Eingefleischte Fußgänger seien auf Balzac verwiesen, einen der ausdauerndsten Flaneure, die Paris je gesehen hat und der doch empfiehlt, sich gelegentlich ein „englisches Pferd" zu nehmen und in hohem Tempo die Boulevards entlangzureiten. Nur so könne man das „Gedicht von Paris" in vollen Zügen wahrnehmen. Dass der Romancier die Boulevards den Champs-Elysées vorzieht, hat einen einfachen Grund: Letztere kamen erst nach seinem Tod in Mode.

Ich beginne meinen Vélib'-Ritt durch die Nobelquartiere an einem der teuersten Flecken der Stadt, der Place Vendôme, die von Jules Hardouin-Mansart geplante wurde, dem Obersten Architekten Ludwigs XIV. Inmitten dieses Musterbeispiels strenger, etwas abweisender klassischer französischer Architektur stand ursprünglich ein Reiterstandbild des Sonnenkönigs, das im Zuge der Französischen Revolution zerstört wurde. Es wurde durch die Colonne Vendôme ersetzt, eine gut 44 Meter hohe Säule, die Napoleon zur Erinnerung an seinen

Place Vendôme

Triumph bei Austerlitz aus eingeschmolzenen österreichischen Kanonen errichten ließ. Zur Zeit der Pariser Kommune von 1871 wurde sie gestürzt. Die Dritte Republik hatte offenbar großes Interesse an der Wiederherstellung der imperialen Triumphsäule, und auch ein Plan für die Finanzierung der Arbeiten war schnell zur Hand. Gustave Courbet, einer der bedeutendsten realistischen Maler seiner Zeit, hatte noch unter der Herrschaft Napoleons III. vorgeschlagen, die Statue von dessen kaiserlichem Onkel im Hôtel des Invalides aufzustellen, wo sie besser hinpassen würde. Da er unter der Kommune die Umsetzung dieses Plans noch einmal mit Nachdruck verlangt hatte und die Säule wenig später zwar nicht übersiedelt, aber umgeworfen und dabei zerstört wurde, erklärte ihn die junge Republik nach ihrem Sieg über die Pariser Aufständischen zum Schuldigen an der Beschädigung des nationalen Eigentums. Er sollte allein die Kosten für ihre Wiederherstellung tragen. Courbets Besitz wurde beschlagnahmt, er floh in die Schweiz, wo er wenig später starb. Einen schönen Kommentar zur Affäre um den Maler legt Autor Michel Bernard seinem Erzähler im Roman „Deux remords de Claude Monet“ in den Mund: „Man verfolgte jetzt Courbet. Es hieß, man hätte ihn sogar erschießen lassen, diesen großartigen und großzügigen Dummkopf, der mit ein paar Bildern mehr für den Ruhm Frankreichs getan hatte als die gesamte um Adolphe Thiers versammelte Regierung."

Ungerührt erhebt sich heute wieder die im Stil eines römischen Kaisers kostümierte Napoleonstatue in luftiger Höhe über der Place Vendôme. Hier steht das Hotel Ritz. So gut wie alle übrigen Häuser sind Luxus- oder Juwelierläden, kein Wunder also, dass der Platz zu den beliebtesten Schauplätzen für spektakuläre Überfälle in Film und Literatur zählt. Einer der schönsten Filme, in denen er verewigt wurde, ist „Le Cercle Rouge" mit Alain Delon und Yves Montant in der Rolle von Gangstern, die einen letzten großen Coup an der Place Vendôme durchziehen. Ihnen zu Ehren drehe ich auf meinem Drahtesel eine Runde um die Säule und lasse dabei die Harmonie dieses geschlossenen Ensembles auf mich wirken, das zu Zeiten Delons allerdings noch als Parkplatz diente. Immerhin waren die Autos damals schöner. Durch die Rue de la Paix radle ich weiter in Richtung Oper, vorbei an teuren Auslagen von Cartier, Louis Vuitton und anderen. Die bombastische Fassade der Oper bewundere ich von der Kreuzung mit der Avenue de l'Opéra aus. Diese ist eine besondere Straße, denn sie hat als einzige Pariser Avenue und ganz gegen die Definition dieser Art von Straße keine Alleebäume, was einem Wunsch Napoleons III. entsprach, der den Blick auf seine neue Oper nicht durch Bäume verstellt haben wollte. Er konnte damals noch nicht wissen, dass er keine Gelegenheit haben würde, diesen Blick zu genießen. Die Oper wurde erst 1875 eingeweiht, zwei Jahre nach dem Tod des vormaligen Kaisers der Franzosen, der nach der verheerenden Niederlage bei Sedan 1871 zuerst in deutsche Kriegsgefangenschaft geraten und später ins englische Exil gegangen war.

Mich hindern heute keine Bäume, dafür aber der Verkehr daran, den Blick längere Zeit auf der Oper ruhen zu lassen, in deren tiefstem Kellergeschoss tatsächlich ein unterirdischer See liegt. Architekt Charles Garnier gelang es durch die Anlage eines riesigen künstlichen Wasserreservoirs, die Fundamente der Oper auf dem sumpfigen Gelände, auf dem sie errichtet wurde, zu stabilisieren. Statt des berühmten Phantoms rudern dort dem Vernehmen nach aber nur einige Karpfen durchs Wasser, gelegentlich auch die Pariser Berufsfeuerwehr, die unter der Oper Unterwassereinsätze trainiert. Mit dem Verkehrsstrom mitschwimmend, erreiche ich bei der Comédie-Française die Rue de Rivoli. Bei deren Überquerung empfiehlt es sich für Radler, keinesfalls bei Rot werdender Ampel noch schnell über die Kreuzung zu huschen. Wie ein Schwarm hungriger Piranhas stürzen sich die Motorradfahrer im Querverkehr auf eine Radlerin, die das vor mir versucht und mit knapper Not die Kreuzung räumt, ehe der aggressive Schwarm über sie herfällt. Gemütlich rolle ich in den Louvre hinein. Es ist ein erhebendes Gefühl, sich plötzlich inmitten dieses riesigen, von unfassbar langen Seitenflügeln gefassten Hofes zu befinden. An der Place du Carrousel genieße ich ein Vergnügen, das heute an sich Fußgängern vorbehalten ist. Ich radle durch den sogenannten „kleinen" Triumphbogen, der so klein gar nicht ist. Wie die Vendôme-Säule wurde er in Erinnerung an die Schlacht von Austerlitz errichtet, als Eingangstor für den Ehrenhof des Tuilerienpalastes – doch dieser Palast, der den heute zum Park hin offenen Hof des Louvre abschloss, steht längst nicht mehr. Wie die Vendôme-Säule wurde er während der Pariser Kommune heftig in Mitleidenschaft gezogen, aber im Gegensatz zu dieser nicht mehr aufgebaut. Das unter Catherine de Médicis im sechzehnten Jahrhundert errichtete Gebäude diente den französischen Königen als Stadtresidenz. Unter Napoleon III. wurde es mit dem Louvre zum größten Herrschaftssitz Europas verbunden, von daher stammen die überlangen Seitenarme des Louvre. Im Mai 1871 legte eine Gruppe von Kommunarden Feuer im königlichen Stadtschloss, in dem Henri IV., Ludwig XIV. und so viele andere Könige gewohnt hatten. Drei

Louvre

Tage lang brannte es, die Inneneinrichtung wurde komplett zerstört. Die Ruinen der Residenz, deren Außenmauern noch standen, sollten nach der Niederwerfung der Kommune wiederaufgebaut werden. Nach dem Tod Viollet-le-Ducs, der die Rekonstruktion plante, übernahm Opernarchitekt Charles Garnier das Ruder. Er machte sich für einen Neubau an der Stelle der Brandruine stark und ließ die Mauern abtragen. Es kam dann aber nicht zum Neubau, und so präsentiert sich der Louvre heute so, wie wir ihn kennen: als offener Hof, in dessen Mitte nur noch die einsame Triumphpforte an das alte Tuilerienschloss erinnert. Auf dessen Eingang, und nicht mitten in den Louvre, zielten die Champs-Elysées, die alte royale Achse. Diese hatte zu Zeiten der Könige außerhalb des königlichen Parks übrigens keinen besonders guten Ruf: Es hatten sich Spelunken angesiedelt, in denen allerlei zwielichtigen Geschäften nachgegangen wurde. Erst die Revolution machte die breite Straße populär. Durch sie wurde Ludwig XVI. samt Anhang zwischen 1789 und 1793 zweimal mit Gewalt aus Versailles in die Stadt gebracht, das Volk bildete jeweils ein Spalier für die königliche Familie, die daraufhin im Tuilerienschloss mehr eingesperrt war, als dass sie dort residiert hätte. Nur ein paar Meter vor ihrer Haustür, auf der Place de la Concorde, wurden Ludwig XVI. und Marie Antoinette dann auch enthauptet. Zur Prachtstraße wurden die Champs schließlich erst unter dem Zweiten Kaiserreich ab 1848.

Ehe ich sie erreiche, muss ich allerdings noch den Jardin des Tuileries durchqueren – was mit dem Fahrrad leider verboten ist. Ich verlasse den Park also in Richtung Rue de Rivoli – und finde mich in einem Traum wieder, oder vielmehr: auf einem Traum. „REVe", also „TRAUm", so lautet das Akronym für das „Réseau Express vélo", ein zentrales Element der Pariser Fahrradstrategie. 150 Millionen Euro investierte Bürgermeisterin Anne Hidalgo in den letzten Jahren in das Projekt, mit dem sie die Stadt bis 2020 zu einer der führenden Fahrradmetropolen der Welt machen und den Anteil der Radfahrer am Verkehrsgeschehen von mageren vier auf immerhin fünfzehn Prozent steigern will. Die Rue de Rivoli, die am Louvre entlang führt, hat nun bereits einen Zwei-Richtungs-Radweg, der tatsächlich wie ein umgesetzter Radfahrertraum aussieht.

Sehr komfortabel radelt es sich auf dem breiten REVe-Radweg, außerdem bin ich froh, dass ich mir den monotonen Fußmarsch entlang der Arkaden erspare. Das Gebäude neben den Tuilerien war einmal ein überaus elegantes Warenhaus namens *Les Grands Magasins du Louvre*, doch ein abgeschossener britischer Bomber stürzte im Zweiten Weltkrieg auf das Warenhaus und zerstörte das Innere des Gebäudes, in dem nach dem Krieg Büros eingerichtet wurden. Die Rue de Castiglione gibt beim Vorbeifahren den Blick zur Place Vendôme frei, schon liegt links von mir die Place de la Concorde, rechts das Marineministerium und das seit Jahren hinter Gerüsten versteckte Hôtel de Crillon. Ich werfe einen Blick in die Rue Royale gleich hinter dem Hotel, wo an einer Hauswand ein mittlerweile leicht vergilbtes, von einem Glasrahmen geschütztes kleines Plakat hängt. Es ist die Erklärung der Generalmobilmachung vom 2. August 1914, die den Beginn des

Ersten Weltkriegs für Frankreich bedeutete. Gleich neben dem berührenden Zeitdokument liegt das berühmte Restaurant *Maxim's*, dessen Gründer indirekt auch vom deutsch-französischen Zerwürfnis profitierte. Sein Vorgänger, der hier ein kleines Café betrieb, hatte die seltsame Idee, sein Lokal im Jahr 1890 mit deutschen Fahnen zu schmücken, woraufhin dieses von einem wütenden Mob verwüstet wurde. Maxime Gaillard, ein junger Kellner eines benachbarten Bistros, kaufte dem ruinierten Cafetier das Lokal ab und machte einen Szenetreff daraus, musste bald aber seinerseits wieder verkaufen. Die Prominenten blieben, der Name auch, das *Maxim's* ist aus Paris nicht wegzudenken. Weniger bekannt ist, dass das schicke Restaurant auch für Kunstfreunde einen Besuch wert ist, auf zwei Etagen kann immer um 14 Uhr und um 15 Uhr 15 eine umfangreiche Jugendstil-Sammlung besichtigt werden.

Ich gehe heute nicht ins *Maxim*, sondern kehre zurück zur Place de la Concorde, vorbei am riesigen Komplex, hinter dessen mit Säulen geschmückter Fassade sich dem neben dem *Automobile Club de France* und dem *Hôtel de Coislin* auch das legendäre *Hôtel de Crillon* befindet, das inzwischen saudiarabische Eigentümer hat und im Sommer 2017 wieder eröffnet wurde. Alles wirkt sehr antik hier, die Säulen an der Fassade des *Crillon*, die Säulen der Madeleine-Kirche im Hintergrund, vor allem aber die Statuen und Luster der Place de la Concorde, in deren Zentrum das mit Abstand älteste Monument von Paris steht, ein Obelisk aus dem dreizehnten Jahrhundert vor Christus, den der Hieroglyphenentzifferer Champollion persönlich in Luxor ausgesucht hat, als Geschenk des ägyptischen Vizekönigs an Frankreich.

Die Place de la Concorde ist der größte Platz von Paris. Ihre Weite wird noch dadurch betont, dass sie zur Seine, zu den Champs-Elysées und zu den Tuilerien nicht von Gebäuden begrenzt wird. Geschmückt wird sie von Statuen, die die großen Städte Frankreichs darstellen sollen, und von dem Obelisken angepassten pseudo-ägyptischen Kandelabern. Beeinträchtigt wird die monumentale Wirkung des Ganzen aber durch den Verkehr. Der Platz ist eine Verkehrshölle, die sowohl Autofahrer als auch Fußgänger möglichst schnell hinter sich zu bringen trachten. Hier hat der Tagesschau-Sprecher und vormalige Paris-Korrespondent Ulrich Wickert in den frühen 1980er-Jahren den berühmten Clip „Ulrich Wickert geht über die Straße“ gedreht, heute ein Klassiker auf Youtube. Der deutsche Journalist erklärt darin, dass man in Paris keinesfalls nach links oder rechts schauen solle, will man über eine verkehrsreiche Straße gehen. In diesem Fall würden Autofahrer nämlich nicht stehenbleiben. Nur wenn man sie komplett ignoriere, würden sie demnach bremsen, um einen Unfall zu vermeiden. Im Fernsehen sieht es absolut überzeugend aus, wie Wickert fröhlich plaudernd und nur in die vor ihm aufgestellte Kamera blickend über den Platz geht, während rund um ihn die Autos bremsen. Eine großartige Sequenz, vor deren Nachahmung ich aber dringend abrate, auch wenn sich mittlerweile verkehrspolitisch vieles zum Besseren gewandelt hat. Mit dem Fahrrad gelingt es problemlos, den Autopulk abzuwarten und dann in aller Ruhe in die Champs-Elysées zu biegen.

Hier, in ihrem unbebauten, von Grünflächen gesäumten Teil erfasse ich die Weite dieser Straße, eine geradezu absurd wirkende Platzverschwendung im seit jeher überfüllten Paris. Nun, die Fußgänger links und rechts von mir bekommen das auch mit, wenn auch leidvoller, denn der Weg kann sich ganz schön ziehen. Was nicht heißt, dass das Radfahren ein Vergnügen wäre. Eine leichte, aber stetige Steigung und kleinteiliges Pflaster machen die Fahrt recht ruppig und ungemütlich – jedenfalls derzeit noch: Der Fahrradstreifen ist im unteren Teil noch nicht fertig. Die Pariser Zukunft gehört auch hier nicht dem motorisierten Verkehr, sondern dem Fahrrad. Eine schöne Vorstellung, dennoch bin ich froh, mein Gefährt beim Petit Palais für einige Zeit wieder loszuwerden. Nicht nur ein schneller Pferdewechsel steht jetzt auf dem Programm, sondern eine Besichtigung. Ich spaziere am Théâtre du Rond-Point vorbei weiter stadtauswärts, überquere die Avenuen Roosevelt und Montaigne und mache am Rond-Point noch einen schnellen Abstecher zu Artcurial. Das luxuriöse Stadtschloss aus dem späten neunzehnten Jahrhundert ist heute ein Auktionshaus mit einer ausgezeichneten Kunstbuchhandlung, in deren allgemein zugänglichem Bereich auch immer einige interessante Stücke ausgestellt sind, die demnächst zur Versteigerung kommen. Heute etwa ein Helm des tödlich verunglückten Formel-1-Piloten Ayrton Senna, dessen geschätzter Wert mit 15 000 bis 25 000 Euro angegeben wird, oder die Zeremonienuniform eines Marschalls des Ersten Kaiserreichs, die mit einem Preis zwischen 100 000 und 150 000 Euro schon ganz ordentlich ins Geld geht. Ich blättere lieber in einigen Bildbänden und lese ein paar Seiten in Alain Ducasses Buch „Manger est un acte citoyen“, in dem es um die Verantwortung geht, die man als Koch und als Konsument für die Umwelt trägt. Oder als Elternteil, denn die Entfremdung von dem, was wir essen, beginnt damit, dass Kinder keinen Bezug mehr zu

Artcurial

Nahrungsmitteln haben und nicht mehr wissen, wo welches Gemüse wächst, wo die Milch und wo der Schinken herkommen. Gute Gedanken, ich muss nun aber zu meinem Rendezvous mit einer der skandalumwittertsten Frauen, die je die Champs-Elysées bewohnt haben.

Auf Hausnummer 25 kann ich an einer Führung durch das „Hôtel de la Païva“ teilnehmen, einem auf den ersten Blick unscheinbaren Gebäude, das im Vergleich zur Baufluchtlinie etwas nach hinten gerückt und durch einen Zaun vor Blicken geschützt ist. Seine Bauherrin, „la“ Païva, war eine der berühmtesten Kurtisanen ihrer Zeit. Mit bürgerlichem Namen hieß sie Esther Lachmann, 1819 als Tochter polnischer Juden in Moskau geboren. In den 1830er-Jahren entfloh sie einer ärmlichen Existenz und ging nach Paris, wo sie sich als „Lorette“ durchschlug, wie man die Gelegenheitsprostituierten rund um die Kirche Notre-Dame-de-la-Lorette nannte. Durch eine Reihe reicher Liebhaber kam sie zu Vermögen und gesellschaftlichem Ansehen, versuchte zwischendurch ihr Glück in London und wurde schließlich die Ehefrau eines portugiesischen Adeligen, des Marquis de Araújo de Païva, von dem sie sich bald nach der Hochzeit wieder trennte, aber seinen Namen behielt. Die Liebe ihres Lebens war schließlich der zehn Jahre jüngere Guido Henckel von Donnersmarck, ein Cousin Otto von Bismarcks, der für sie zwischen 1855 und 1865 eines der elegantesten und teuersten Stadtschlösser der Hauptstadt erbauen ließ. Architekt Pierre Manguin, dem sie völlig freie Hand ließ, entschied sich für ein Gebäude im Neo-Renaissance-Stil, was durchaus im Sinn der Auftraggeberin war, die sich selbst nicht als Kokotte, sondern als Intellektuelle sah. Eine außergewöhnlich selbstbewusste Frau muss sie in jedem Fall gewesen sein, war es doch beinahe unerhört, dass eine unabhängige Frau als Eigentümerin und Bauherrin eines Stadtschlosses in Erscheinung trat, dabei Geschmack und Bildung bewies und sich mit Künstlern und Intellektuellen umgab. Ihren Ruf als ehemalige

Hôtel de la Païva

Lorette wurde sie freilich nicht los, weswegen zu ihren Festen stets nur Männer kamen. Für eine sittsame Frau schickte es sich nicht, im Haus einer früheren Prostituierten zu Gast zu sein. Von der Klatschpresse ihrer Zeit wurde sie mit teils offen antisemitischer Häme verfolgt, und auch vor ihren vermeintlichen Freunden war sie nicht sicher. Die Brüder Goncourt, gern gesehene Gäste des Hauses, spotteten über das prächtige Hôtel particulier, es handle sich dabei um den „Louvre du cul" – wobei das Wort „cul" im ungezwungeneren Sprachgebrauch nicht nur für das menschliche Gesäß, sondern für alles Sexuelle steht. Nach ihrem Tod ließ Guido seine geliebte Gemahlin einbalsamieren und wie Schneewittchen in einem gläsernen Sarg im Familienschloss Neudeck in Schlesien bestatten, doch von Schloss und Grabmal blieb nach der Eroberung Schlesiens durch die Rote Armee nichts übrig.

Während Anne Amiot ihre Gruppe, mich eingeschlossen, durch das Gebäude führt, wird mir klar, wie die Goncourts zu ihrem boshaften Urteil über ihre großzügige Gastgeberin kamen. Unzählige sinnliche Details verleihen der Dekoration des Gebäudes eine omnipräsente erotische Note. Selbst die Löwenbüsten, die einen – unter einem Fenster angebrachten! – Kamin zieren, haben Brüste. Der Ballsaal ist üppig dekoriert und wird durch geschickt angebrachte Spiegel optisch noch vergrößert, doch hüte man sich vor der Meinung, die Einrichtung sei neureich. „Die Païva richtete sich nach damaligem Empfinden nicht protzig, sondern äußerst geschmackvoll ein", erklärt Madame Amiot. „Die Vergoldungen etwa wurden bewusst matt gehalten, damit das Gold die Farben der Stoffe nicht übertönte." Unzählige Details waren genau aufeinander abgestimmt. Die sinnliche Atmosphäre, die die Hausherrin zu erzeugen wusste, dürfte auch die distinguierten Herren des britischen Travellers Club, die heutigen Eigentümer des Hôtels, inspiriert haben. Neben politisch weit rechts stehenden Wochenzeitungen und Magazinen zu Themen wie Jagd, Pferdezucht und Renovierung alter Landsitze liegen auch zum Dekor passende Herrenmagazine auf den Tischen zur freien Entnahme.

Die zentrale Sehenswürdigkeit des Schlosses ist die Stiege in den ersten Stock. Sie besteht aus Onyx, einem Stein, der sich im Gegensatz zu Marmor warm, fast weich anfühlt. An der Wand befindet sich eines der wenigen Bildnisse der Païva, ein Relief, das sie nackt von der Seite zeigt – der Legende nach tätscheln ihr die Clubmitglieder, wenn sie sich zum Essen in den ersten Stock begeben, im Vorbeigehen stets die Hinterbacken. Statuen von Dante, Vergil und Plutarch zieren den oberen Vorraum, der Weg führt zu einem weiteren Höhepunkt der Besichtigung, einem Badezimmer, eingerichtet als orientalistischer Traum mit Fliesen aus tausendundeiner Nacht, in dem eine Badewanne thront, die aus einem einzigen Block von algerischem Onyx gemeißelt wurde. Drei Hähne befüllten die Wanne. Der Legende nach entströmte ihnen wahlweise Kaltwasser, Warmwasser oder Champagner, doch Madame Amiot korrigiert: „Der mittlere Hahn diente lediglich als Mischer von Kalt- und Warmwasser." Schade irgendwie. Bleibt festzuhalten, dass das straßenseitige Badezimmer zum skandalträchtigen Ruf der Dame des Hauses beitrug, die ihre Residenz nur elf Jahre bewohnen konnte, weil sie Frankreich mitsamt ihrem Gatten wegen angeblicher Spionage verlassen musste.

Nach dieser Führung, die wieder ein völlig neues Licht auf die Gesellschaft wirft, die die eleganten Viertel des Pariser Westens hat erbauen lassen, besorge ich mir in der Rue de Marignan gleich ums Eck ein neues Vélib', rolle zunächst ein Stück die Champs-Elysées hinunter, zurück zum Rond Point, und nehme dort die Avenue Montaigne. Diese weitere berühmte Straße mit ihren Nobelboutiquen finde ich deutlich vulgärer als die Innenausstattung im Hôtel der Païva. Egal ob Ralph Lauren oder Dolce&Gabbana, Ferrari oder Versace, Prada oder Giorgio Armani, Chanel oder Dior: Überall stehen die gleichen schwarzgekleideten Securities vor den Eingängen von Läden, die alle die gleiche Sprache sprechen. Zutritt nur für diejenigen, die es sich leisten können. Kurz bleibe ich beim Nobelhotel Plaza Athénée stehen, wo Alain Ducasse hinter dem Herd steht. Rund 120 Euro kostet hier der Brunch, den hat er mit seinem Buch übers verantwortungsbewusste Essen, in dem ich bei Artcurial geblättert habe, wohl nicht gemeint.

Hungrig bin ich dennoch, auf der Suche nach einer günstigeren Möglichkeit, eine Kleinigkeit zu essen, stoße ich auf die *Bar des Théâtres* in der Rue Jean Goujon, gleich hinter meinem Vélib'-Parkplatz. Viel ist hier nicht los, doch das passend zum Theater mit viel rotem Plüsch eingerichtete Lokal hat Charme und ein tadelloses Tartare de Boeuf – ideal für den schnellen Hunger, vor allem auch ein stimmiges Essen für einen Tag im Sattel. Der Chef ist leider nicht mehr vor Ort, doch bei Tartare kann man nicht viel falsch machen:

TARTARE DE BOEUF

Zutaten (Mengenangaben pro Person):
150 g mageres Rindfleisch
1 Dotter
1 TL Dijonsenf
1 TL gehackte Kapern
1 TL gehackte Cornichons oder saure Essiggurken
1 TL gehackte Petersilie
1 kleine gehackte Schalotte
1 Spritzer Worcestersauce
1 Spritzer Tabascosauce
Salz, Pfeffer

Das Fleisch entweder vom Fleischer durch den Fleischwolf drehen lassen und dann möglichst schnell verarbeiten, oder man schneidet es selbst mit dem Messer in möglichst feine Streifen und diese in möglichst kleine Stücke. Die Zubereitung ist denkbar einfach. Das Fleisch mit den übrigen Zutaten in einer Rührschüssel mit einer Gabel vermischen. Es gibt natürlich Varianten. Man kann ein paar Tropfen Cognac dazugeben oder aber die beiden Saucen und den Senf durch einen Esslöffel Ketchup ersetzen. Oder man stellt aus Senf und Eidotter mit etwas Öl eine Mayonnaise her, ehe man sie zum Fleisch gibt.

Zum Anrichten ist ein Garnierring hilfreich, aber nicht zwingend nötig. Puristen servieren ausschließlich hausgemachte Pommes Frites dazu, hier gibt es Baguette und Salat, passt wunderbar.

Wieder in Hochform nehme ich die Avenue Georges V in Angriff, auch diese ist bekannt für Luxus und natürlich für das *Crazy Horse*. Vorbeifahren kann man an all dem ja, und auch wenn ich alles andere als ein Autofetischist bin, lässt es mich nicht ganz kalt, auf gerade einmal zweihundert Metern der Reihe nach von einem Ferrari, einem Porsche und einem Jaguar überholt zu werden, während ich an einem geparkten

Lamborghini vorbeiradle. Bei Hausnummer 17 bleibe ich kurz stehen. Im Foyer des modernen Gebäudes kann man ein Foto des Vorgängerbaues betrachten, eines hübschen Stadtschlösschens, das einmal von einem Marquis de Moustiers bewohnt wurde, ehe es von einem Amerikaner gekauft, abgebaut und in den USA Stein für Stein wieder aufgebaut wurde.

Gemächlich radle ich über das Kopfsteinpflaster in Richtung Champs-Elysées. Ein kleines Stück der Prachtmeile habe ich noch vor mir, und mittlerweile radelt es sich dort auch nicht mehr so unprächtig wie früher: Ein durch eine steinerne Schwelle von der Fahrbahn abgetrennter Radweg lässt mich auch bergauf schneller vorankommen als die im Stau stehenden Busse, Taxis und Privatautos. Vor mir liegt der schönste Kreisverkehr der Welt, die Place Charles-de-Gaulle, mit Napoleons Triumphbogen im Zentrum – da kann keine der sonst üblichen Kreisverkehrbehübschungen mithalten.

Kurz überlege ich, ob ich wirklich mit dem Vélib' in diesen Kreisverkehr, der aus Radlerperspektive aussieht wie der innerste Kreis der Hölle, einfahren will oder doch den äußeren Ring nehmen soll, dessen zwei Hälften die schönen Namen Rue de Tilsitt und Rue

Mit dem Rad um den Triumphbogen

de Presbourg tragen, bin aber währenddessen schon fast beim Kreisverkehr angelangt und stelle fest, dass es halb so wild ist. Hält man sich schön rechts und gibt man bei den vom „Stern“ wegführenden Avenuen darauf acht, ob von links kommende Autos vor einem abbiegen wollen, ist nichts dabei. Was nichts am Hochgefühl ändert, wenn man es hinter sich hat. Schade, dass es nirgends einen Stand gibt, der „I did it“-T-Shirts mit Fahrrad und Triumphbogen verkauft, ich hätte eines genommen. Logisch wäre es jetzt, die Avenue de la Grande Armée in der direkten Verlängerung weiterzuradeln, doch ich habe bei meinen Erkundungen gesehen, dass die Porte de Versailles mit ihrem Kreisverkehr, von dessen Mittelpunkt man einen tollen Blick in beide Richtungen der Macht-Achse werfen kann, gerade eine lärmige Großbaustelle ist.

Stattdessen nehme ich die Avenue Foch, die auch thematisch besser passt, schließlich ist sie noch breiter, noch grüner und noch einen Tick vornehmer als die Champs-Elysées. Gestern habe ich sie zu Fuß abgeklappert, als ich das Musée d'Ennery gesucht habe, heute radle ich sie entlang. Auch hier ist das die bessere Wahl. Als Fußgänger hat man wenig von den luxuriösen Gebäuden und ihren Vorgärten, da sie meist ohnehin durch blickdichte Zäune vor neugierigen Passanten abgeschirmt sind. Vom Fahrrad aus bekommt man einen Eindruck von dieser eleganten, durch eine Überbrückung des Périphérique direkt mit dem Bois de Boulogne verbundenen Avenue, deren Einwohner selbstverständlich selten zu Fuß unterwegs waren. Clémence d'Ennery wohnte im neunzehnten Jahrhundert auf Hausnummer 59. Die Frau eines erfolgreichen Schriftstellers und gute Freundin des späteren Ministerpräsidenten Georges Clemenceau war eine begeisterte Sammlerin asiatischer, vor allem japanischer Kunstgegenstände, wie es der Mode während der Belle Époque entsprach. Sie teilte ihre Leidenschaft mit Clemenceau, der sie auch beriet, und kaufte im Lauf der Jahre 7000 Objekte, vor allem Netsuke. Diese Figürchen aus Holz, Horn, Stein oder Elfenbein dienten dazu, am Gürtel befestigte Beutel festzuhalten, und wurden oft in jahrelanger Kleinarbeit zu feinziselierten Kunstwerken geschnitzt. Clémence d'Ennery begeisterte sich für japanische Kunst, sammelte sie aber nicht systematisch, sondern nach ihrem persönlichen Geschmack. Auch das Museum, zu dem ihre Sammlung dank Clemenceaus Einsatz schließlich wurde, folgt keinerlei Systematik, sondern zeigt die Sammlung so, wie sie von ihrer Besitzerin angelegt worden ist. So ist ein Museum entstanden, das systematische Besucher wohl zur Weißglut oder in die Verzweiflung treibt, da es weder einem chronologischen noch einem geografischen Plan folgt, durch das es sich aber herrlich flanieren lässt. Meine Führerin, Cécile Andriot, erzählt vom Leben der Sammlerin und erläutert anhand ausgewählter Stücke, welche Symbolik sich hinter so manchem abgebildeten Tier verbirgt, lässt mich und die anderen Teilnehmer an der Führung aber frei zwischen den prächtigen, eigens für die Sammlung angefertigten Vitrinen im Raum herumspazieren.

Bei einer kleinen Skulptur bleibe ich hängen. Es handelt sich um einen Hasen mit Augen aus Bernstein – viel zu groß für ein Netsuke, aber plötzlich habe ich einen Buchtitel vor Augen, nämlich „Der Hase mit den Bernsteinaugen" von Edmund de Waal, der darin die Chronik seiner Familie mütterlicherseits aufzeichnet, der in Paris und Wien lebenden jüdischen Bankiersfamilie Ephrussi. Ein Netsuke in der Form eines Hasen mit Bernsteinaugen ist Teil der Sammlung von Charles Ephrussi, einem der Vorfahren des Erzählers, der in Paris als Mäzen zahlreicher Künstler wirkte. Die Sammlung übersiedelte später nach Wien, konnte als einer der wenigen Teile des reichen Familienerbes vor dem Raubzug der Nazis gerettet werden und gelangte über Japan in den Besitz des Erzählers. Für mich ist der Hase eine elektrisierende Entdeckung, auch Madame Andriot kennt das Buch, die Bedeutung des Hasen kann aber auch sie nicht erklären. Dafür weiß ich, wohin mich mein nächster Spaziergang führen wird, das Ephrussi-Stammhaus liegt ohnehin

Café im Musée de l'Homme

in einem der Stadtteile, die ich noch erkunden möchte.

Heute radle ich am Musée d'Ennery vorbei fast die ganze Avenue Foch bis zur Place du Maréchal de Lattre de Tassigny hinunter und nehme dort die Avenue Bugeaud bis zur Place du Chancelier Adenauer. Die Rue des Belles Feuilles führt mich wieder in eine belebtere Gegend. Hier gibt es wieder kleine Läden und Lokale, Straßenleben, wie ich es in Paris so liebe, und ab der Place de Mexico den doch immer wieder erhebenden Anblick des Eiffelturms, der mir bei dieser letzten Etappe stets vor Augen bleibt. Beim Trocadéro gebe ich mein Fahrrad zurück, genug geradelt für heute. Wer sich angesichts der Massen, die beim gegenüberliegenden Ende des Platzes aus der Métro strömen, die Frage stellt: „Wer sind die alle, woher kommen und wohin gehen sie?", der ist gut beraten, dem Musée de l'Homme einen Besuch abzustatten. Dieses widmet sich, wie eine Broschüre erklärt, genau diesen Fragen. Das Café dort im zweiten Stock bietet einen der besten Ausblicke auf den Eiffelturm, die man haben kann, doch mir genügt heute am Ende des Ritts durch die Pariser Luxusviertel die erstbeste Café-Terrasse und ein *demi*, den ich mit einem Gedanken an Balzac und sein englisches Pferd hinunterstürze.

Der Romancier hätte sich bekanntlich mit ein paar Handvoll purem Kaffeepulver erfrischt. Sind die Champs-Elysées nun die schönste Avenue der Welt oder nicht? Eher nicht, oder zumindest: noch nicht. Dass sich dringend etwas an der Avenue ändern muss, haben zumindest die dort arbeitenden Kaufleute erkannt. Sie fordern einen Umbau der Straße und der Place Charles de Gaulle. Geht es nach ihnen, sollen bis 2014 vier der acht Fahrspuren verkehrsberuhigt werden und mehr Platz zum Flanieren und Radfahren bieten. Der schönste Kreisverkehr der Welt wird zum Gemeinschaftsgarten, um den Triumphbogen drehen im Winter Eisläufer ihre Runden.

Orte zum Vertiefen

Eine deutlich kürzere und etwas weniger anstrengende, aber durchaus lohnende Variante dieser Fahrt entsteht, wenn man sie beim Triumphbogen beginnen lässt und die Champs-Elysées hinunterfährt. An der Place de la Concorde rechts halten: Rechts vom Eingang in den Tuileriengarten versperren zwei bunt besprayte Betonblöcke eine Fahrspur – aber nur für Autos. Von Radfahrern kann die Sperre, die in einen Tunnel führt, bequem passiert werden. Man sollte sich die ungewöhnliche Route keinesfalls entgehen lassen: Am Ende des etwa 400 Meter langen Tunnels kommen auf einen Schlag die Seine, die Türme der Conciergerie, die Sainte Chapelle und der Pont Neuf ins Bild, ein großartiger Moment. Bis vor Kurzem war er Autofahrern vorbehalten: Es handelt sich um einen Teil der ehemaligen Schnellstraße am Seine-Ufer. Heute flitzen hier Kinder auf Rollern über den Asphalt, und man versteht, warum die unbeirrbare Pariser Bürgermeisterin von manchen Kommentatoren mit Georges Eugène Haussmann verglichen wird, dem großen Erneuerer der Hauptstadt zwischen 1852 und 1870.

Alles über die Vélib'-Leihräder findet man unter *www.velib.fr*

Maxim's Museum: *3 Rue royale, 75008 Paris. +33 1 42 65 30 47. www.maxims-de-paris.com/fr/le-musee*
Über 750 Möbelstücke und Kunstwerke auf 350 m2, die sich über zwei Etagen erstrecken, darunter Werke von Hector Guimard, Toulouse-Lautrec und vielen anderen. Führungen Mi-So um 14 Uhr auf Englisch, um 15.15 auf Französisch.

Artcurial: *7 Rond-Point des Champs-Elysées, 75008 Paris. +33 1 42 99 20 20. www.artcurial.com*

Hotel de la Païva: *25 Avenue des Champs-Elysées, 75008 Paris. +33 1 43 59 75 00.*
Führungen für Gruppen finden meist an Wochenenden statt, sind aber im Regelfall einige Monate im Voraus ausgebucht. Oft sind aber einzelne Plätze frei, Fragen lohnt sich – am besten direkt bei Conférenciers wie Anne Amiot-Defontaine: *anne.amiotdefontaine@hotmail.fr, +33 1 6 62 38 78 74.*

Musée d'Ennery: *59 Avenue Foch, 75016 Paris. +33 1 56 52 53 45. http://www.guimet.fr/fr/musee-dennery/informations-pratiques*
Führungen meist samstags

Musée de l'Homme: *17 Place du Trocadéro, 75016 Paris. +33 1 44 05 72 72. museedelhomme.fr*

Bois de Boulogne: Von der Place du Maréchal du Lattre de Tassigny aus kann man ohne den Péripherique queren zu müssen in den Bois de Boulogne und ist mit dem Fahrrad in wenigen Minuten beim romantischen *Lac inférieur*, wo man auch Ruderboote ausleihen kann.

Bar des Théatres:
44 Rue Jean Goujon, 75008 Paris. +33 1 45 62 04 91.

Manko-Paris:
15 Avenue Montaigne, 75008 Paris. +33 1 82 28 0015.
www.manko-paris.fr
Im Keller des Théâtre des Champs-Elysee befindet sich dieses empfehlenswerte peruanische Restaurant – mittags allerdings leider geschlossen.

La Fermette Marbeuf: *5 Rue Marbeuf, 75008 Paris. +33 1 53 23 08 00.*
www.fermettemarbeuf.com
Einzigartiges Jugendstil-Interieur, vor allem der verglaste Wintergarten zählt zu den elegantesten Orten weit und breit, an denen man mittagessen kann. Während der Woche gibt es ein relativ günstiges Mittagsmenü.

Die Küche eines Drei-Sterne-Kochs zum leicht erschwinglichen Preis gibt es seit neuestem an der Porte de Maillot: Koch-Exzentriker Marc Veyrat hat im Messe- und Kongresszentrum ein Restaurant eröffnet, in dem er eine vereinfachte Version seiner Küche anbietet.

Rural: *2 Place de la Porte de Maillot, 75017 Paris. +33 1 72 69 03 03.*

Sollte es bei Veyrat keinen Platz mehr geben, ist das kein Malheur. Dank des Messezentrums ist die Auswahl an Restaurants hier draußen hervorragend, zum Beispiel gleich gegenüber bei **Chez Georges:** *273 Boulevard Pereire, 75017 Paris. +33 1 45 74 31 00.*

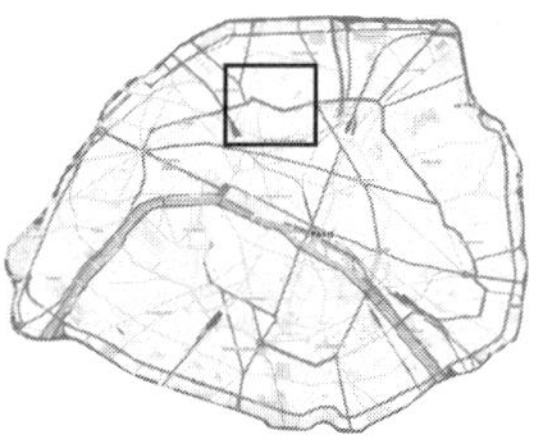

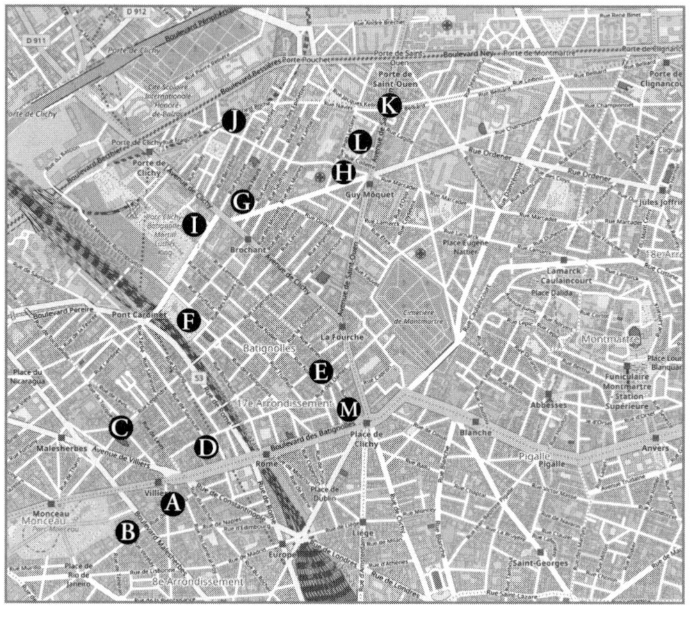

A	*Maison Ephrussi*	**H**	*Chez Lucette*
B	*Musée Nissim de Camondo*	**I**	*Parc Martin Luther King*
C	*Fabrique générale*	**J**	*Parc Jean-Paul Didier*
D	*Trois Pièces Cuisine*	**K**	*Le Hasard Ludique*
E	*Bistrot des Dames*	**L**	*Square des Épinettes*
F	*Square des Batignolles*	**M**	*Le Cyrano*
G	*Cité des Fleurs*		

Von Park zu Park

Ein blaues Eingangstor, eine durch Pilaster und Giebel gegliederte Sandsteinfassade, hohe Räume mit Balkontüren im ersten und im zweiten Stock, ein durchgehender Balkon im dritten – ein elegantes Haus steht in der Rue Monceau Nummer 81. Wer um seine Geschichte weiß, erkennt ein stilisiertes doppeltes „E“ und eine Weizenähre in den schmiedeeisernen Fenstergittern im Erdgeschoss. Das großbürgerliche Haus war der Pariser Sitz der Familie Ephrussi, die durch den Weizenhandel zu einem beachtlichen Vermögen gekommen war und sich im neunzehnten Jahrhundert von Odessa aus anschickte, eine der einflussreichsten Bankiersfamilien Europas zu werden, mit einem Pariser und einem Wiener Stammsitz. Der Besuch im Musée Hennery mit seiner Sammlung japanischer Netsuke hat mich auf die Idee gebracht, dem Pariser Stammhaus der Familie einen Besuch abzustatten, deren Geschichte Edmund de Waal in seiner bewegenden Chronik „Der Hase mit den Bernsteinaugen“ nachzeichnet. Er erzählt sie anhand der Netsuke-Sammlung seines Vorfahren Charles Ephrussi, die als Geschenk von Paris nach Wien übersiedelte und dort von einem Dienstmädchen Stück für Stück in der Kleiderschürze versteckt vor den Nazis gerettet wurde, ehe sie in Japan landete, wohin Edmund de Waals Großonkel nach dem Zweiten Weltkrieg emigriert war. Charles Ephrussi, der elegante Kunstkritiker und Mäzen,

Maison Ephrussi

Freund zahlreicher Impressionisten und von Renoir mit Anzug und Zylinder auf dem Bild *Le Déjeuner des canotiers* verewigt, zog mit 21 Jahren in dieses Haus auf der Anhöhe, die das „perfekte Umfeld für die Familie Ephrussi" war, wie Edmund de Waal schreibt. „So wie die Wiener Ringstraße, wo der andere Teil der Sippe lebte, spöttisch Zionstraße genannt wurde, war jüdisches Geld auch hier in der Rue de Monceau der gemeinsame Nenner. Die Gegend war in den 1860er-Jahren von Isaac und Emile Péreire entwickelt worden, zwei sephardischen Brüdern, die als Financiers, Eisenbahnbauer und Immobilienmagnaten zu Geld gekommen waren und kolossale Hotel- und Kaufhausprojekte finanziert hatten. Sie erwarben die Plaine Monceau, ein weites, ödes Gelände, ursprünglich außerhalb der Stadtgrenzen gelegen, und gingen daran, Häuser für die aufstrebende Finanz- und Handelselite zu errichten, eine angemessene Umgebung für die eben erst ansässig werdenden jüdischen Familien aus Russland und der Levante."

Le West End nannte man das Gebiet damals, englische Bezeichnungen waren gerade – wie beim *Maxim's* – in Mode. Die jüdisch geprägte Hochfinanz siedelte sich in den neu geschaffenen Straßen an, deren prachtvolle, aber auch etwas abweisende Häuser das heutige Bild der Plaine Monceau prägen, die je einen Teil des achten und des siebzehnten Arrondissements einnimmt. Vom Stammsitz der Ephrussis spaziere ich die Rue Monceau hinunter in Richtung des gleichnamigen Parks. Auf Nummer 63 steht ein Haus, das Zola-Lesern als Hôtel Saccard bekannt ist. So nennt Zola den Hauptschauplatz seines Romans „Die Beute", in dem er das Leben der Nouveaux Riches der Plaine Monceau mitleidlos seziert. In Wirklichkeit hieß es Hôtel Violet, doch das originale Gebäude wurde 1911 bis auf den straßenseitigen Trakt abgerissen, um dem heute noch stehenden, dem Petit Trianon in Versailles nachempfundenen Neubau Platz zu machen. Wenn es auch von außen in seinem historistischen Pomp an den Luxus des Seconde Empire anzuschließen scheint, birgt dieses eigenwillige Haus doch etwas ganz anderes. In seinem Inneren fühlt man sich wie in einem originalen Barockschloss. Der Bankier Moïse de Camondo war ein begeisterter Sammler der Kunst des achtzehnten Jahrhunderts und ließ sein Stadtpalais neu bauen, um darin seine Sammlung barocker Interieurs entsprechend zur Geltung bringen zu können. Heute ist das Gebäude als Musée Nissim de Camondo bekannt, benannt nach Moïses Sohn Nissim, der 1917 als Kampfpilot für Frankreich starb. Der Vater vermachte sein Hôtel daraufhin dem Staat, erweiterte aber bis zu seinem Tod

Musée Nissim de Camondo

seine Sammlung an barocken Möbeln, Bildern, Geschirren und sonstigem Interieur. Wenn er allein war, speiste Moïse in seinem Porzellankabinett inmitten einer einzigartigen Sammlung von Sèvres-Porzellan. Im Zimmer seiner Tochter richtete er nach deren Heirat einen blauen Salon ein, der ihm als Arbeitszimmer diente. Einzig die Badezimmer, die dem Standard des frühen zwanzigsten Jahrhunderts entsprechen, scheren aus dem barocken Gesamtkunstwerk aus, an dem mir am besten die Küche gefällt, mit ihrem riesigen gusseisernen Herd, der Rotisserie für große Braten und den teuren Kupfergeräten. Sie bringt Lebensfreude in ein Gebäude, dessen Bewohner sich stets wie in einem Museum fühlen mussten, dessen kostbares Inventar sie mit größter Vorsicht zu behandeln hatten. Das kuriose Museum ist alles, was von der einst so einflussreichen Familie Camondo blieb, deren Geschichte niemand aus der Perspektive der Urenkel erzählen kann. Alle Familienmitglieder wurden nach der Besetzung Frankreichs durch die Nazis in Auschwitz ermordet.

Vorbei an weiteren prächtigen Häusern aus dieser Zeit, hinter deren Mauern sich wohl zahlreiche ähnliche Geschichten mit oft tragischem Ende abgespielt haben müssen, gelange ich zur Place de Rio de Janeiro. Ein teilweise vergoldetes Gusseisentor führt vom Platz in den Parc Monceau, der heute wie im neunzehnten Jahrhundert eine Naturoase im sandsteinernen Pariser Nordwesten darstellt, mit romantischen Pseudoruinen und würdevollen Baumriesen, kleinen Brücken, Ententeich und Kinderkarussell, in dem man sich in das Jahrhundert der Impressionisten zurückversetzt fühlen kann. Von Monet ist bekannt, dass er viele Stunden in dem romantischen Park unweit der Gare Saint-Lazare verbrachte, von der die Züge in seine geliebte Normandie abfuhren.

Ich verlasse den blühenden Park auf der gegenüberliegenden Seite und befinde mich im siebzehnten Arrondissement, das an dieser Stelle nicht anders aussieht als die im

Parc Monceau

achten Arrondissement liegenden Teile der Plaine Monceau. Doch hat es eine Besonderheit: Es gibt in diesem Bezirk nur ein einziges Museum, das noch dazu kaum jemand kennt. Das Musée Jean-Jacques Henner liegt ganz in der Nähe des Parks, es ist eines dieser zu Museen gewordenen Künstlerhäuser, wie man sie im Westen von Paris recht häufig findet. Man kann dort nicht nur in das von blassen, rothaarigen Frauenakten belebte Universum des eigenwilligen, während des Second Empire sehr erfolgreichen Elsässer Malers eintauchen, sondern hat wie stets in diesen ehemaligen Hôtels particuliers das Gefühl, auch ein wenig vom Privatleben des Meisters zu entdecken. Zumindest in diesem Fall ist das aber ein Trugschluss: Henner lebte gar nicht dort, dafür aber sein Kollege Guillaume Dubufe. Ein hervorragendes Beispiel für das Innenleben eines reichen Privathauses im Second Empire ist es auf jeden Fall.

Der Mangel an touristischen Anziehungspunkten ist für das siebzehnte Arrondissement ein riesiger Vorteil. Es grenzt zwar an Triumphbogen, Parc Monceau und Montmartre, doch die Massen sehen offenbar keinen Grund, das weitläufige Gebiet dazwischen zu erkunden. Sie versäumen so einiges, denn das vielfältige siebzehnte Arrondissement, großbürgerlich elegant im Westen, proletarisch im Osten, quirlig und boboisiert in der Mitte, hat viel zu bieten, nicht zuletzt die Möglichkeit, in seinem Norden der Entstehung eines der spannendsten neuen Viertel des gerade Gestalt annehmenden Grand Paris zuzusehen. Besonders praktisch an heißen Tagen sind die vielen Parks des Bezirks, die mir bei meinem Spaziergang als grüner Faden dienen sollen.

Den ersten habe ich mit dem Parc Monceau, der seinen Namen einem verschwundenen kahlen Berg („mons calvus") verdanken dürfte, nun schon hinter mir. Ich überquere die elegante Place du Général-Catroux und gelange durch die Rue Jacques Bingen zur Rue de Tocqueville, wo ich nicht am Eingang einer „Fabrique Générale" vorbeigehen kann, ohne mich zu erkundigen, was sich hinter dem etwas rätselhaften Namen verbirgt. Ein Zusammenschluss junger Designer, die Hüte, Motorräder, Vintage-Objekte, Hemden und allerlei Krimskrams verkaufen. An der elegant-altmodischen Bar darf man leider keinen Kaffee trinken, da es keine Gastro-Genehmigung gibt, dafür erklärt mir einer der freundlichen Künstler die Geschichte der selbst gebauten Motorräder, die nicht nur hübsch anzusehen sind, sondern natürlich auch fahren können. Der etwas verbeulte Tank einer auffälllig schönen Chopper-Maschine stammt aus dem Privatbesitz des Westernhelden und Motorradfreaks Steve McQueen. Nun, der Mythos hat seinen Preis.

Durch die Rue Legendre gelange ich auf dem Weg ins Batignolles-Viertel in die Rue de Lévis, die nach all den gediegenen, aber für meinen Geschmack etwas leblosen Gebäuden und Straßenzügen der Westhälfte des Arrondissements wieder ein ganz anderes Lebensgefühl verströmt. Auch hier muss man Geld haben, kann es aber auf höchst angenehme Weise wieder loswerden. Die verkehrsberuhigte Straße wirkt mit ihren zahlreichen Lebensmittelläden, die alle in den Straßenraum hineingewuchert sind, wie ein einziger offener Straßenmarkt mit seinen vielfältigen Düften, appetitlich präsentierten

Leckereien und einer geschäftigen Menschenmenge, die von der nahen Métro-Station Villiers in die Straße strömt.

Die Rue des Dames, in die ich nach einigen Metern einbiege, hat sich wiederum auf Restaurants spezialisiert, eines sieht netter aus als das andere. Den gestrigen Abend habe ich im knallbunten Bistro *3 Pièces Cuisine* bei Bier und Burger ausklingen lassen, heute Mittag sieht die Karte interessanter aus. Marokkanisch inspirierte Bricks, also knusprige Teigtaschen mit allerlei Füllungen – hier: Entenfilet – gibt es, oder auch geröstete Kalbsnieren in Senfsauce, klassische französische Innereienküche, die zumindest in Frankreich genauso bobo-kompatibel ist wie die korrekten Umgangsformen, die auch in diesem Lokal gepflegt werden. Begrüßt wurde ich bei meinem Besuch gestern mit einem artigen „Bonsoir Monsieur", auf meine Frage, ob der Tisch vor mir frei sei, hieß es „Allez-y Monsieur", kaum hatte ich mich gesetzt, fragte mich wieder eine Kellnerin „On s'occupe de vous, Monsieur?", beim Abräumen hieß es dann „Ça y était Monsieur? Vous désirez autre chose, Monsieur?".

Von Kellnern Mitte zwanzig bin ich diese Art Aufmerksamkeit in vergleichbaren Wiener Lokalen jedenfalls nicht gewöhnt. In Frankreich dürfen hingegen schon kleine Kinder nicht einfach „Merci" sagen, wenn sie sich bedanken – unweigerlich folgt in dem Fall die Frage „Merci qui?", meistens heißt es dann „Merci Maman", oder, wenn man das Gegenüber nicht kennt, eben „Merci Monsieur" oder „Merci Madame". Ein nacktes „Merci", ein bloßes „Bonjour" – das wirkt auf Franzosen unhöflich oder zumindest sehr kühl. Vielleicht rührt das Klischee von den arroganten Parisern ja teilweise auch daher. Viele fühlen sich unfreundlich behandelt, wenn man diese Verhaltensregeln nicht beherzigt, und antworten dementsprechend. Ich fand das ständige „Monsieur", „Madame" und „Mademoiselle" anfangs mühsam, habe aber irgendwann begriffen, dass es nichts Affektiertes an sich hat, sondern Respekt

Bistro des Dames

ausdrückt. So ist man für Unbekannte nicht der „He!" oder die „Hallo!". So richtig bewusst wurde mir die wohltuende Wirkung der auf Deutsch aus der Mode gekommenen Anrede, als ich einmal mit dem Fahrrad bei Rot über eine Kreuzung fuhr und prompt von einem Polizisten gestoppt wurde. Es ist ein völlig anderes Gefühl, mit dem Wort „Monsieur" und einer entsprechenden Handbewegung aufgehalten zu werden, als mit dem aus Wien vertrauten „He, Sie!". Vergleichsweise angenehm, weil von einem respektvollen Umgangston getragen, verlief das Gespräch.

Noch ist es ein wenig früh fürs Mittagessen, außerdem habe ich schon andere Pläne – appetitanregend ist sie dennoch, die Rue des Dames mit ihren Weinhandlungen, Feinkostläden, vor allem aber unzähligen Restaurants und Cafés aus aller Herren Länder, die noch dazu ständig voll sind. Ich frage mich bloß, woher die vielen Leute kommen, die immer genug Zeit und Geld haben, um die Terrassen zu füllen. Mein Lieblingslokal in dieser Straße ist das *Bistrot des Dames* im Inneren des *Hôtel Paradis*, dessen Tische in einem romantisch verwachsenen Innenhof stehen. Auch das Hotel ist zu empfehlen, jedes Zimmer anders mit Flohmarkt-Möbeln dekoriert, und es

Aude

gibt tatsächlich noch ein paar günstige Zimmer mit WC auf dem Gang – eine aussterbende Spezies, was schade ist.

Noch bevor ich das hübsche Hotel erreiche, biege ich in die Rue des Batignolles, in der eines der hässlichsten Bezirks-Rathäuser der Stadt steht. Immerhin gibt es einladende Terrassencafés gegenüber, und mit *Terres de Café* eine nicht nur für den schnellen Espresso äußerst empfehlenswerte Rösterei: Sie ist vor Kurzem zur besten von Paris gewählt worden. Noch praktischer ist der selbsternannte „Kaffeedealer" *dose* am Eck zur Rue Legendre. Mittels Durchreiche zur Straße gibt es Kaffee oder Smoothies zum Mitnehmen, man kann natürlich auch hineingehen und Quiche essen in diesem sehr hübschen, sehr angesagt wirkenden Lokal.

Zeit für den nächsten Park auf meiner Route, den Square des Batignolles, in dem majestätische Platanen aus dem Jahr 1840 stehen. Er ist nicht riesig, bietet aber vom Ententeich bis zu Liegewiesen alles, was das Herz begehrt. Die Gegend hat das Zeug zum Lieblingsviertel auf den ersten Blick. Alles wirkt harmonisch, in den Park führen begrünte, gepflegte Straßen voller Leben, die Lokale sind voll, die Menschen entspannt. Freilich hat diese Idylle ihren Preis. Das sieht man schon an der stets geschmackvollen, aber wahrscheinlich nie billigen Kleidung der Einheimischen. Ich folge der Rue Brochant mit ihrer herrlichen Eschen-Allee, im *Le Pignon* bleibe ich hängen, da ich nun doch dringend einen Kaffee brauche. Aude, die das Café vor knapp einem Jahr übernommen hat, rührt gerade den Teig für ein Fondant au chocolat. Täglich kocht sie auf dem Tresen, der vormittags als offene Küche dient, ein Mittagsmenü. Das Fondant, erklärt sie mir beim Rühren, ist nicht zu verwechseln mit einem Moelleux au chocolat, denn es hat keinen flüssigen Kern, sondern muss als Ganzes intensiv schokoladig und schmelzend weich sein, wie der Name schon sagt. Das Rezept bekomme ich mit auf den Weg:

FONDANT AU CHOCOLAT D'AUDE

Zutaten:
250 g Schokolade mit 70 % Kakaogehalt
250 g Zucker
200 g Butter
1 EL Mehl
4 Eier

Schokolade und Butter bei geringer Hitze, am besten über Dampf, schmelzen lassen. Zucker hineinrühren. Audes Freundin Thérèse, von der das Rezept stammt, habe ihr gesagt, die Eier müssten unbedingt einzeln eingerührt werden, erzählt die Jungwirtin – sie kümmert das nicht, schlägt sie gleichzeitig hinein, rührt mit dem Schneebesen um, Mehl dazu, fertig. Etwa 45 Minuten bei 180 °C im Rohr backen. Gelingt immer!

Ein sympathisches Lokal, das offenbar vielen als Treffpunkt dient. Während meines kurzen Schwätzchens mit der kochenden Wirtin schaut ständig jemand zur Tür herein, man erkundigt sich nach dem Mittagessen, erzählt von diesem oder jenem, oder sagt nur schnell „Salut“ und „Bis später“. Dabei ist die Auswahl an Lokalen riesig, alle paar Meter ist in dieser Straße ein Café oder Restaurant. Der *Marché des batignolles* ist zwar in einer deutlich in die Jahre gekommenen Betonhalle untergebracht, die vor Kurzem noch trist aussah, mittlerweile aber gerade mit Graffiti verziert wurde. Interessant ist sie natürlich trotzdem vor allem innen: Das Angebot ist durch die Bank bio, die Auswahl riesig. Ich durchquere den Markt und lande in der Rue des Moines. Wieder bin ich einer gastronomischen Straße gelandet, mit allen Lebensmittelhandlungen, die man sich nur wünschen kann, einer Greißlerei namens *En vrac*, in der man seine eigenen Behälter mitbringen muss, um Verpackungsmüll zu sparen, dem Feinkostladen *Côte2boeuf* mit Spezialitäten aus dem Aveyron – die hausgemachten Rillettes empfehle ich wärmstens –, und vor allem mit einer hervorragenden Buchhandlung, der *Librairie des Batignolles*. Dort stellt mir die Buchhändlerin Julie, nachdem ich bei den Neuerscheinungen etwas gestöbert habe, die wunderbare Frage: „Brauchen Sie Hilfe oder flanieren Sie nur?“ Wir kommen ins Plaudern, ich erzähle von meinem Spaziergang durchs Arrondissement und sie legt mir den Roman „Deux remords de Claude Monet“ von Michel Bernard ans Herz.

Nachdem ich den nahen Boulevard de Clichy überquert habe, bin ich plötzlich ganz woanders. Das fröhlich-lebendige Batignolles-Viertel endet genau hier, wie auch die Alleen und die vielen Läden – Les Epinettes, wie die Gegend nun heißt, ist spürbar proletarischer geprägt. Mitten in den abgewetzten Straßenzügen, die an der Stelle eines ehemaligen Dörfchens für die Arbeiter der längst verschwundenen Fabriken des Viertels errichtet wurden, befindet sich jedoch etwas versteckt eine kräftige, üppig begrünte Lebensader: die Cité des Fleurs. Diese Privatstraße mit ihren Eisenzäunen, gepflegten Vorgärten und hübschen Vorstadthäuschen verbreitet geradezu dörfliche

Cité des Fleurs

Atmosphäre. Errichtet wurde das Prestigeprojekt freilich mit dem Geld, das die Schwerindustrie im frühen neunzehnten Jahrhundert in die Kassen mancher Großbürger spülte.

Ich durchquere die hübsche verkehrsberuhigte Straße, deren Eingangstore wochentags bis 19 Uhr geöffnet sind, folge am anderen Ende der Rue de La Jonquière nach rechts in Richtung der blitzblauen Holzvertäfelung des Uralt-Bistros *Chez Lucette*. Es handelt sich dabei um einen dieser Pariser Orte, in denen man glaubt, die Uhr sei vor Jahrzehnten angehalten worden – was vielleicht an der originalen Fünfzigerjahreinrichtung liegt, vielleicht auch an den Toiletten im allgemeinen Teil des Hauses, für die man sich vorher den Schlüssel besorgen muss, mit Sicherheit aber an der Wirtin, die in Wirklichkeit Rose heißt, seit Jahrzehnten hinter dem Herd steht und ihr Programm auf kleinen handgeschriebenen Plakaten schon vor Ewigkeiten in die von Spitzenvorhängen abgeschirmte Auslage gehängt hat: „Traditionelle Küche ohne Mikrowelle, sorgfältig zubereitete Gerichte, angenehmer, entspannter Rahmen, gutes Preis-Leistungs-Verhältnis – Besserwisser und Grantler bitte draußenbleiben". Und so kann man wunderbare Abende und Mittagspausen

Parc Martin Luther King

bei Lucette verbringen, unvergesslich für mich das mit Gemüse geschmorte Perlhuhn bei meinem letzten Besuch, doch das war abends – zu Mittag gibt es gute und günstige kleine Gerichte wie Omelette, Quiche Lorraine oder Piperade basquaise, ein würziger Gemüseeintopf aus Paprika, Zwiebeln und Tomaten, mit reichlich Piment d'espelette gewürzt und für mich heute perfekt.

Nach dem magen- und herzerwärmenden Zwischenstopp geht es durch die Rue de La Jonquière, die Rue Boulay und die Passage du Petit Cerf in den nächsten Park auf meiner Liste, den Parc Martin Luther King. In meinem noch gar nicht so alten Stadtplan wird er „Secteur en travaux" genannt, handelt es sich doch um einen der neuesten Parks der Hauptstadt. Auf diesem nicht mehr benötigten Gelände der Staatsbahnen hätte eigentlich das Olympische Dorf für die Sommerspiele des Jahres 2012 errichtet werden sollen – doch Paris scheiterte mit seiner Kandidatur. Die Athleten-Wohnstätte wäre nach den Spielen in ein Wohnviertel umgebaut worden. Die Spiele bekam bekanntlich London, während man im siebzehnten Pariser Arrondissement die olympische Etappe eben ausließ und die Wohngebäude dennoch errichtete. Sie sind nicht nur ein städtebauliches, sondern auch ein ökologisches Vorzeigeprojekt. Die teils verwegenen Gebäude bestreiten 85 Prozent ihres

Energiebedarfes dank Solarpaneelen und Geothermie aus erneuerbaren Quellen. Der zehn Hektar große Parc Martin Luther King im Zentrum ist nicht nur aufwendig gestaltet, mit Liegewiesen und Spielplätzen, einem großen Teich und Zonen mit kleinen Wäldchen und dichtem Gebüsch, was eine große Artenvielfalt an Vögeln, Fischen und Insekten ermöglicht, es wurden dabei vor allem auch Pflanzen gewählt, die nur wenig Wasser brauchen. Sollte doch einmal Bewässerung nötig sein, bestreitet man diese mit unterirdisch gesammeltem Regenwasser. Als ich den Park an seinem nördlichen Ende betrete, fällt mein Blick zunächst auf ein noch etwas weiter nördlich im Wortsinn hervorstechendes Gebäude. Mit dem 160 Meter hohen, von Renzo Piano entworfenen neuen Justizpalast nimmt in Richtung Porte de Clichy gerade ein weiteres Stück Grand Paris Gestalt an. Der Neubau der bis dato auf der Île de la Cité beheimateten Institution ist Teil des Plans, zentrale Institutionen an den äußeren Rand der Metropole zu verlagern, um Paris auch symbolisch enger mit seiner Banlieue zu verbinden. Sogar die an der mythenumrankten Adresse 36 Quai des Orfèvres beheimatete Police Judiciaire ist mittlerweile umgezogen. Ihr neuer Sitz liegt gleich neben dem neuen Justizpalast, in der Rue du Bastion, ebenfalls auf Hausnummer 36.

Ich drehe eine Runde durch den gut besuchten Park, dessen Liegewiesen zum Picknick einladen, heute noch mehr als sonst, da in der Rue Cardinet gerade Markttag ist. Auf einer Bank versinke ich für einen langen Moment im gerade gekauften Monet-Roman, wieder einmal bin ich froh über meine mangelnde Widerstandskraft in Buchhandlungen. Nach einer ausgiebigen Pause spaziere ich auf der Suche nach dem passenden Weg zum nächsten Park etwas unschlüssig zurück in Richtung Rue de la Jonquière, da fällt mir direkt bei der Eisenbahnbrücke der Petite Ceinture am Square Ernest-Goüin (Boulay-Level) ein gemauertes Tor auf, das ich auf dem Weg in den Parc Martin Luther King übersehen habe. Hier beginnt der Parc Jean-Paul Didier, ein grüner Spazierweg entlang der alten Eisenbahnstrecke, der mich genau in die richtige Richtung führt. Immer wieder weitet sich der Weg, um Platz für kleine Sitzgruppen im Grünen zu machen. Dreht man sich um, fällt der Blick auf den neuen Justizpalast, im Vordergrund stehen wuchtige Arbeiterwohnhäuser aus dem neunzehnten Jahrhundert – ein schmaler, aber gekonnt angelegter Park an den alten Gleisen, auf die ich auf meinen Wegen in Paris schon so oft gestoßen bin. Und er wird noch besser: Während meines Spaziergangs legen gerade interessierte Anrainer gemeinsam mit Künstlern, Landschaftsgärtnern und Architekten neue Gemeinschaftsgärten an. Wie bei den neu gestalteten Pariser Plätzen dürfen die Menschen, die die öffentlichen Räume einmal nützen sollen, auch selbst bei der Gestaltung mit Hand anlegen. Ein an sich logischer Gedanke, nur umgesetzt wird er außerhalb von Paris viel zu selten.

Bedford heißt ein Lokal, das erst vor wenigen Tagen am Square Jean Leclaire, wo der grüne Weg an der alten Bahn endet, eröffnet wurde. Die Karte ist vielleicht nicht die innovativste – es gibt Burger, Bagels und Tapas –, die Plätze an der Sonne sind jedoch ein starkes

Parc Jean-Paul Didier

Argument für das freundliche, frisch gestrichene Lokal. Ich verweile lieber einen Moment bei den Boule-Spielern am Platz. Einmal mehr ist auffällig, wie wenig es sich bei diesem Spiel um den Altmänner-„Sport" handelt, als der es bei uns oft gesehen wird, und schon gar nicht um Folklore. Gerade hier, an diesem alles andere als eleganten oder hippen Eck von Paris, bin ich Zeuge eines geradezu idealtypischen Spiels. Die Spieler sind, grob geschätzt, zwischen Mitte zwanzig und Mitte siebzig. Einige würde man spontan für Programmierer oder Kreativdirektoren in einer Werbeagentur halten, andere für Clochards. Das Kugelspiel verbindet sie, und dass es sich dabei nicht bloß um einen netten Zeitvertreib handelt, bemerkt man an der einen oder anderen durchaus hitzigen Diskussion, die im Lauf des Spiels immer wieder entbrennt. Oder an der Wurftechnik, denn es ist jedes Mal wieder verblüffend zu sehen, wie geübte Spieler die Kugel aus der Hocke in steilem Bogen in die Luft werfen, ihr dabei genau den richtigen Drall geben – und zentimetergenau ihr Ziel treffen. Am schönsten finde ich, dass es für Boule keine eigenen Plätze braucht. Natürlich haben viele Parks ein eigenes Boulodrome, aber so wie hier draußen genügt im Grunde ein Stück gestampfter Boden zwischen den Bäumen – öffentlicher Raum, der von der Öffentlichkeit auch genützt wird. Nur einen Schönheitsfehler gibt es: Frauen sieht man beim generationen- und schichtenübergreifenden Spiel, das wie wenig anderes die Nachbarn eines Wohnviertels zusammenbringt, nur sehr selten. Womöglich finden sie es ja langweilig?

Ganz neu und doch uralt ist das Café am Platz, das nebenbei auch ein Restaurant, ein Veranstaltungszentrum, eine Ausstellungsraum, vor allem aber ein alter Bahnhof ist. Der ehemalige Petite-Ceinture-Bahnhof an der Avenue Saint-Ouen hat als *Hasard Ludique* eröffnet, mit cooler Inneneinrichtung, noch coolerem Personal und Tischen am riesigen Panoramafenster, das den Blick auf die Bahntrasse und die alten Bahnsteige mit

Le Hasard Ludique

ihren über und über von Graffiti bedeckten Gusseisensäulen freigibt. Wunderschön, Zeit für einen Kaffee ist auch, und ein Dessert – gebratene Banane in einer Art Kokossuppe, gar nicht schlecht – hat auch noch Platz. Es fällt mir schwer, mich von dieser Aussicht wieder loszureißen. An der Rue Belliard und der Rue Leibniz, die an die tief unten verlaufende Bahnstrecke angrenzen, ließen sich noch einige romantische Ecken mit alten, oft liebevoll renovierten Arbeiterhäuschen entdecken, ich spaziere aber wieder Richtung Zentrum zum nächsten Park des Viertels, dem Square des Épinettes – auch dieser ein erfrischendes Stück Grün mit imposanten Bäumen, das von den Anwohnern offenbar intensiv genützt wird. Am Eck zur Rue de la Jonquière, die ich ein weiteres Mal kreuze, lockt die Bierbar *Octopussy* mit einer reichhaltigen Craftbeer-Auswahl, doch sie sperrt erst am frühen Abend auf.

Ich überquere die Avenue Saint-Ouen und folge der Rue Marcadet, vorbei an stattlichen HLM-Bauten aus den 1930er-Jahren mit gepflegten Sichtziegelfassaden, und biege dann nach rechts in die Rue Joseph de Maistre, die mich, vorbei an netten Buchantiquariaten und Restaurants, in Richtung Cimetière de Montmartre bringt – zwar kein wirklicher

Park, aber doch die größte grüne Insel weit und breit, wenn auch bereits im achtzehnten Arrondissement gelegen. Auf der Brücke, die die Rue Caulaincourt über den Friedhof führt, werde ich von einer Braut geküsst. Der Armen wurde von ihrer Polter-Runde die Pflicht auferlegt, fremden Männern einen Kuss – eh nur auf die Wange – anzubieten. Vielleicht bringt das ja Glück. Auf jeden Fall eine erfreuliche Abwechslung zum stets etwas makabren Anblick, den französische Friedhöfe mit ihren aufwendigen Grabskulpturen oft bieten. Von der Brücke fällt mein Blick durch das Gitter auf eine von Grünspan überzogene, liegende Statue, die das Grab des republikanisch gesinnten, an der Revolution von 1830 führend beteiligten Journalisten Godefroy Cavaignac auf durchaus drastische Weise ziert.

Ich mache einen Spaziergang durch den ruhigen Friedhof, der in manchen Sektionen an den berühmten Père Lachaise erinnert, aber weniger Menschen auf der Suche nach berühmten Grabmälern anzieht. An denen mangelt es freilich nicht. Ich möchte Heinrich Heines Grab besuchen. 1846 wählte er mit 48 Jahren seine letzte Ruhestätte mit den Worten: „Sterbe ich in Paris, so möchte ich auf dem Kirchhofe des Montmartre begraben sein, denn unter der Bevölkerung des Faubourg Montmartre habe ich mein liebstes Leben gelebt." „Heinrich Heine" und „Frau Heine" steht auf der weißen Marmorbüste, die Kaiserin Elisabeth von Österreich, eine glühende Verehrerin des Dichters, spendiert hat.

„Wo wird einst des Wandermüden/letzte Ruhestätte sein?/ Unter Palmen in dem Süden?/Unter Linden an dem Rhein?" – so beginnt Heines berühmtes Gedicht „Wo?", das in den weißen Marmor seines Grabmals gemeißelt wurde. Mathias Enard stellt sich in seinem 2015 erschienenen Roman „Boussole" ein unterirdisches Netzwerk vor, das die Gräber der hier bestatteten Persönlichkeiten miteinander verbindet, „Heine mit den ganz nahen Musikern Hector Berlioz und Charles

Valentin Alkan oder mit Halévy dem Komponisten der Oper „Die Jüdin", alle sind sie hier, leisten einander Gesellschaft, halten zusammen. Théophile Gautier, der Freund des „guten Henri Heine" liegt etwas weiter weg, Maxime Du Camp, der Flaubert nach Ägypten begleitete und mit der Tänzerin Kutchuk Hanim die Lust kennenlernte, oder der sehr christliche Ernest Renan, es muss hier nachts unzählige heimliche Diskussionen zwischen diesen Seelen geben, angeregte Gespräche, die von Ahornwurzeln und Irrlichtern übertragen werden, unteridische und stumme Konzerte vor der beflissenen Menge der Verstorbenen."

Auf dem Boulevard de Clichy strömen mir die Massen auf dem Weg in Richtung Moulin Rouge entgegen, diskret sprechen unauffällig gekleidete Straßenprostituierte trotz aller Verbote Männer an, die allein unterwegs sind. Nach ein paar Metern gegen den Strom biege ich in die Rue Biot, wo eine der schönsten Bars weit und breit den würdigen Schlusspunkt unter den langen Spaziergang von Park zu Park setzt: *Le Cyrano.* Seit 1854 gibt es diese Bar, da begannen die reichen Familien der Plaine Monceau gerade erst zu bauen. Die Inneneinrichtung des Cyrano ist freilich eine Spur jünger, sie stammt von 1914, seither ist sie unverändert. Während ich an einem Tisch auf dem Gehsteig auf mein Bier warte, fällt mein Blick auf einen der weißen Männer, die Jérôme Mesnager über ganz Paris verteilt hat. Er weist den Weg zurück ins Batignolles-Viertel – der Abend kann kommen.

Un Air De Famille:
118 Rue des Dames, 75017 Paris. +33 1 42 93 34 40.
www.airdefamille.fr
Nostalgisches Flair, raffinierte Küche, immer voll – das erste Restaurant auf meinem Weg in die Rue des Dames ist mit Sicherheit eines der besten.

3 pieces cuisine:
101 Rue des Dames, 75017 Paris. +33 1 44 90 85 10.
Quietschbunt, günstig, fröhlich – dabei aber keine Studentenkantine. Jedenfalls nicht nur!

Gare au Gorille:
68 Rue des Dames, 75017 Paris. +33 1 42 94 24 02.
Am anderen Ende der Preisskala: nüchtern-eleganter Rahmen, puristisch präsentierte Gerichte, hervorragende Qualität.
http://gareaugorille.fr/fr/services

Le Bistrot des Dames:
18 Rue des Dames, 75017 Paris. +33 1 45 22 13 42.

Le Pignon:
9 Rue Brochant, 75017 Paris.
www.facebook.com/barpignon

975:
25 Rue Guy Moquet, 75017 Paris. +33 9 53 75 67 71.
Ein junges, edles kleines Bistro im abgewetzteren Teil des Épinette-Viertels bietet leistbare Küche auf sehr hohem Niveau.

Chez Lucette:
43 Rue de la Jonquière, 75017 Paris. +33 1 46 27 72 54.
Kultverdächtig. Großmutters Küche im besten Wortsinn, seit Jahren unveränderte Preise, seit Jahrzehnten unveränderte Deko.

Octopussy:
22 Rue de la Jonquière, 75017 Paris. +33 9 73 66 89 65.
www.octopussyparis.com

Irène et Bernard:
58 Rue Gauthey, 75017 Paris. +33 1 42 29 56 16.
Sympathische Bar mit ordentlicher Küche, ein Grätzel-Treffpunkt im Épinettes-Viertel.

Le Hasard Ludique:
128 Avenue Saint-Ouen, 75018 Paris.
www.lehasardludique.paris

Le Cyrano:
3 Rue Biot, 75017 Paris. +33 1 45 22 53 34.

Orte zum Vertiefen

Musée Nissim de Camondo:
63 Rue de Monceau, 75008 Paris. +33 1 53 89 06 50.

Musée Jean-Jacques Henner:
43 Avenue de Villiers, 75017 Paris. +33 1 47 63 42 73.
www.musee-henner.fr

La Fabrique générale:
2 bis Rue Léon Cosnard, 75017 Paris. +33 1 86 95 81 73.
www.lafabriquegenerale.com

Dose, dealer de café:
82 Place du Docteur Félix Lobligeois, 75017 Paris.
www.dosedealerdecafe.fr

Cosivas/delicatessen aveyronnais:
55 Rue de la Jonquière, 75017 Paris. +33 9 67 40 63 86.
www.cosivas.fr

Côte 2 Boeuf:
8 Rue des Moines, 75017 Paris.
Côte2boeuf.fr

Librairie des Batignolles:
48 Rue des Moines, 75017 Paris. +33 1 42 29 88 10.

Pâtisserie La Goutte d'Or:
183 Rue Marcadet, 75018 Paris.
Wer auf dem Weg zum Friedhof noch Stärkung braucht, findet sie in dieser hübschen, hervorragenden Pâtisserie, ganz in der Nähe der Route. Die Tarte au citron meringuée kann ich empfehlen!

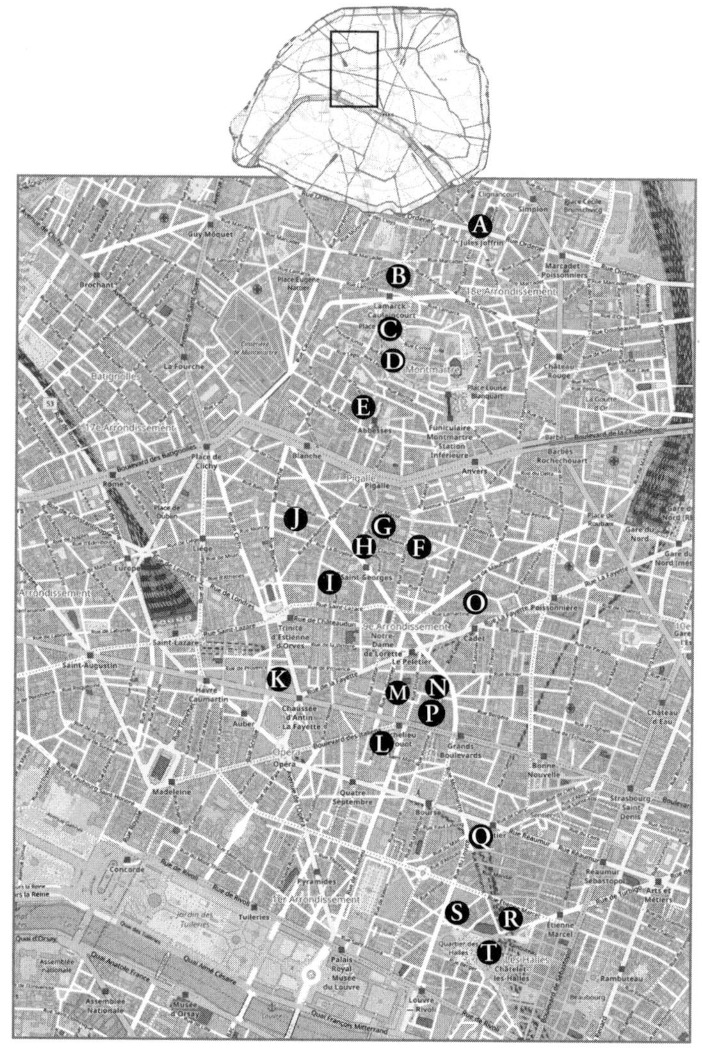

A	*Ausgangspunkt Jules Joffrin*	K	*Printemps*
B	*Bululú Arepera*	L	*Passage des Princes*
C	*Cimetière Saint Vincent*	M	*Hôtel Drouot*
D	*Jardin Frédéric Dard*	N	*Passage Verdeau*
E	*Mur des Je t'aime*	O	*Aurore Capucine*
F	*Popelini choux*	P	*Passage Jouffroy*
G	*Hôtel Amour*	Q	*Librairie gourmande*
H	*Square Gustave Toudouze*	R	*Le comptoir de la gastronomie*
I	*Musée Gustave Moreau*	S	*E. Dehillerin*
J	*Musée de la vie romantique*	T	*Jardin Nelson Mandela*

Zurück in den Bauch

Was eine Weltstadt sein will, muss auf sieben Hügeln gebaut sein. Rom setzte die Mode in die Welt, später fanden sich auch in der oströmischen Hauptstadt Konstantinopel sieben Hügel, die im heutigen Istanbul von jeweils einer Moschee gekrönt werden. Auch Lissabon, Pretoria, Washington und eine Reihe anderer Hauptstädte legen Wert darauf, auf sieben Hügeln erbaut zu sein.

Paris selbstverständlich auch, jedenfalls behaupten das viele. Eine gewisse Willkür ist in Paris wie anderswo allerdings nötig, um auf die passende Zahl zu kommen. Man könnte genauso gut von fünf, zwölf oder dreizehn Hügeln sprechen, je nachdem, ob man Mindesthöhen voraussetzt oder die einzelnen „Gupfe" einer größeren Anhöhe wie die Butte Bergeyre oder die Buttes Chaumont extra zählt oder nicht. Nun, die offiziellen sieben Pariser Hügel, die die Stadt einst umgaben, sind längst in ihr aufgegangen, und mit Ausnahme der Colline de Chaillot, an deren Stelle sich heute das Trocadéro befindet, stehen ihre Namen für altvertraute Stadtviertel: Ménilmontant, Belleville, die Butte aux Cailles, Montsouris, die Montagne Sainte-Geneviève und schließlich der Montmartre.

An sich ist es ja egal, ob Letzterer nun der siebte oder der dreizehnte Berg ist, der berühmteste ist er auf jeden Fall. Dabei kann man nicht einmal mit Sicherheit sagen, woher er seinen

Namen hat. Einerseits klingt er nach Märtyrern wie dem Bischof Dionysius, der dort hingerichtet wurde. Darauf verweist auch die Rue des Martyrs, die vom Stadtzentrum aus zu ihm führt. Andererseits stand in der Antike neben einem Merkur- auch ein Marstempel irgendwo auf dem Berg.

Viele Pariser sagen ohnehin einfach nur „der Hügel" respektive „la Butte" zur berühmtesten Erhebung ihrer Stadt. Diese Berühmtheit erweist sich heute als Fluch. So pittoresk die Gässchen des Montmartre nach wie vor sind und so schön der Ausblick über die Stadt von dort oben auch immer bleiben wird, so verstopft sind die Gassen um die Sacré-Cœur-Basilika und die Place du Tertre selbst zur Nebensaison. Längst ist das wirkliche Pariser Leben den Massen ausgewichen, allerdings nicht weit. Hinter dem Berg und zu seinen Füßen befinden sich lebendige, abwechslungsreiche und überaus „pariserische" Viertel, deren Erkundung lohnend ist.

Ich beginne meinen Weg, der mich über die Butte ins Stadtzentrum führen soll, bei der Métro-Haltestelle Jules Joffrin. Sie liegt unmittelbar hinter dem Montmartre und doch im Zentrum eines „richtigen" Pariser Viertels mit Kirche und Bezirksamt, einem kleinen Park, einer Fußgängerstraße voller Lebensmittelläden und einem schönen Café am Platz, wo ich meinen morgendlichen Double express am Tresen trinke, ein Croissant dazubekomme und im „Parisien" schmökere, während der Kellner mit den durchwegs älteren Stammkundinnen so charmant schäkert, wie das Pariser Kellner eben können. Immer leicht frivol und doch ohne irgendjemandem zu nahe zu treten.

Durch die von zahlreichen Lebensmittelläden belebte Rue Duhesme spaziere ich in Richtung Montmartre und gelange zur Rue de la Fontaine-du-But. Ihr namensgebender Brunnen existiert heute nicht mehr. Die Überlieferung will, dass der Name auf einen Ziegenbock („bouc") verweist, der im Brunnen dem Gott Merkur geopfert wurde, und erst später zu „but" abgeschliffen wurde. Wie auch immer, es ist eine hübsche Straße, die zu einer der für den Montmartre typischen Stiegenanlagen führt und eine hohe Restaurantdichte aufweist. Sogar ein venezolanisches Restaurant gibt es, das findet man selbst in Paris selten.

Eine Stiege bringt mich von dort über den Métro-Eingang Lamarck-Caulaincourt und die Rue Lucien-Gaulard zum Cimetière Saint-Vincent. Der versteckte kleine Friedhof ist einer der hübschesten Flecken des Montmartre, wird aber von den meisten Besuchern links liegen gelassen. Von diesem kleinen Friedhof aus hat man, vorbei an den Grabmälern, einen schönen Blick auf das wie aus der Zeit gefallene Cabaret Le Lapin Agile, einen berühmten ehemaligen Künstler- und heutigen Touristentreff. Gleich dahinter liegt der kleine Weingarten des Montmartre, der letzte Rest des einst bedeutenden Weinanbaus in und um Paris, der aber der Reblaus und den laufenden Stadterweiterungen zum Opfer fiel. Die Weinlese wird dort jedes Jahr mit viel Trara zelebriert. Friedhof und Wein passen ja auch gut zueinander: Der heilige Vinzenz, ein frühchristlicher Märtyrer, der unter anderem in einer Weinpresse zu Tode gequält wurde, ist auch Patron der Winzer. Ich verlasse den

Place Dalida

Cimetière Saint-Vincent

Friedhof und erklimme eine weitere Stiege am Ende der Rue Girardon, die mich zur Place Dalida führt. Eine Büste erweist der Namensgeberin Reverenz. Die legendäre, von privaten Schicksalsschlägen verfolgte Sängerin lebte von 1962 bis zu ihrem Freitod 1987 am Montmartre. Der Platz mit dem kleinen, an der Brust blankpolierten Denkmal ist ein guter Aussichtspunkt. Nach links führt die malerische Rue de L'Abreuvoir in Richtung Sacré-Cœur, nach rechts die von Pflanzen überwucherte Allée des Brouillards. Ich gehe geradeaus, vorbei am Square Suzanne Buisson, wo gerade eine Partie Pétanque unter bischöflicher Aufsicht gespielt wird. Eine Statue von Bischof Saint Denis überblickt das Boulodrome, wie immer hält der Pariser Stadtheilige dabei seinen Kopf in den Händen. An der Place Marcel Aymé biege ich nach links in die Rue Norvins und erreiche nach wenigen Metern einen dieser kleinen versteckten Parks, an denen man achtlos vorbeilaufen würde, hätte sie einem nicht jemand empfohlen. Es handelt sich um den Jardin Frédéric Dard, ein kleines romantisches Gärtchen, in dem man sich entweder vom Trubel rund ums nahe Sacré-Cœur erholen oder einfach ein paar Minuten verschnaufen und den Stadtplan studieren kann.

Das dumpfe Grollen, als das sich der Touristenrummel der Place du Tertre in der Rue Norvins ausbreitet, hinter mir zurücklassend, beginne ich den Abstieg vom siebten Berg und gelange durch die nunmehr abwärts führende Rue Girardon in die Rue Lepic, vorbei an der aus dem achtzehnten Jahrhundert stammenden Windmühle Moulin de la Galette, die heute einem Restaurant als Wahrzeichen dient. Früher war dort ein berühmtes Tanzlokal. Ich folge der Straße bis zur Rue Tholozé, vorbei am netten kleinen Restaurant *Le Parisien*, von dessen Terrasse aus der Blick bis zum Invalidendom reicht, führt mich diese steil bergab. Für einen Zwischenstopp sehr zu empfehlen ist dort das kleine Kino Studio 28 oder vielmehr dessen Café im Innenhof. In der Rue des Abesses etwas weiter unten schwimme ich dann mit dem Strom in Richtung Je t'aime-Mauer, die ich trotz aller Selfie-Knipser sympathisch finde, und stöbere ein wenig in der Librairie des Abbesses, die mit günstigen Kochbüchern in Wühlkisten lockt, aber auch innen beweist, dass es in diesem Viertel Leben abseits des touristisch Verwertbaren gibt.

Hier beginnt die Rue des Martyrs, an der ich mich für den Rest meines Spaziergangs orientieren werde. Folgt man ihr und der sie verlängernden Rue Montmartre, führt sie direkt ins Herz der Stadt, oder vielmehr in den Bauch, jedenfalls ins früher einmal sogenannte Hallenviertel. Wie stets in Paris sind dabei zahlreiche Umwege und Abstecher viel zu verlockend, um auf dem kürzesten Weg zu bleiben. Das beginnt gleich nach dem Boulevard de Clichy, bei der Avenue Trudaine. Die verkehrsberuhigte, durch einen breiten Pflanzstreifen großzügig begrünte Avenue verwandelt sich vor allem abends in eine einzige, langgezogene Café-Terrasse, auf der man trotz eines riesigen Angebots an Tischen Mühe hat, einen Platz zu bekommen. Auch untertags ist die Avenue eine lebendige Straße mit viel Grün und noch mehr Platz für Fußgänger. Der gut sortierte Plattenladen *Balades Sonores* am Eck

Rue des Martyrs

zur Rue de Rochechouart ist einen kleinen Umweg wert, gleich gegenüber befindet sich eine Bar, in der man auch an verregneten Tagen dem Boule-Spiel frönen kann. Eine Indoor-Anlage macht's möglich. Heute ist für mich aber die Rue des Martyrs selbst anziehend genug. So viele bunte und belebte Straßen ich auf meinen Wegen und Umwegen durch Paris bereits gesehen habe, so besonders bunt und besonders belebt kommt mir diese auf ihrem der Avenue Trudaine folgenden Abschnitt vor. Neben dem klassischen Angebot an Lebensmitteln gibt es auch Läden, die auf belgische Waffeln oder Lachs in allen denkbaren Variationen spezialisiert sind, Bio-Bäckereien, nette Restaurants und mitten drin einen Laden namens *Popelini*, eine kleine Choux-Bäckerei, in der es eine riesige Auswahl der gefüllten Brandteig-Kugeln gibt. Die Choux sind trotz der cremigen Fülle nicht matschig-weich, sondern knusprig: Ein findiger Pâtissier hatte offenbar vor einigen Jahren die Idee, die rohen Teigkugeln vor dem Backen mit einer Art Knusper-Überzug zu versehen, seither boomen die knusprig-cremigen Leckereien erst. Gut, dass es sie auch einzeln zu kaufen gibt.

In der Rue Navarin schräg gegenüber verlasse ich meine Route und werfe einen Blick in den verwunschenen, überwucherten Innenhof des Hotel Amour, dessen Name noch an die verruchte Vergangenheit des Viertels einen Steinwurf von Pigalle entfernt erinnert. Ein Hotel ist es nach wie vor, allerdings ein seriöses, und der Gastgarten im Innenhof zählt zu den schönsten weit und breit. Nach wenigen Schritten lande ich auf der Place Gustave-Toudouze, einem kleinen Platz mit ein paar Bäumen, ein paar Bänken, gusseisernen Straßenlaternen und ein paar Cafés – mehr braucht es auch nicht, damit das Pariser Leben pulsiert, nur wenige Meter und doch unendlich weit entfernt von den Hotspots Montmartre und Pigalle. Auch hier wird es abends ganz schön voll, doch es bleibt ein stimmungsvoller, authentischer Platz für einen Aperitif oder zwei, oder man bleibt gleich zum Essen sitzen.

Durch die Rue Notre-Dame-de-Lorette, wo einst die Païva und ihre Kolleginnen wohnten, erreiche ich die Place Saint-Georges, ein weiteres Stück Paris ohne touristische Note, dafür mit einem einladenden Restaurant am Platz. Ich befinde mich nun in einem Viertel, das als „Nouvelle Athènes" zur Zeit der Romantik schwer angesagt war. Victor Hugo, Claude Monet, George

Hotel Amour

Place Gustave Toudouze

Sand, Frédéric Chopin und viele andere Künstler verschiedenster Gattungen lebten in der Gegend. Einer von ihnen war der symbolistische Maler Gustave Moreau, vor dessen Atelier und Wohnhaus ich nach ein paar Schritten durch die Rue d'Aumale und die Rue de La Rochefoucauld stehe. Es zählt zu den erstaunlichsten der vielen Künstler-Häuser dieser Stadt. Oberhalb des labyrinthisch verwinkelten Wohnbereichs des Malers liegt ein großzügiges offenes Ateliergeschoss, in dem neben düsteren, manchmal an aztekische Gottheiten, dann wieder an Goya-Bilder erinnernden Gemälden auch die spektakuläre Wendeltreppe einen Blickfang darstellt. Einer Broschüre entnehme ich, dass man hier auch tageweise Zeichen- und Malkurse besuchen kann. Kaum vorstellbar, dass einen an diesem Ort nicht die Muse küsst, die Frage ist nur, welche.

Wieder draußen vor der Tür gehe ich durch die Rue de la Tour-des-Dames weiter, die mit ihren relativ niedrigen Vorstadthäuschen ländliche Atmosphäre verströmt, nur wenige Meter von der – damals noch nicht gebauten – Oper entfernt. Die Künstler wussten schon, wo es sich gut leben ließ.

Durch die Rue Jean-Baptiste-Pigalle und die Rue Henner geht es zur Rue Chaptal. Langsam wird es, Choux hin, Zitronencreme her, Zeit für eine Mittagspause, und die möchte ich

Musée Moreau

heute im Museum verbringen. Bei aller Vorsicht, die beim Umgang mit Superlativen geboten ist: Einen romantischeren Innenhof als denjenigen des Musée de la Vie Romantique wird man in Paris nur schwer finden. Ein kleines, aber ordentliches Buffet verwandelt den von Rosensträuchern, wildem Wein und Bäumen umwucherten Hof mit den dunkelgrünen Tischchen auf Anhieb in einen Lieblingsplatz, den wieder zu besuchen, sich wohl die meisten vornehmen, die ihn einmal entdeckt haben. Für mich ist der grüne Hof jetzt bei Suppe und Salat genau der richtige Platz, um meine Gedanken zu ordnen und danach bei Kaffee und Zeitung die Füße kurz hochzulegen. Ach ja, ein Museum gibt es natürlich auch. Es handelt sich dabei um das ehemalige Hôtel particulier des Malers Ary Scheffer, der in der Mitte des neunzehnten Jahrhunderts hier lebte und regelmäßig die Künstler des Nouvelle-Athènes-Viertels zu sich einlud. Es ist bei meinem Besuch erstaunlich wenig los in dem kleinen Museum, das nach wie vor wie ein Privathaus aus dem neunzehnten Jahrhundert aussieht, in dem eben einige Bilder mehr hängen. Die Möbel im Erdgeschoss gehörten einst der Schriftstellerin Georges Sand. Die Dauerausstellung wird gerade durch eine Werkschau von Pierre-Joseph Redouté ergänzt, der, wie ich im Katalog lese, als „Raphael der Blumen“ galt und großartige

Blumen-Arrangements mit dem Anspruch höchster wissenschaftlicher Präzision schuf. Dazu kommen pfiffige, oftmals überraschende Installationen junger zeitgenössischer Künstler, die dem Rundgang einen ganz eigenen Reiz verleihen. Es überwiegt aber das Gefühl, einen intimen Einblick in das Leben in La Nouvelle Athènes zurzeit eines Chopin und einer George Sand zu bekommen – ein Hauch Landluft am damaligen Rand der Großstadt, an dem man aber auch die „frénésie", die Leidenschaft der Umgestaltung des altvertrautenen ins neue, Haussmann'sche Paris gespürt haben muss.

Man kann die Spannung dieser Epoche heute noch ganz leicht nachvollziehen. Mit wieder aufgeladenen Batterien stürze ich mich nun ins Paris des hemmungslosen Konsumrausches, dessen Kathedralen ebenfalls aus dem neunzehnten Jahrhundert stammen. Durch die Rue Blanche, die Rue Mogador und die seit Neuestem von chinesischen Reisegruppen in Beschlag genommene Rue de Provence erreiche ich den Stammsitz von *Le Printemps*, einem der ältesten Pariser Konsumtempel. Auch wenn ich selten Lust auf Shopping habe, ist der *Printemps* für mich seit Jahren einer meiner Pariser Fixpunkte, die ich immer wieder

Musée de la Vie romantique

ansteuere. Von der frei zugänglichen Dachterrasse des prachtvollen Warenhauses, das in den 1860er-Jahren nach dem vom *Bon Marché* erfundenen Prinzip gegründet und 1883 nach einem Brand neu erbaut worden war, genießt man einen Rundblick über die Metropole, wie er schöner kaum sein kann. Zumindest war das bis vor Kurzem noch so, denn heute ist die Dachterrasse leider geschlossen, und das wird noch ein Weilchen so sein. Das Dach wird umgebaut, und dass die Terrasse dann noch für jedermann zur Verfügung stehen wird, ist eher unwahrscheinlich. Bald wird dort oben ein Restaurant eröffnen, erfahre ich von dem freundlichen Mitarbeiter im schwarzen Anzug, den ich nach dem Weg gefragt habe. Die neuen, katarischen Eigentümer des zum Warenhaus-Imperiums gewachsenen Traditionshauses wollten den konsumfreien Raum auf dem Dach des Konsumtempels nicht mehr dulden. Ein herber Verlust.

Ich tröste mich mit einem Kaffee unter der großen Kuppel am anderen Ende des Gebäudes. Auch diese blau getönte Glaskuppel mit ihren zwanzig Metern Durchmesser ist – zum immerhin relativ günstigen Preis einer Tasse Kaffee – ein erhebender Anblick. Wir verdanken sie einem zweiten Großbrand im Warenhaus im Jahr 1921, der einen neuerlichen Umbau erforderte. Zu Beginn des Zweiten Weltkriegs wurden die über 3000 mit floralen Mustern verzierten Glasscheiben entfernt und im Keller eines Lagerhauses versteckt. Erst seit 1973 erstrahlt das Dachgeschoss des *Printemps* wieder im blauen Glanz. Der Enkel des Glasermeisters von 1921, Eugène Brière, überwachte persönlich die Rekonstruktion des Art-Déco-Meisterstücks.

Auch wenn ein Teil des Gebäudes aus dem frühen zwanzigsten Jahrhundert stammt, vermittelt seine verschwenderische Prachtentfaltung doch eine Ahnung von der Eleganz des Lebensgefühls der Belle Époque. Das Warenhaus, die nahe Gare Saint Lazare – bei meinem Besuch leider eingerüstet, doch einer der prächtigsten Bahnhöfe der Hauptstadt –, das ehemalige „Westend“ mit dem Haus der Ephrussis, der

Brasserie Printemps

Camondos und all der anderen Bankiersfamilien, keine zwanzig Minuten zu Fuß entfernt – was für eine frenetische Zeit das gewesen sein muss, und welche Summen damals in Gebäude investiert wurden, die das Paris prägen, wie wir es heute noch lieben.

Ich schlendere den Boulevard Haussmann entlang, vorbei an den *Galeries Lafayette*, dem Nachbarn und ewigen Konkurrenten des *Printemps*, der mehrere Gebäudekomplexe umfasst. Auch hier gibt es eine ähnlich prächtige Kuppel und eine nach wie vor frei zugängliche Dachterrasse, doch die Aussicht ist nicht ganz so gut wie die des ehemaligen *Printemps*-Daches, da die Oper im Weg steht, das emblematische Gebäude der von Napoleon III. geprägten Epoche. Ich muss an Dominique Manotti denken, die für die proletarische Sache engagierte Krimi-Autorin, die bei unserem Spaziergang im neunzehnten Arrodissement den zweiten Kaiser der Franzosen so energisch gegen seine Kritiker verteidigte. Es ist eine bittere Ironie der Geschichte, dass er ausgerechnet die Fertigstellung der Oper nicht erlebte. Als zur Weltausstellung von 1867 immerhin die Prunkfassade feierlich enthüllt wurde, soll Kaiserin Eugénie, eine hochgebildete und in Geschmacks- und Stilfragen sattelfeste Frau, das potemkinsche Gebäude heftig kritisiert haben: „Was soll das für ein Stil sein? Das ist überhaupt kein

Blick von Galeries Lafayette

Stil! Das ist weder griechisch, noch Louis XV., nicht einmal Louix XVI.!" Die Antwort Charles Garniers lautete: „All diese Stile haben ihre Zeit gehabt. Das hier ist Napoleon III. Und Sie beschweren sich ..." Der solcherart Geehrte starb drei Jahre vor der Eröffnung der Oper im Londoner Exil.

Protzig sind am Boulevard Haussmann aber nicht nur Oper, *Galeries Lafayette* und *Printemps*, auch die übrigen Waren- und Wohnhäuser sind üppig dekoriert und großzügig dimensioniert. Offenbar lieben chinesische Touristen das Viertel, die Gehsteige sind voll mit shoppenden Menschen aus Fernost. Vollständig wird der Eindruck der Opulenz der Belle Époque jedoch erst durch einen kurzen Besuch auf Hausnummer 29 des Boulevard Haussmann: Die Zentrale der 1864 von einer Gruppe Industrieller rund um die Familie Rothschild gegründeten Großbank *Société Générale* kann dort besichtigt werden. Fotografieren ist leider verboten, doch mit dem von einer riesigen, prachtvollen gläserenen Kuppel gekrönten, von Mosaiken geschmückten zentralen Halle dieser Bank haben die Konsumtempel eine würdige Entsprechung gefunden. Der so freizügig zur Schau gestellte Prunk der Bankzentrale widerspricht dem Klischee knausriger Bankiers gründlich – Neugierige können einfach hereinkommen und sich in der Halle und im Tresorraum umsehen. Die Schätze der Bank werden heute wohl an einem anderen sicheren Ort gelagert.

Wo der Boulevard des Italiens in den Boulevard Haussmann mündet und dieser seinen Namen in Boulevard Montmartre ändert, befindet sich nicht nur das Kinderspielzeug-Paradies der *Passage des Princes*, sondern auch eine dieser unsichtbaren Grenzen, die einen beim Überschreiten in eine andere Welt, in ein gänzlich anderes Lebensgefühl versetzen. Gerade noch war die Umgebung imposant und ungemütlich, jetzt auf einmal ist der Boulevard quirlig und sympathisch, voller Straßenleben und Lokalen. Die Rue Drouot führt mich vom Boulevard aber gleich wieder weg zum gleichnamigen Hôtel. Es ist das bekannteste Pariser Auktionshaus. Leider wurde das orginale Gebäude in den späten 1970er-Jahren durch den aktuellen Bau ersetzt, der eine „surrealistische Reinterpretation der haussmannschen Architektur“ zu sein versucht. Prestigeträchtige Nachlässe kamen hier unter den Hammer, gleich zu Beginn etwa die Sammlungen des Bürgerkönigs Louis-Philippe I, aber auch die Nachlässe von Künstlern wie Manet, Degas oder Gustave Courbet.

Ich blättere in ein paar Katalogen und besichtige eine Verkaufsausstellung im Erdgeschoss, doch bräuchte es mehr Zeit und Muße, um hier im Epizentrum des französischen Antiquitätenhandels das eine oder andere Stück zu ergattern. Mein Lieblingsort im Antiquitäten-Viertel ist das nahe *Café des Antiquaires*, an dem ich heute nur vorbeispaziere. Wie immer herrscht eine anregende, heitere Atmosphäre in dem tatsächlich vor allem von Antiquitätenhändlern besuchten Lokal, in dem man immer wieder interessante Geschichten vom Nebentisch belauschen kann, die die Händler einander über ihre Kunden oder ihre Sammlungen erzählen, das Service ist unverändert effizient und freundlich, die Küche verlässlich gut, die Stiege zu den Toiletten jedes Mal wieder erstaunlich steil und eng.

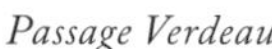

Passage Verdeau

Der Spaziergang durch die Rue Drouot ist ein guter Einstieg, um auch die nahen Passagen besser zu begreifen, die viele „nur so" besichtigen. Dass sich dort Bouquinisten und Antiquitätenläden finden, ist nicht etwa der Tatsache geschuldet, dass auch Touristen durch die Passagen spazieren, sondern Teil der ganz normalen Aktivitäten des Viertels. Walter Benjamin widmete ihnen sein unvollendetes Werk über das Paris als „Hauptstadt des neunzehnten Jahrhunderts", „Das Passagenwerk" genannt. Der Flaneur ist undenkbar ohne diese Vorläufer der Einkaufszentren, die es den Passanten erlaubten, geschützt vom Wetter und dem Schlamm der damals nur sehr unvollständig gepflasterten, gehsteiglosen Straßen zwischen den Läden und ihren Schaufenstern zu bummeln. Doch wer war zuerst da, der Flaneur oder die Passage? Der Schriftsteller und Journalist Louis Adrien Huart gibt eine klare Antwort: „Ohne die Passagen wäre der Flaneur unglücklich; doch ohne den Flaneur gäbe es die Passagen gar nicht."

Mein Weg führt mich zunächst nach links in die Passage Verdeau, in der sich zwei bekannte Adressen für Bibliophile befinden, nämlich die auf alte Comics spezialisierte *Librairie Roland Buret* auf Nummer 6 und die *Librairie Farfouille* (Nr. 2). Auch wenn ihr Name das Gegenteil vermuten lässt – „farfouiller“ bedeutet kramen oder herumwühlen –, ist sie kein Ort zum ziellosen Herumstöbern, sondern einer, in dem man kompetent beraten wird. Aus dieser unersetzlichen Tätigkeit zieht Farfouille-Eigentümer Michel Siegelbaum auch seinen unerschütterlichen Optimismus, wenn er von der Zukunft seiner Branche spricht: „Sie werden schon sehen, in zwanzig Jahren wird es das Nonplusultra der Mode sein, eine Originalausgabe von Diderots Enzyklopädie zu haben, und nicht etwa eine Rolex oder eine Louis Vuitton-Tasche.“ Fände auch ich schön.

Am Ende der Passage wartet in der Rue du Faubourg Montmartre eine weitere Pariser Institution auf mich, das Stammhaus der ältesten Chocolaterie der Stadt, das 1761 als Feinkostladen gegründete *A la Mère de Famille*, dessen Auslage seit der Belle Époque unverändert geblieben ist. Die Geschichte des Hauses ist eng mit der glanzvollen Epoche verbunden, da die Tänzerinnen des damals neu gegründeten nahen Revuetheaters *Folies Bergère* die hausgemachte Confiserie des Feinkostladens liebten, der sich in der Folge mehr und mehr auf Süßwaren spezialisierte. Als ich den schon von außen traumhaft

À la Mère de Famille

schönen Laden betrete, beginnen Erinnerungen auf mich einzustürmen. Ganz in der Nähe war doch eine Pâtisserie mit einer besonders liebevoll gestalteten Auslage, irgendwo auf meinem Weg zur Gare Saint-Lazare, an der ich vor Jahren regelmäßig den Zug in die Normandie genommen habe … Ich entscheide mich für einen kleinen Abstecher von meiner eigentlichen Route und mache mich durch die Rue Cadet mit ihren Lebensmittelläden und Cafés auf die Suche nach dieser Pâtisserie, in der ich damals leider nur ein einziges Mal eine Marillentarte gekauft habe. Mit dem Finger auf dem Stadtplan versuche ich, meine damalige Radroute wieder herauszufinden, überquere noch die Rue La Fayette, will schon umdrehen, doch plötzlich stehe ich vor der tiefblauen Auslage von *Aurore Capucine*. Wie konnte ich diesen Namen vergessen? Nichts hat sich verändert, zumindest nicht von außen. Eine junge Frau bedient mich, ich erzähle meine Geschichte und sie holt mit dem Ruf „Papa!“ den Chef nach vorne, Jean-François Petit, der sich darüber freut, wie mich eine Erinnerung an einen Geschmack nach Jahren in seine Pâtisserie geführt hat. „Schönheit und Geschmack, das bleibt im Gedächtnis“, so in etwa lautet seine Philosophie. Er selbst gerät schnell ins Schwärmen, als er mir von seiner Lehrzeit bei Fauchon erzählt, doch legt er Wert darauf, dass das längst zur internationalen Luxus-Kette gewordene Haus „damals noch“ großartig war. Die Einkäufer von Fauchon waren weltweit auf der Suche nach den besten Früchten. Monsieur Petit bekommt einen verklärten Gesichtsausdruck, wenn er von den königlichen Glashäusern Marokkos erzählt und mir die Unterschiede zwischen den verschiedenen Cassis-Sorten erklärt. Jetzt gerade werden die Marillen in Südfrankreich reif, die ersten frühen Feigen, jedes Anbaugebiet, jede Sorte hat ihre Eigenheiten, und ein guter Pâtissier muss dafür eine gewisse Leidenschaft haben – die Geschmacksschule, die Jean-François bei Fauchon absolviert hat, ist sicher auch kein Nachteil. Oder doch? „Ich bin oft enttäuscht, wenn ich woanders Pâtisserie probiere", erzählt er. „Oft sieht das ja großartig aus, das können viele, aber der Geschmack kann viel zu oft nicht mithalten."

Als wir über das Viertel plaudern – ich bin unversehens wieder ganz in der Nähe der Rue des Martyrs gelandet – kann er meine Begeisterung nicht nachvollziehen. „Da ist doch nicht mehr viel los!" Er selbst ist in der Straße aufgewachsen, zu einer Zeit, als sich die Zuhälter von Pigalle dort gelegentlich Schießereien lieferten. Seiner Meinung nach war es früher aber nicht nur gefährlicher, sondern auch interessanter. Die armenischen Edelsteinschleifer, die sephardischen Juden und viel zu viele andere, die einst zur Buntheit des Viertels beigetragen haben, sind nicht mehr da, ihre Läden verschwunden. Selbst die vielen Café-Terrassen sieht er kritisch. „Was machen die Leute, die dort sitzen, eigentlich den ganzen Tag?" Mit der permanenten Partystimmung, die an manchen Ecken seiner Stadt herrscht, kann Jean-François wenig anfangen, schließlich hat er beide Hände voll zu tun. Da er seine Arbeit aber liebt, ist er bei aller Kritik ein zufriedener Mensch, der sich die gute Laune nicht so schnell verderben lässt. Und der sich freut, ein Rezept, das mir viel bedeutet, weiterzugeben:

TARTE ABRICOT-LAVANDE D'AURORE CAPUCINE

Zutaten:

Für den Mürbteig:
250 g Mehl
125 g Backzucker
125 g Butter
4 Eidotter

Für die Mandelcreme:
100 g Butter
100 g Feinkristallzucker
100 g weißes Mandelpulver (Jean-François empfiehlt kalifornisches, das besonders trocken ist. Im Notfall kann man auch blanchierte Mandeln selbst reiben.)
4 Eier

Für die Streusel:
50 Butter
150 g Mehl
50 g Zucker

ca. 1 kg Marillen

Sowohl Streusel als auch Creme werden mit Lavendelessenz und violetter Bio-Lebensmittelfarbe behandelt.

Für den Teig zunächst Mehl, Zucker und Butter zu einer Sandmasse verreiben, Eier dazugeben und rasch verkneten, eine Stunde im Kühlschrank rasten lassen. Eine Tarte-Form mit dem Teig auskleiden, mit der Mandelcrème ein paar Minuten vorbacken, ohne dass diese Farbe annimmt. Aus dem Rohr nehmen, Marillen darauf verteilen, mit Streusel bestreuen, fertigbacken.

Aurore Capucine und Jean-François

Wie einfach das klingt! Ein wenig skeptisch bin ich wegen der Lebensmittelfarbe, muss die wirklich sein? „Natürlich nicht", erklärt Jean-François, der sich sein Rezept aber gut überlegt hat. Er möchte seiner Pâtisserie nicht nur den maximalen Geschmack, sondern auch die größtmögliche Schönheit verleihen. „Dann vergisst man sie nie wieder." Ich denke daran, wie es mich förmlich hierhergezogen hat und frage nicht mehr weiter. Der Pâtissier empfiehlt mir noch, auch einmal Erdbeer-Lavendel zu probieren oder sein Tarte-Rezept mit der Mandelcreme einmal zur Veilchen-Cassis-Tarte umzuwandeln – da braucht man dann sicher keine Lebensmittelfarbe.

Als ich mich beim Hinausgehen höflich verabschieden will, bemerke ich, dass ich gar nicht nach dem Namen der Tochter des Pâtissiers-Meisters, von dem ich ganz in Beschlag genommen war, gefragt habe. Sie hilft mir aus der Verlegenheit und stellt sich vor: „Ich bin Aurore Capucine". Ihr Vater lacht über meinen Gesichtsausdruck. Nein, sie ist nicht nach dem Geschäft benannt worden, es war umgekehrt! „Wir haben eröffnet, als sie ein Baby war. Zuerst überlegten wir den Familiennamen zu nehmen, aber *Pâtisserie Petit* klingt nach nichts.

Darum haben wir ihren Namen genommen: Aurore Capucine. Wunderschön, oder?“

Mit einer ebenfalls wunderschönen, violetten und nach Mandeln und Lavendel duftenden kleinen Tarte verlasse ich Vater und Tochter. Schade, dass Mutter Marie-Odile heute nicht da ist, ich glaube, dass ich damals bei ihr eingekauft habe.

Ich kehre zurück zur Passage Verdeau, vorbei an der Auslage von *La Mère de Famille*, und bummle ein weiteres Mal durch die Passage. Diesmal setze ich meinen Gang in Richtung Zentrum mit der Passage Jouffroy fort. Ich genieße die Atmosphäre, trotz der Nähe zum Musée Grevin habe ich nie den Eindruck, in einer Tourismus-Scheinwelt gelandet zu sein. Ähnlich geht es in der berühmten Passage des Panoramas weiter, in der vor allem Sammler von alten Postkarten und Briefmarken fündig werden. Sie ist aber auch voll mit Franzosen, die auch gegen drei Uhr nachmittags noch beim Mittagessen sitzen, wieder einmal ist Paris ein Straßenfest, diesmal unter Dach. Es gibt günstige Bistro-Küche, etwa herausgebratene confierte Entenkeulen, oder auch feinste italienische Küche, bei der die Antipasti nicht unter dreißig Euro zu haben sind. Alles hat nebeneinander Platz. Ich

Passage des Panoramas

biege in einen Gang nach links, in Richtung Rue Montmartre und bin plötzlich allein. Wie ein abgestorbener Nebenarm wirkt die Passage auf einmal. In einer einsamen Boutique gibt es dafür filigrane Origami Schmuckstücke zu kaufen, sonst ist hier nichts, außer mir auch kein einziger Passant. Ein bezaubernder Ort.

In der Rue Montmartre angelangt, fühlt sich mein Spaziergang an wie das Crescendo am Ende eines langen Musikstücks. Das Finale ist in Sicht, doch das Orchester zeigt noch einmal, was es kann. Hier ist es die Straße, die sich Schritt für Schritt noch einmal selbst zu übertreffen scheint, sie wird immer noch bunter, immer noch voller, immer noch mehr Café-Tische verwandeln den Gehsteig in eine einzige langgestreckte Café-Terrasse. Ich werfe einen Blick in eine *Librairie Gourmande*, deren Namen man mit „Schlemmer-Buchhandlung" übersetzen könnte, und weiß nach wenigen Augenblicken, dass ich hier nicht ohne ein Kochbuch mehr in der Tasche wieder herauskommen werde. Etwa 20 000 Titel sind hier lagernd, sich ein kulinarisches Thema auszudenken, für das es hier nicht das passende Buch gibt, scheint unmöglich. Als mein Blick auf den Titel „Les Yeux plus gros que le Ventre" fällt, also „Die Augen größer als der Bauch", bin ich von der Qual der Wahl erlöst. In dem Band mit dem schlichten Cover stellen Buchhändler Kochrezepte vor, die zu Passagen aus ihren Lieblingsbüchern passen. Eine großartige Idee, die Lese- und Kochvergnügen vereint. Passend zur Gegend – wir sind in unmittelbarer Nähe der Hallen – hier ein Rezept, das Buchhändlerin Clémentine Soubeyrol aus Bordeaux zur unvergleichlichen Beschreibung der Käseabteilung in Émile Zolas „Bauch von Paris" vorschlägt:

ROQUEFORT-TARTE MIT PINIENKERNEN

Zutaten:
1 Rolle Blätterteig
20 cl Obers/Sahne
100 g Roquefort
70 g geriebener Emmentaler
50 g Pinienkerne
3 Prisen Kreuzkümmel
etwas Butter
Pfeffer

Den Blätterteig in eine gebutterte Tarte-Form legen [außerhalb Frankreichs ist Fertig-Blätterteig meist nicht rund, sondern rechteckig – man kann aber problemlos stückeln, Anm.]. Den Roquefort mit einer Gabel zerdrücken und mit dem Obers mischen. Emmentaler, Pinienkerne und Kreuzkümmel dazugeben. Wahlweise kann man statt der letzten beiden Zutaten auch getrocknete Tomaten, Curry, Schnittlauch oder Curcuma verwenden. Die Masse auf dem Teig verteilen und 20 Minuten bei 180 °C backen. Kann kalt oder warm gegessen werden, zum Aperitif oder mit einem Salat als Hauptgericht.

Die Augen größer als der Bauch – so geht es mir auch, als ich den *Comptoir de la Gastronomie* erreicht habe, eines der schönsten und elegantesten Feinkost-Geschäfte die ich kenne. Nach wie vor gibt es hier das edelste Sandwich der Hauptstadt, ein mit Foie gras und Feigenchutney gefülltes Stück Baguette. Zur Feier des Tages? Auch wenn gerade überhaupt nicht Essenszeit ist? Allez! Im letzten Moment fällt mir die Marillentarte ein, die ich seit dem Besuch bei *Aurore Capucine* mit mir herumtrage. Das Sandwich muss warten.

Ähnlich wie die nahe Rue Montorgueil ist die Rue Montmartre in diesem Abschnitt von den nahen Hallen geprägt, auch wenn diese längst verschwunden sind. Seit jeher wurden in dieser Straße Kochutensilien verkauft, über der Auslage so mancher Markenjeans-Shops prangen heute noch Schilder, auf denen Küchenmesser und ähnliches angepriesen werden. In Geschäften wie *La Bovida* an der Ecke zur Rue Etienne Marcel findet man neben allen erdenklichen Kochutensilien auch eine sehenswerte Sammlung von Hochzeitstortenpärchen, die so ziemlich alle denkbaren Kombinationen von Hautfarben und sexuellen Orientierungen abdecken sollten, Deko-Hummer fürs kalte Büffet und ähnliche Dinge, die man nur sehr selten braucht, dann aber wahrscheinlich dringend. Aus der goldenen Zeit der Hallen stammt auch das Bistro schräg gegenüber, *Le Cochon à l'Oreille*, dessen farbige Fliesen aus der Zeit der vorvorigen Jahrhundertwende herrühren und das damals übliche Marktleben zeigen. Eigentlich ein schöner Ort für ein Feierabendbier, aber so weit bin ich noch nicht. Ich muss noch zu *E. Dehillerin*, gleich ums Eck, in der Rue Coquillière. Hier kaufen Profi-Köche aus aller Welt ein, und allein die Dialoge zwischen den anspruchsvollen Kunden und den erstaunlich polyglotten Verkäufern, die es schaffen, in mehreren Sprachen parallel Kunden zu bedienen und dabei auch noch witzig zu sein, lohnen den Besuch. Das Sortiment natürlich auch, es wäre ein hoffnungsloses Unterfangen, dieses auch nur ansatzweise aufzählen zu wollen. Ich mache zunächst wie immer einen Abstecher in den Keller, wo es vor allem Eisenpfannen und Auflaufformen, Nudelhölzer und Kochlöffel in allen erdenklichen Formen und Größen zu bestaunen gilt, denke dann aber an meinen ohnehin schon prallvollen Koffer und kaufe doch nur Madeleine-Förmchen aus Silikon. Für mich unvergesslich ist ein Besuch vor Jahren, als ich mir eine Kupfer-Kasserolle in den Kopf gesetzt hatte. Der Verkäufer hat mich kurz angeschaut und mir dann erklärt: „Sie brauchen keine Kupfer-Kasserolle."

Mit meinen Madeleine-Formen stehe ich nun wieder mitten im Bauch von Paris, vor mir erstreckt sich der neue Park

Jardin Nelson Mandela

von Les Halles. Ganz in der Nähe hat mein Rundgang durch Paris in zwei Bänden begonnen, hier endet nun die Reise. Während ich das hübsche, duftende Päckchen öffne, das Aurore Capucine persönlich für mich geschnürt hat, schweifen meine Gedanken zurück zu Saint Denis, dem kopflosen Pariser Stadtheiligen, auf dessen Spuren ich mich zu Beginn meiner Recherchen auf den Weg gemacht habe. „In Paris denkt man auch mit den Füßen“, meinte Balzac einmal. Saint Denis war einer der Ersten, der nolens volens den Beweis für die Richtigkeit dieses Satzes antreten musste. Einen besseren Schutzpatron hätte die Stadt der Flaneure jedenfalls nicht finden können. Vielleicht wollte er mir ja nur diesen Tipp mit auf den Weg geben?

Orte zum Verweilen

Bululú Arepera:
20 Rue de la Fontaine au But, 75018 Paris. +33 1 42 54 96 25.
„Areperas" nennt man in Venezuela die kleinen Mais-Fladenbrötchen, die hier mit allerlei Zutaten nach Wahl gefüllt werden können. Sympathischer Schnellimbiss.

Café im Studio 28: *10 Rue Tholozé, 75018 Paris. +33 1 46 06 47 45.*

Chez Bouboule: *79 Rue de Dunkerque, 75009 Paris. +33 1 53 16 25 87. www.chezbouboule.fr*

La petite Bretonne: *53 Rue des Martyrs, 75009 Paris. +33 1 53 16 14 79. www.lapetitebretonne.eu*

Bar à Bulles: *4 bis Cité Veron, 75018 Paris. +33 9 73 23 79 72.* Versteckte Bar auf einem begrünten Dach, ganz in der Nähe von Moulin Rouge & Co, in der man ganz nah am Trubel und doch ein wenig abseits ein Glas trinken und dazu ein paar Tapas verspeisen kann.

Hôtel Amour: *8 Rue de Navarin, 75009 Paris. +33 1 48 78 31 80. www.hotelamourparis.fr*

Brasserie Printemps: *64 Boulevard Haussmann (6. Stock im Printemps Mode), 75009 Paris. +33 1 42 82 58 84.*

Les Café des Antiquaires: *15 Rue de la Grange Batelière, 75009 Paris. +33 1 48 00 99 92.*

Bar des Variétés:
12 Passage des Panoramas, 75002 Paris. +33 1 42 36 98 09.
Nettes, günstiges Bistro in der Passage des Panoramas.

Orte zum Vertiefen

Ciné-Théâtre XIII (oder Ciné 13 Theatre):
1 Avenue Junot, 75018 Paris. +33 1 42 54 15 12.
www.cine13-theatre.com
Sympathisches junges Vorstadttheater mitten auf dem Montmartre.

Balades Sonores:
1–3 Avenue Trudaine, 75009 Paris. +33 1 83 87 94 87.
www.baladessonores.com

Musée Gustave Moreau:
14 Rue de La Rochefoucauld, 75009 Paris. +33 1 48 74 38 50.
www.musee-moreau.fr

Musée de la Vie Romantique:
16 Rue Chaptal, 75009 Paris. +33 1 55 31 95 67.
www.museevieromantique.paris.fr

Société Générale, Agence centrale:
29 Boulevard Haussman, 75009 Paris.
Freier Eintritt, tägl. 9-17:30

A la Mère de Famille:
35 Rue du Faubourg Montmartre, 75009 Paris. +33 1 47 70 83 69.
www.lameredefamille.com

Aurore Capucine:
3 Rue de Rochechouart, 75009 Pairs. +33 1 48 78 16 20.
www.aurorecapucine.com

Librairie Gourmande: *92 Rue Montmartre, 75002 Paris.*
+33 1 43 54 37 27. www.librairie-gourmande.fr

Zitierte Literatur:

Baudelaire, Charles: Les Fleurs du Mal/Die Blumen des Bösen. zitiert nach: Le Cygne/ Der Schwan. Stuttgart: Reclam 1980, S. 177.178.

Benjamin, Walter: Das Passagenwerk. Gesammelte Schriften, Band V 1. Berlin: Suhrkamp taschenbuch wissenschaft 1991, S. 525.

De Waal, Edmund: Der Hase mit den Bernsteinaugen. Das verborgene Erbe der Familie Ephrussi. Wien: Paul Zsolnay 2011.

Dirk, Rüdiger u. Claudius Sowa: Paris im Film. Filmographie einer Stadt. Die 600 wichtigsten Paris-Spielfilme und ihre Schauplätze. Mit Tipps für Kinogänger. München: belleville Verlag 2003.

Kaplan, Steven L.: Cherchez le pain. Le guide des meilleures boulangeries de Paris. Paris: Plon 2004.

Kracauer, Siegfried: Straßen in Berlin und anderswo. Berlin: Das Arsenal 1987, S. 7.

Pinçon, Michel u. Monique Pinçon-Charlot: Paris. Quinze promenades sociologiques. Paris: Payot 2013.

Rilke, Rainer Maria: Die Aufzeichnungen des Malte Laurids Brigge. Berlin: Suhrkamp 2000, S. 42–43.

Si l'on quitte Paris, c'est pour avoir la nostalgie de Paris.
Man verlässt Paris nur, um Sehnsucht nach Paris zu haben.
(Paul Morand)

Danke

Viele Menschen haben zum Entstehen dieses Buches beigetragen, ihnen gilt am Ende der Reise mein herzlicher Dank. Besonders erwähnen möchte ich

Ilona Perrot und Atout France Österreich, die mich bei meinen Reisen verlässlich und großzügig unterstützt haben,

Edeltraud und Doris, die zu Hause für mich eingesprungen sind, während ich durch Paris flaniert bin,

Leila Olori, Oliver Körber, Isabelle Cossou-Triaureau, Patrick Emourgeon, Jean-Paul Réti, Anne Amiot, Jérôme Mesnager, Dominique Manotti und viele andere, die mich in die Geheimnisse „ihres" Paris eingeweiht haben,

Hanna, Moritz und Félix, die den Abschiedsschmerz nach jeder Reise schnell in Vorfreude haben umschlagen lassen,

Julia, mit der es (nicht nur) in Paris am schönsten ist.